邮件快件安检员

职业培训（技能等级认定）教材

国家邮政局邮政业安全中心
国家邮政局职业技能鉴定指导中心 编写

高级

人民交通出版社

北京

内 容 提 要

本书依据《邮件快件安检员国家职业技能标准》编写，第一编为邮件快件安检员职业基础知识与基本要求，第二编为安检设备使用与维护、邮件快件安全检查、可疑件管理、业务培训等工作要求。通过对本书的学习，从业人员可以系统掌握邮件快件安检作业流程以及各环节作业内容所需的业务知识，规范邮件快件安全检查等操作。

本书可以作为邮件快件安检员职业培训和技能等级认定培训用书，也可作为相关院校学生实践操作的指导用书。

图书在版编目（CIP）数据

邮件快件安检员职业培训（技能等级认定）教材：
高级 / 国家邮政局邮政业安全中心，国家邮政局职业技
能鉴定指导中心编写 .— 北京：人民交通出版社股份有限
公司，2025.4.—ISBN 978-7-114-20002-1

Ⅰ . F632

中国国家版本馆 CIP 数据核字第 2025Q56V79 号

书　　名：	**邮件快件安检员职业培训（技能等级认定）教材（高级）**
著 作 者：	国家邮政局邮政业安全中心
	国家邮政局职业技能鉴定指导中心
责任编辑：	李　佳
责任校对：	卢　弦
责任印制：	张　凯
出版发行：	人民交通出版社
地　　址：	（100011）北京市朝阳区安定门外外馆斜街 3 号
网　　址：	http://www.ccpcl.com.cn
销售电话：	（010）85285857
总 经 销：	人民交通出版社发行部
经　　销：	各地新华书店
印　　刷：	北京市密东印刷有限公司
开　　本：	787×1092　1/16
印　　张：	12.5
字　　数：	261 千
版　　次：	2025 年 4 月　第 1 版
印　　次：	2025 年 4 月　第 1 次印刷
书　　号：	ISBN 978-7-114-20002-1
定　　价：	68.00 元

（有印刷、装订质量问题的图书，由本社负责调换）

前言 PREFACE

邮政快递业是国家重要的社会公用事业，是现代流通体系的重要组成部分，在保障普遍服务、传递幸福美好、畅通经济循环、促进要素流通中发挥着重要作用。党的十八大以来，邮政快递业取得了历史性发展成就，快递业务量和业务收入始终保持高速增长态势，2024年我国快递业务量超过1750亿件，连续多年位居世界第一。随着行业的快速发展，邮政快递业面临的传统和非传统安全风险不断叠加，安全形势日益复杂严峻。寄递渠道安全与国家安全、公共安全和个人安全息息相关。为加强寄递渠道安全监管，国家邮政局等部门提出，实施寄递渠道"实名收寄、收寄验视、过机安检"三项制度。邮政企业、快递企业安全检查人员处在行业安全第一线，是执行寄递安全"三项制度"的"把关人"，在防止禁寄物品流入寄递渠道、维护国家安全和利益、保障人民生命财产安全、保护用户合法权益等方面肩负重要责任。

2021年，《中华人民共和国职业分类大典》新增了邮件快件安检员工种，反映了邮政快递业安全发展的新形势和从业人员的新特点。2022年，人力资源和社会保障部、国家邮政局颁布了《邮件快件安检员国家职业技能标准》（以下简称《标准》），为指导邮件快件安检员职业培训，开展职业技能等级认定以及提升人员能力素质奠定基础、提供支撑，助力推进新时代邮政快递业人才高质量发展。

本套教材整合行业安全、培训、评价等多方专业力量进行编写。教材内容依据《标准》，按照技能等级整体设计，突出职业技能培训特色，着力体现当前邮件快件安检员职业状况的总体水平，重点提升邮件快件安检员的安全意识和操作技能，旨在为邮件快件安检员开展职业技能等级认定提供参考，助力提升人员职业技能和职业素质，推动行业高水平安全建设。教材中的章对应《标准》的"职业功能"，节对应《标准》的"工作内容"，节中阐述的内容对应《标准》的"技能要求"和"相关知识"。

教材在编写过程中，得到了各方面的大力支持和帮助：张家口市职业技术教育中心、浙江邮电职业技术学院、广东邮电职业技术学院、昆明铁道职业技术学院、陕西通信技师学院的专家、学者承担了有关教材内容的具体编写任务；国邮创展（北京）人力资源服务有限公司、顺丰速运有限公司、中国民航大学、中国民航飞行学院、菜鸟网络科技有限公司、上海韵达货运有限公司、极兔速递有限公司、圆通速递有限公司、申通快递有限公司、中通快递股份有限公司等多家单位对教材的编写给予了大力支持，在此一并表示衷心感谢！由于编者水平所限，书中难免存在不当之处，请广大读者批评指正并提出宝贵意见。

国 家 邮 政 局 邮 政 业 安 全 中 心
国家邮政局职业技能鉴定指导中心
2025年2月

目 录 CONTENTS

第一编 基本要求

第二编　工作要求

PART 01

第一编

基本要求

第一章

职业道德

职业道德是所有从业人员在职业活动中应遵循的行为准则，涵盖了从业人员与服务对象、职工与职工、职业与职业之间的关系。职业道德是从事某种职业劳动的人们在劳动过程中形成的心理意识、行为原则和行为规范的总和，基于职业劳动者的内心信念，依赖社会的特殊机制来维持，并以善恶进行评价。就其本质而言，职业道德是调整职业内部、职业之间、职业与社会之间的各种社会关系的行为准则和道德规范，是道德在职业实践活动中的具体体现。它既是对从事本行业工作的人员在职业活动中的思想和行为的具体约束，同时也是本行业对社会所应履行的道德责任和义务。

第一节　职业道德基本知识

一　职业道德的基本范畴

职业道德的基本范畴包括职业态度、职业技能、职业纪律、职业良心、职业荣誉、职业作风等内容。

职业态度是指从业人员在选择职业时所持的观念、趋向和心理依据，以及在从事职业活动过程中所表现出来的劳动态度。

职业技能是指从业人员所掌握的职业技能和本领，是从业人员实际所拥有的创造价值的能力。

职业纪律是指根据职业的工作规律和工作需要而制定的规章制度、纪律规范和工作要求。

职业良心是指从业人员在从事职业活动中所形成的职业责任感、自我评价能力、自我反省能力和自我检查、监督、约束能力。

职业荣誉是指从业人员在进行职业活动中取得成绩后，社会对其职业行为价值的一种肯定评价，以及从业人员对这种肯定评价的感知和自我意识。

职业作风是指从业人员在其职业活动中所表现出来的一贯的工作态度。

二　职业道德的特点

各行各业都有自己的职业道德，但职业道德在基本精神层面上是一致的，在具体内容上有差异性，职业道德特点主要表现在以下几个方面。

1. 特殊性

每个职业的职业道德都与从业人员的职业内容和职业实践领域相联系，都有各自的适用范围，并不是普遍适用的。职业道德的特殊性，就是指职业道德只适用于特定的职业活动领域，只约束该职业从业人员的职业行为。职业道德的具体内容因为规范对象的不同而不同，鲜明地体现了社会对于某一具体职业活动的特殊要求。

2. 强制性

职业道德包含职业纪律，它对于从业人员的工作态度、服务标准、操作规程等都有具体的强制规定。如果从业人员违反这些规定，就会受到不同程度的处罚。这就使得职业道德不仅是一种需要自觉遵守的"软约束"，而且是一种具有强制性的"硬约束"。

3. 多样性

职业道德的多样性是指职业道德的内容和表现形式的多样性。随着职业的不同，其内容和表现形式也会相应变化，展现出各自的灵活性和多样性。

4. 稳定性

职业道德的稳定性是指一个新的职业经过发展并逐步稳定后，相对的职业道德规范也就会确立并稳定下来。即便是在不同的国家、不同的社会形态或不同的历史时期，新兴行业稳定下来的职业道德大都有着相同或者相似的内容与特点。

三 职业道德的重要作用

职业活动是人类生产和生活的重要组成部分，在人类的社会实践中处于中心位置，因此职业道德在现代社会道德规范体系中具有十分重要的地位，其重要作用体现在以下几个方面。

（1）职业道德有助于促进社会生产力的发展，提高劳动生产率。职业道德规定了不同职业的从业人员对社会所应担负的具体职业道德责任，使从业人员能够明确自己的职业责任和职业义务，增强从业人员的职业责任感、义务感和荣誉感，促使他们充分发挥主观能动性和创造性，不断提高劳动技能和生产效率。

（2）职业道德是社会主义精神文明的重要组成部分，有利于社会稳定。职业道德水平是一个社会精神文明发展的重要标志，职业道德的发展是社会精神文明前进的重要推动力。可以说，职业道德规范的存在，确保了社会道德在职业领域作用的发挥。如果人们都能自觉、充分地遵守职业道德，行使自己的职业权利、履行自己的职业义务，那么在人与人的社会职业活动中，就必然会形成一种团结一致、顾全大局、互相帮助、互相关心、诚实公正的社会关系，这种关系对于社会稳定以及良好道德风尚的形成，具有十分重要的作用。

（3）职业道德有助于调节人们在职业活动中的各种关系。职业道德有助于调节从业人员与服务对象之间，以及同一行业内部职工之间的相互关系。同一行业内的从业人员之间如果能相互理解支持、相互尊重、相互帮助、公平竞争，就能建立良好的合作共赢关系；如果所有从业人员都能从本职工作出发，遵守职业道德，履行职业义务，尽心尽责地为用户服务，那就会形成从业人员与服务对象之间的良好关系。

（4）职业道德有助于提高个人道德修养。自觉遵守职业道德，可以使人们在家庭和学校中初步形成的道德观、世界观、人生观、价值观等得到进一步的巩固，并可促进人的全面发展。同时，职业道德也给人们提供一个反省自身在从事职业活动中行为的标尺。遵照职业道德规范，人们可以判断什么是正义的、高尚的职业行为，什么是失职的、不道德的职业行为，从而去改善自己的不良行为，使自己成为一个真正对社会有用的人。

四 邮件快件安检员职业道德要求

邮政快递业连接千城百业、联通线上线下，高效贯通第一、二、三产业，是国家重要的社会公共事业，也是服务生产、促进消费、畅通循环的重要力量。近年来，我国邮政快递业持续保持高速发展态势，基本建成覆盖全国、深入乡村、通达全球的快递服务网络。年快递业务量连续高居全球第一，平均每秒产生5400多件快件，日均处理量超7亿件，月均业务量超130亿件。邮政快递业与个人安全、公共安全、国家安全息息相关。邮政快递业的寄递渠道具有量大面广、点多线长、人货分离、隐蔽性强等特点，容易被不法分子利用从事各种违法犯罪活动，危及国家安全、公共安全的事件屡禁不止。

2014年9月，国家邮政局等9部委，联合印发《关于加强邮件、快件寄递安全管理工作的若干意见》（中综办〔2014〕24号），提出寄递行业逐步实行"实名登记+收寄验视+过机安检"三项制度的规定。2016年起，寄递企业应在分拨中心（场所）对邮件快件进行X光机安检。2021年3月，人力资源社会保障部办公厅、市场监管总局办公厅、国家统计局办公室印发通知，明确在"安检员（4-07-05-02）"职业下增设"邮件快件安检员"工种。

目前，我国快递从业人员总数超400万，其中，安检员是邮政企业、快递企业重要的安全工作岗位。职业道德规范，是社会主义职业道德在邮政快递业安全工作和安检员职业活动中的具体体现，既是安检员处理好职业活动中各种关系的行为准则，也是评价安检员职业行为好坏的标准。安检员职业道德规范，要在确保安全的前提下，坚持以人民为中心，坚持落实总体国家安全观，将"保证安全第一，改善服务工作，确保寄递安全"落实在安检员的安检工作和职业行为中，树立安全、专业、严谨、负责的良好道德风尚。鉴于邮政快递业安全检查工作的重要性和特殊性，安检员职业道德规范应首先从观念上解决好以下三个方面问题。

1. 树立风险忧患意识

安检员必须明确自己的岗位职责和安全责任，贯彻落实总体国家安全观，牢固树立"安全第一，预防为主"的安全理念，不断增强风险忧患意识，克服松懈麻痹等心理，持续提高安全意识和技能水平，将禁寄物品堵截在安检关口，筑牢寄递安全防线，确保寄递渠道安全畅通，切实提升行业安全发展水平。

2. 强化安全责任意识

任何职业都承担着一定的职业责任，安检员职业道德把履行安全责任作为一条主要的规范，从认识上、感情上、信念上以至习惯上养成安全第一的自觉性。针对邮件快件安检岗位，我们要坚决谴责任何不负责任、玩忽职守的态度和行为。要时刻牢记：安全责任重于泰山。安检员要认清当前面临的安全形势，熟练掌握安检机的原理和使用方法，严格执行《中华人民共和国反恐怖主义法》《邮政业寄递安全监督管理办法》《禁寄物品管理规定》等安全法律法规和标准规范，准确辨识禁限寄物品，切实增强责任感、使命感和紧迫感，坚决守好寄递安全的底线红线。

3. 确立敬业奉献意识

安检员职业的特点要求我们必须把国家安全、公共安全放在职业道德规范的首位，要求从业人员有强烈的事业心、高度的责任感、精湛的技术技能、严谨的工作态度，为广大用户提供安全、优质、高效的服务。安检员要有高度的责任心和使命感，应本着人民邮政为人民的初心使命，以饱满的热情投入到行业安全检查工作中去，以认真严谨和专业负责的态度发挥好岗位职责，当好行业的"安全卫士"。

新时代邮政快递业典范人物

汪勇，时任湖北顺丰速运有限公司硚口分部经理。新冠疫情来袭后，他瞒着家人成为武汉金银潭医院战疫一线医护人员后勤保障的"带头人"，他带领的志愿者团队，自大年三十起义务接送金银潭医院医护人员上下班，协调推动网络预约出租汽车企业参与接送医护人员，协调共享单车企业在医院周边投放共享单车，自行募集资金为医护人员提供方便面，"扫街"找餐馆，争取有关部门供应餐食，快速搭建起应急餐食免费配送备用网络，以"聚拢温暖守护英雄"的义举被批复火线入党。他和他的志愿者团队将温暖聚拢，以非凡之勇守护着冬日里"逆行"的白衣天使。其事迹被中央电视台《新闻联播》报道，在社会层面引起广泛好评。汪勇是邮政快递业职业道德的典范，先后荣获"全国抗击新冠肺炎疫情先进个人""中国青年五四奖章""2020感动中国十大人物""2020感动交通特别致敬人物""全国最美快递员"等称号。联合国秘书长授予他"全球青年抗疫榜样"的称号。

其美多吉，是中国邮政集团有限公司四川省甘孜县分公司长途邮政车驾驶员、驾押组组长。小时候就立志成为一名邮政车驾驶员的他，在18岁时购买了《汽车构造与修理》进行学习，研究汽车故障和解决办法。1989年，26岁的其美多吉进入四川省甘孜藏族自治州德格县邮电局，成为邮政车驾驶员。1998

年末，其美多吉主动请求调往甘孜藏族自治州，负责危险的长途雪线邮路。2018年，其美多吉带领班组安全行驶62.49万km，向西藏自治区运送邮件41万件，运送四川省省内邮件37万件，连续30年机要通信质量全红。2022年，其美多吉当选中国共产党第二十次全国代表大会代表。其美多吉先后获得"时代楷模""感动中国2018年度人物""全国道德模范""全国敬业奉献模范""最美奋斗者""全国劳动模范""全国优秀共产党员"等荣誉称号，用行动诠释着新时代邮政快递业从业人员的职业道德。

第二节　职业守则

职业守则有助于安检员更好地履行职责，严格执行寄递安全"三项制度"，筑牢寄递安全屏障。其职业守则总体可归纳为以下几方面。

1. 爱岗敬业，恪尽职守

认真履行岗位职责，严格执行邮政快递业法律法规和安全检查的规章制度，严格遵守工作纪律，值班过程中不得擅自离开工作岗位，不得从事与邮件快件安全检查工作无关的活动。

2. 规范操作，确保安全

按照规定着装上岗，佩戴标识规范，自觉维护安检员岗位形象。熟练掌握各种安检设备的操作方法及禁寄物品的识别方法，按照过机安检的要求进行安检操作，确保邮件快件安全。严格按照相关规定配合处理异常邮件快件，对发现的安全和设备隐患，要积极落实整改。安检员应做好班前检查，交接班时交代安全情况，做好自身及他人的安全保护，及时上报安全问题并做好整改。

3. 钻研业务，增强技能

安检员应当具备符合国家职业技能标准的理论知识和操作技能，掌握寄递安全管理制度、禁止寄递物品识别处置、安全检查设备操作等专业知识，熟悉相关操作规程，认真落实平安寄递任务要求。积极参加安检员等各类安全教育培训，并通过考核。

4. 团结协作，准确快速

不断强化安全意识，加强企业安检员队伍建设，推动安检员业务交流、岗位锻炼，注重与处理场所和营业网点等岗位人员的衔接配合，持续提升寄递安全"三项制度"执行能力。针对业务旺季、极端天气及设备故障等可能出现的异常情况，明确应急处置措施，定期组织安检员开展应急演练，确保人员、设备和邮件快件安全。

第二章

邮政快递服务概述

第一节　邮政快递服务的定义与特点

一　邮政快递服务的定义

邮政快递业是国家重要的社会公用事业，是服务生产、促进消费、畅通循环的现代化先导性产业，邮政体系是国家重要的战略性基础设施和社会组织系统之一，在推动世界互联互通、创造守护美好生活、服务经济社会发展、保障全球产业链供应链稳定方面发挥着重要作用。

我国邮政快递业已形成国有企业、民营企业和外资企业充分竞争的局面，涌现出一批充满活力的经营主体。目前，我国有各类快递企业1.6万家，其中8家快递企业上市，2家企业进入世界500强，已形成颇具竞争力的品牌企业集群。邮政快递业从业人员总数超400万，拥有专业物流园区400多个、分拨中心近3000个，营业网点（服务站）41.3万处，智能快件（信包）箱超过38万组，快递运输汽车27万多辆，全货机近200架。

邮政快递业正处在一个充满重要战略机遇的时期，面临新的机遇和挑战。当前，全球产业链和供应链正在重建、国内人口结构分布随着经济的变化而重新布局，线上线下的消费需求也在不断变化。同时，网络拓展、权益保障、服务创新、绿色发展、生产安全、监管治理等方面，都对邮政快递业提出了高质量发展的要求。世界正经历着百年未有之大变局，新一轮的科技革命和产业变革正在持续深化。"一带一路"倡议的推进和区域全面经济伙伴关系协定（简称RCEP）的实施，为邮政快递业的国际化发展提供了广阔的空间。从国内来看，我国邮政快递业已进入了高质量发展的新阶段。扩大内需、促进消费对经济发展的基础性作用日益增强，电子商务的多元化发展，农业现代流通体系的加速构建，以及制造业的不断优化升级，都为邮政快递业的发展需求提供了持续扩大的动力。智能云仓、无人配送、低空物流等新业态的发展，丰富前沿技术在行业的场景应用，提升全链路运行效率，邮政快递服务的服务应用也更加智能和高效。这些变化为提升邮政快递服务的供给能力带来了新的动能，同时也要求邮政快递业在服务创新、技术应用、绿色发展等方面要不断探索和进步，以适应这一变革时期的发展需求。

邮政快递服务又称"速递"或"快运"，是指快递企业通过自身的独立网络或以联营合作的方式，将用户委托的文件或包裹，快捷而安全地从发件人送达收件人的新型运输方式。

快递有广义和狭义之分。广义的快递是指任何货物（包括大宗货件）的快递；而狭义的快递专指商务文件和小件的紧急递送服务。邮政快递服务是在承诺的时限内快速完成的寄递服务。邮政快递服务不同于邮政普遍服务，邮政快递服务属于市场主导下的商业化、个性化的竞争性产品。邮政普遍服务则属于政府指导下的低价普惠的非竞争性产品。从邮政快递服务的定义中，可以概括出邮政快递服务的以下几个特征：

（1）从经济类别看，邮政快递服务是物流产业的一个分支行业，邮政快递服务是从属于现代物流业的范畴。

（2）从业务运作看，邮政快递服务是一种新型的运输方式，是供应链的一个重要环节。

（3）从经营性质看，邮政快递服务属于高附加值、高流通性的新兴服务行业。

《中华人民共和国邮政法》中明确提出，寄递是指将信件、包裹、印刷品等物品按照封装上的名址递送给特定个人或者单位的活动，包括收寄、分拣封发、运输、投递等环节。快递是指在承诺的时限内快速完成的寄递活动。邮件是指邮政企业寄递的信件、包裹、汇款通知、报刊和其他印刷品等，快件是指快递企业递送的信件、包裹、印刷品等。

邮政快递服务根据运输方式和服务范围的不同，可以分为多种类型。常见的有国际快递、国内快递、省内快递、同城快递等。国内快递是指在国内范围内进行的快递服务，由各快递公司提供。国际快递则是指跨国快递服务，通过国际物流公司进行运输。同城快递是指在同一个城市范围内的快递服务，一般由快递公司的本地分部提供。邮政快递服务按照运输方式分类可以分为航空快递、铁路快递、公路快递、水路快递、管道快递等。邮政快递服务按照寄送方式分类可以分为平邮、挂号信、快递包裹等。邮政快递服务按照快递公司分类可以分为国际快递公司、国内快递公司、同城快递公司、省内快递公司、市内快递公司等。

二 邮政快递服务的特点和作用

1. 邮政快递服务的特点

邮政快递服务根据服务内容、服务形式和服务对象需求的不同，具有以下特点。

（1）邮政快递服务的本质反映在一个"快"字，快速是邮政快递服务的灵魂，邮政企业、快递企业尽可能实现邮件快件的及时、迅速和安全传递。

（2）邮政快递服务是"门到门""人到人""手到手"的便捷服务。尽可能提升邮政快递服务的周到性，确保客户在使用寄递服务时的便捷性、安全性。

（3）邮政快递服务需要具有完善、高效的服务网络和合理分布的网点，确保寄递的准确性。邮政快递服务的生产过程始于收寄，终于客户签收。邮件快件的交寄标志着服务和生产过程的开始，而派送至收件人则标志着两者的结束，实现信息载体的空间转移。消费过程随之结束。这一过程的一致性要求邮政快递服务必须强化质量管理、时效控制和安全保障，以避免给客户带来损失或伤害，确保服务质量和企业的品牌信誉。

（4）邮政快递服务能够提供业务全程监控和实时查询，确保寄递安全。邮政快递服务的生产传递过程涉及多个生产环节，需要不同企业、部门之间的协同作业。邮政快递服务全程全网联合作业的特性，要求各环节、各工序密切配合、紧密衔接。为了实现高效协同作业，必须制定统一的作业流程和操作规范，并实施统一计划和指挥调度。

（5）邮政快递服务要求邮件快件必须单独封装，具有名址、重量和尺寸限制，并实行差别定价和付费结算方式。实现邮政快递服务迅速、准确、安全、便捷的服务要求。

2.邮政快递服务的作用

邮政快递服务具有促进经济和社会发展的双重作用，具体表现有以下几个方面：

（1）邮政快递服务的经济作用。

①从宏观经济发展看，邮政快递服务具有加快流通、方便消费、推动经济结构调整和经济增长方式转变等方面的重要作用。能提高整个经济运行速度、质量、效益。

②从区域经济发展看，邮政快递服务加速了地区间经济的联系和沟通，是促进地区经济共同协调发展的纽带和桥梁。

③从对外贸易等经济领域看，邮政快递服务已成为国际贸易和高技术产业供应链的组成部分。提升了跨境产业链供应链的运行效率和质量，解决了生产企业远离主要销售市场的空间不利因素。

（2）邮政快递服务的社会作用。

①邮政快递服务具有满足社会特殊群体提供上门运送服务的作用。

②邮政快递服务具有促进文化、教育、科技等知识和信息传播的作用。

③邮政快递服务具有促进农村经济发展和助力乡村振兴的作用。

④邮政快递服务具有支持抵御自然灾害或人为灾害的作用，能够迅速提供救援物资，助力抗震救灾或应对重大疫情。

⑤邮政快递服务是劳动密集型的服务行业，具有创造大量就业岗位和吸纳更多人员就业的作用。

⑥邮政快递服务在保障普遍服务、传递幸福美好、畅通经济循环、促进要素流通中发挥着重要作用。它不仅是经济循环的通道，更是情感交流的纽带。

第二节　邮政快递服务的起源与发展

一　邮政快递服务的起源

1."鼓邮"溯源与驿传制度

据史料记载，我国是最早建立信息传递组织的国家之一。在文字和交通工具尚未发明的原始社会末期，我们的祖先们就已通过呼叫、手势或物品示意等方式，在一定范围内传递简单信息。尧帝时期，木鼓的设置标志着"鼓邮"的诞生，通过敲击产生不同声音和节奏来传递信息。殷墟出土的甲骨文进一步证实，3000多年前的夏商时期，已存在类似快递的驲传制度。乘车传递称为"驲"或"传"，乘马传递称为"递"或"驿"。到了西周时期，"快递"主要用于政令和军情的传递，民间尚未普及，分为步行的"徒遽"与邮车的"传遽"，"遽"是指传车或驿马。

2. 春秋时期驿站的诞生

春秋时期，随着经济发展和社会进步，史料记载出现了马传。快马开始部分取代人力，近距离传递依赖单骑，长距离则通过接力方式进行。由此，驿站应运而生。史料中所称的"遽""邮"或"置"，便是最早的驿站形式，大约每隔二十里①设立一站。驿站的建立，加快了文书和军令的传递速度。

3. 秦汉时期快递业的统一和快慢件的区分

秦朝时期，快递开始区分快件与慢件之分，并统一快递人员的着装。同时，实行了严格的交接和登记制度。据《行书律》记载："行传书，受书，必书其起及到日月夙暮，以辄相报也。"汉朝时期，封装工具和手段变得更加多样化，外封套有函、箧、囊等不同形式，根据物件的形状、大小，采用相应的包装方式。这样的改进，进一步提升了快递服务的效率和安全性。

4. 第一部邮政法规《邮驿令》以及隋唐时期快递业的兴盛

魏晋时期，陈群撰写了中国历史上第一部邮政法规《邮驿令》。隋朝时期，随着大运河的开通，邮政快递业发展呈兴盛之势，相比陆路运输，水路运输更显优势。唐朝诗人杜牧的《过华清宫三首·其一》中写道："一骑红尘妃子笑，无人知是荔枝来。"生动描绘了当时生鲜快递的景象。唐朝时期，民间镖局应运而生，出现了信镖、银镖、物镖、票镖、粮镖和人身镖等多种服务，体现了邮政快递业务的多样化。杜甫《春望》中写道："烽火连三月，家书抵万金。"这反映了当时民众对民信服务的依赖与重视。

5. 宋元时期快递业的规范化管理

宋朝时期，为了官方文书的迅速传递，建立了递铺。递铺具有几个显著特点：一是距离短，分布机构众多；二是昼夜不停，实行接力传送；三是深入内地，构建了规模庞大、四通八达的邮政网络。宋朝时期，寄递的形式有计程责限和依限传送，按照时限可分为步递、马递和急脚递。传说南宋时期，岳飞就是被十二道金牌急脚递从前线被召回的。

宋朝制定的《金玉新书》是当时的寄递法规总集，其内容被收录在《永乐大典》中，也是迄今为止我国古代较为完整的一部邮政法规。

---

① 里是长度计量单位。常用于计量地理距离，现在被称为华里、市里，一里等于500m，是我国古代使用的长度计量单位。

6.明清时期的"国际快递"和邮局

明朝时期,快递业运输期限有严格的要求,并且最早出现了"冰船"和"冷运"的运输方式。随着国际贸易的增加,明朝的海外快递带来了南瓜、玉米、番茄、烟草等新的农作物。据《上海通志》记载,明朝永乐年间,出现了民信局,也称信局,如上海县有协兴昌信局,这便是现代邮局的雏形。

清朝时期,寄递体系进一步完善,将驿、站、塘、台、所、铺等统称邮驿。咸丰年间,仿效西方建立了邮政局。

7.近现代国内邮政快递服务的发展

中国近代邮政始于清朝,在大清邮政成立之前,曾有客邮和海关兼办邮政的时期。客邮是外国当时在中国设立邮局并开办邮务的机构,最早可追溯至清道光十四年(1834年),当时英国在广州设立了首个英国邮局。随后,美国、法国、俄国、日本、德国也陆续在中国设立了自己的邮局。直到1922年12月,除日本之外的其他国家客邮(列强在华私设邮局)才被撤销,而日本客邮一直持续到抗日战争胜利后才最终撤销。海关兼办邮政始于清同治五年(1866年),由时任海关总税务司的英国人罗伯特·赫德主导,实际上这是帝国主义通过控制关键部门攫取中国邮政主权的一种表现。大清邮政正式成立是在清光绪二十二年(1896年),尽管名义上成立,但实际上仍由赫德任总邮政司,邮政业务依然由海关兼办。1928年中国共产党领导的湘赣边区工农民主政府正式成立了"赤色邮政",1930年在江西吉安成立了赣西南邮政总局,1931年改名为江西省赤色邮务总局,1932年又改称江西省邮政管理局,并入了苏维埃邮政管理体系。1949年10月1日,随着中华人民共和国的成立,中国人民邮政也宣告成立,标志着中国邮政事业开启了新的篇章。

8.国外快递服务的发展

国外关于古代信息传递,最为人熟知的莫过于马拉松的故事。公元前490年,强大的波斯军队在希腊雅典东北的马拉松地区登陆,意图侵略希腊,面对数倍于己的敌人,仅有11000人的雅典军队在统帅米太雅得的英明指挥下,取得了辉煌的胜利。这场战斗关乎雅典人民乃至整个希腊的生死存亡,雅典人民在交战期间聚集在市中心广场,焦急地等待前线的消息。为了尽快传递胜利的喜讯,米太雅得派出了擅长快跑的斐力庇第斯回雅典报信。尽管已经受伤,斐力庇第斯毅然接受了任务。当他满身血迹、精疲力竭地出现在雅典人民面前,激动地高喊"欢乐吧,我们胜利了!"后,便倒地牺牲。这个故事流传了2000多年,至今依然让人感动。人们为了纪念他,在奥林匹克运动会设立了马拉松长跑项目,赛程长度定为从战场到雅典的距离——42.195km。

公元前500年,古代波斯出现了"小马快递"的邮务,类似我国古代的"马递"。这种方式使用良种快马和精干的邮差,以极快速度传递军事文书和信件。将近2000年后,美国东部城市也曾流行这种邮政业务,驿夫们单人匹马,荷枪实弹,在驿路上艰难往返。当时,从纽约寄往旧金山的信件,需要20天以上才能到达。

进入20世纪初,随着资本主义经济的迅速发展,现代快递业应运而生。1907年8

月，美国联合包裹运送服务公司（UPS）创始人吉姆，以100美元注册资金在华盛顿州西雅图市创建了美国信使公司。创业之初，他们租用一间简陋的办公室，聘用了十几名员工担任信使，利用市内的几个服务网点，在接听客户电话后，指派距离最近的信使前去收取商务文件、小包裹、食物等，并按客户的要求和时限送达。这便是美国"国内快递"的开端，而"国际快递"则是在其后几十年才出现的。

1969年3月，美国大学生达尔希（Dalsey）在加利福尼亚一家海运公司偶然了解到，一艘德国商船因提货单尚未到达而滞留在夏威夷港，提货单正在旧金山制作中，需要一周时间才能寄到夏威夷港。达尔希主动提出，愿意乘飞机将提货单等文件取回并送到夏威夷，以节省高昂的港口使用费和货轮海期费等开支。成功完成任务后，达尔希与赫尔布罗姆（Hillblom）和林恩（Lynn）于1969年10月在美国旧金山成立了DHL航空快件公司，公司名称由他们三人英文名字的首字母组成，主要经营国际业务，开启了"国际快递"的先河。

二　邮政快递服务的发展

新中国成立后，中国人民邮政随之成立。它是在历经国内革命战争和抗日战争时期所建立的赤色邮政、苏维埃邮政和人民邮政的基础上形成的。自20世纪70年代起，中国人民邮政事业迎来了迅猛的发展，国内邮政快递服务的发展，大致经历了三个阶段。

1. 20世纪70年代末至90年代初：起步阶段

我国的邮政快递服务起步于国际快递业务，这一发展得益于外向型经济的推动。在这一阶段邮政快递服务实现了从无到有的转变，并取得了一定的发展。中国邮政特快专递（EMS）的迅速崛起和外资快递企业的进入成为这一时期的主要特点。

1978年，随着改革开放政策的实施，中国快速增长并逐步融入全球市场。国际经济交流的日益频繁以及外向型经济发展需求催生了国际快递业务。1980年6月，日本海外新闻普及株式会社与中国对外贸易运输总公司签订了中国首个快件代理协议，使得中国对外贸易运输总公司成为国内首家提供快递服务的企业。此后，DHL、TNT、FedEx及UPS等国际快递巨头也纷纷进入中国市场，并与中国对外贸易运输总公司签订代理协议，开展国际快递业务。1980年7月，中国邮政与新加坡邮政部门合作，启动了全球邮政特快专递服务，标志着中国邮政成为国内最早提供邮政快递服务的供应商。到了1984年，中国邮政进一步拓展服务范围，开设了国内特快专递业务。1985年12月，中国速递服务公司成立，专门负责国际和国内的速递业务，成为国内首家专业速递企业。

2. 20世纪90年代初至21世纪初：成长阶段

随着民营快递企业的兴起，中国快递业开始呈现多元化经营主体的格局。1992年邓小平南方谈话后，改革开放步伐加快。港澳台地区的劳动密集型产业大量转移到珠江三角洲，香港成为内陆与国际市场的贸易桥梁，带动了大量的文件和货样在珠江三角洲与香港间的传递，顺丰公司在此背景下成立。同时，长江三角洲的乡镇企业蓬勃发展，成为国际供应链的重要组成部分，为申通等民营快递企业的迅速崛起提供了机遇。

与此同时，国内民航、中铁等非邮政国有企业也开始涉足快递服务。民航快递利用航线、场站和国际交往的优势，推动国内外快递业务同步增长；中铁快运则利用中国铁路旅客列车行李车作为主要运输工具，辅以快捷方便的短途接运汽车，提供具有铁路特色的快递服务。

国际快递企业也抓住了与国内企业合作的机遇，加快在中国的发展步伐，通过战略性投资和快速铺设网络，建立信息系统，在国际快递市场占据了相当可观的份额。

在这一时期，国内邮政快递服务实现了快速发展，业务量急剧上升、业务收入不断增加。根据海关部门的数据显示，全国进出口邮件快件数量从1992年的669万件上升为1998年的1034万件。2000年，EMS业务量达到1.1亿件，如果以EMS业务量占当时快递行业总业务量50%的比例估算，20世纪90年代末中国邮政快递服务的总业务量达到了2.2亿件，呈现出几何级数的增长。

3.21世纪初至今：快速发展阶段

21世纪以来，随着中国经济的快速发展和对外贸易的不断扩大，我国更加深入地融入了世界经济体系。巨大的年进出口额和外国在中国的大量投资显著推动了国内邮政快递服务的增长。加入世界贸易组织（WTO）后，中国参与全球市场的步伐加快，邮政快递服务迎来了发展的黄金期，业务量年均增长30%，部分企业增速甚至超过60%。这一阶段，国有快递企业发展势头强劲。中国邮政EMS借助中国邮政航空公司，建立了以上海为枢纽的全夜间航空集散网络；在北京、上海和广州建立了配备了先进的自动分拣设备的大型邮件处理中心；构建了覆盖国内300多个城市的信息处理平台，与万国邮政联盟（UPU）查询系统相连，实现EMS邮件快件全球跟踪查询；并建立了包括网站、短信、客服电话和App在内的四位一体实时信息查询系统此外，亚洲规模最大、技术最先进的中国邮政航空速递物流集散中心落户南京。

民航快递有限责任公司发展成为国内唯一拥有全国民航快递网络和航空快递时效品牌的快递、物流专业公司。2000年12月28日，中外运空运发展股份有限公司在上海证券交易所成功上市，成为国内航空货运代理行业首家上市公司，其速递业务形成高速发展的国内快递自有品牌——中外运速递。中铁快运自2005年成立以来，通过整合优质资源，构建了集铁路行包快递运输网、快捷货运网、公路运输网、航空运输网、配送网、经营网、信息网于一体的"七网合一"核心优势，目前在全国设有18个区域分公司，拥有近1800个营业机构，建立了适应发展和市场需求的经营、运输、仓储、配送、信息和客服网络。"门到门"服务网络覆盖国内500多个大中城市，并能提供70多个国家及地区的快递服务和国际航空、铁路货运代理服务。

经过多年发展，我国邮政快递服务网络迅速扩张。中国邮政速递物流股份有限公司（简称中国邮政速递物流）是经国务院批准，由中国邮政集团于2010年6月联合各省邮政公司共同发起设立的国有股份制公司。作为国内历史最悠久、规模最大、网络覆盖最广、业务品种最丰富的快递物流综合服务提供商，中国邮政速递物流拥有享誉全球的"EMS"特快专递品牌和国内知名的"CNPL"物流品牌。同时，国内民营快递企业的市场份额持续提升，运营更加规范。领军企业如顺丰、申通、圆通、韵达、中通、京东等，已经成为中国快递业民族品牌的佼佼者。顺丰控股股份有限公司于1993年成立，总部设在深圳，主营国内、国际快递及相关业务，已成为全球第四大综合物流服务提供商。中通快递股份有限公司成立于2002年5月，总部位于上海，是一家集快递、物流、电商配送和供应链服务为一体的大型物流企业。2023年12月，中通快递年业务量突破300亿件。圆通速递有限公司成立于2000年4月，总部位于上海，是一家集速递、物流、电商等综合服务的物流企业。申通快递有限公司成立于1993年3月，总部位于上海，是一家以经营快递业务为主的国内合资（民营）的企业。韵达控股集团股份有限公司成立于1999年8月，总部位于上海，是一家集快递、物流、电商配送和仓储服务为一体的全国性品牌快递企业，服务范围覆盖国内31个省（区、市）及港澳台地区。京东快递是京东商城自营快递，于2012年获得快递牌照，为京东商城全资子公司。德邦物流股份有限公司创建于1996年，总部位于上海市，以大件快递为核心业务，提供快运、整车、仓储与供应链等综合性快递物流服务。

改革开放以来特别是党的十八大以来，邮政快递业作为我国发展速度最快的物流细分领域，实现了从小到大、从跟跑到并跑再到部分领跑的飞跃，是服务生产、促进消费、畅通循环的重要力量，已经成为一张亮丽的中国名片。邮政企业、快递企业持续提升网络通达能力，不断提高智能化绿色化水平，推动服务质量整体跃升，展示出蓬勃强劲的市场活力。党的二十届三中全会对降低全社会物流成本作出了重要部署，全行业紧紧围绕高质量发展这个首要任务，完整准确全面贯彻新发展理念，加大改革创新力度，培育发展新质生产力，拓展延伸物流服务链，深化农村寄递网络下沉，推动国际寄递网络延伸，鼓励快递企业提供一站式跨境物流服务，建立支撑国内国际双循环的寄递服务体系，为有效降低全社会物流成本作出新贡献。

第三节　邮政快递服务的流程与网络功能

一　邮政快递服务的流程

邮政快递服务是在承诺的时限内快速完成的寄递服务，具有服务范围广、服务内容复杂、服务要求严格的特点。为满足这些特点，邮政快递服务要遵循系统优化、严格质控、信息完备与协调、确保安全的原则，为客户提供迅速、准确、安全、便捷的快递服务。服务流程主要包括收寄、内部处理、运输和投递四个环节。国际快递还涉及海关处理环节。邮政快递服务范围还包括查询、投诉和赔偿等环节。在邮政快递服务的每个环节都存在大量的组织作业运转工作，而且各个环节之间也需要密切配合和有效组织，从而保证邮件快件传递的高效、安全。

1. 收寄

收寄是邮政快递服务流程的首要环节，是指邮政企业、快递企业在获得订单后由快递业务员上门服务，完成从用户处收取邮件快件、依照规定进行实名收寄和收寄验视的过程。收寄分为上门揽收和网点收寄两种形式，其工作内容主要包括：登记用户实名信息、验视邮件快件、指导客户填写运单和包装邮件快件、计费称重、交件交单等。上门收寄包括下单、接单和取件。下单是当用户需要寄送物品时，可以通过电话、网站或微信小程序、手机App等渠道与邮政公司、快递公司联系。在下单过程中，用户需要提供寄件人和收件人的基本信息，包括姓名、电话、地址和寄递物品名称等。同时，用户还需要提供包裹的重量、尺寸和价值等信息，以便快递公司能够提供准确的报价和运输方案。接单是快递公司接受寄件人寄件要求，将寄件人信息录入、核实并下发给快递业务员的过程。取件是快递公司收取邮件快件的过程。快递公司在收寄时应查验用户交递的邮件快件是否符合禁寄、限寄规定，核对用户出示有效身份证件，以及用户在快递运单上所填报的内容是否与其交寄的实物相符的过程。有的快递公司把这一过程称为揽收。随着小型化集成化智能手持终端全面普及，收寄环节将更加便捷和高效率完成。

用户在确认订单后，需要对物品进行包装。包装的质量和方式直接影响到物品在运输过程中的安全性。邮政公司、快递公司会提供相应的包装要求和建议，用户可以根据需要选择合适的包装材料和方法。封装就是根据内件性质、寄递要求等，选用适当包装材料对邮件快件进行包装的过程。国家不断引导邮政企业、快递企业建立实施绿色包装采购制度，督促企业执行绿色标准，淘汰重金属和特定物质超标的包装物料。推行快递包装绿色产品认证，鼓励企业优先采购使用经过绿色产品认证的包装用品。建立实施塑料袋等一次性塑料制品使用、回收情况报告制度。构建电商、快递绿色包装协同治理机制，推动电商与快递实现包装用品通用、包装标准统一、循环平台共建，指导快递企业参与社会化包装回收体系建设。鼓励邮政企业、快递企业与上游企业有效衔接，推广使用新能源和清洁能源运输车辆，提高绿色可循环包装材料的应用比例，支持创建绿色示范网点，多维度提升行业绿色发展水平。

2. 内部处理

内部处理包括分拣、封发等环节。分拣就是将邮件快件按寄达地址信息进行分类的过程。封发就是按发运路线将邮件快件进行封装并交付运输的过程。内部处理是邮件快件流程中贯通上下环节的枢纽，在整个邮件快件传递过程中发挥着十分重要的作用。内部处理主要是按客户运单填写的地址和收寄信息，将不同流向的邮件快件进行整理、集中，再分拣并封成总包发往目的地。分拣、封发是将邮件快件由分散到集中、再由集中到分散的处理过程，它不仅包括组织邮件快件的集中和分散，还涉及控制邮件快件质量、设计邮件快件传递频次、明确邮件快件运输线路和经转关系等工作内容。

近几年，国家在京津冀、长三角、粤港澳大湾区、成渝等城市群统筹网络资源布局，形成分工合理、优势互补的区域发展格局，促进国内统一大市场建设。完善区域分拨中心布局，优化网络路由，增强干支线网络衔接效能。引导企业总部在中西部地区加大投资力度，高水平建设邮件快件分拨转运中心。

3. 运输

邮政快递运输是指在统一组织、调度和指挥下，按照运输计划，综合运用各种运输方式，将邮件快件迅速、有效地运达目的地的过程。主要包括航空、陆路和水路三大运输方式。每种方式各具特点，经营模式、运输能力和速度也各不相同。邮政企业、快递企业可根据邮件快件的时效与批量等实际要求，选择合适的运输方式来保证快速、准确地将邮件快件送达客户。随着市场经济的快速发展，航空运输在邮件快件运输中日趋普遍，地位日益提高。航空快递和铁路快递都和公路快递紧密相连，三种运输方式高效、流畅地结合，尤其是快递公司采用高铁运输的尝试，对于提高传递效率、提升邮政快递服务质量具有十分重要的意义。

近几年，邮政快递服务持续升级公路运输能力，发展高效能智慧化干线车队，以提高车辆运输效率。提升航空快递运力，强化临空设施建设，扩大货运机队规模，充分利用客机腹舱，优化配置航线时刻，发展无人机运递。鼓励高铁快递发展，推动相关配套设施建设、流程对接和信息共享。依托港口等资源，在有条件区域开展水路运输。支持建设航空、高铁快递枢纽，推动交通枢纽、物流枢纽同步规划建设快递基础设施，完善功能配套。

对于国际寄递业务，还涉及邮件快件出入海关，主要包括以下几个环节：物品报关，邮件快件进出关境或国境时，由邮政企业、快递企业或其代理人向海关申报，交验规定的单据和邮件快件，申请办理进出口手续的过程。通关又叫清关，是海关对邮政企业、快递企业或其代理报关人呈交的单据和邮件快件依法进行审核、查验、征收税费、批准进出口的全部过程。报检是邮政企业、快递企业或其代理报检人根据有关法律、法规的规定，向检验检疫机构申请对国际邮件快件以及港澳台邮件快件进行检验检疫、鉴定，以获得出入境的合法凭证及某种公证证明所必须履行的法定程序和手续。

发展国际寄递业务对保障我国产业链和供应链的安全稳定至关重要，有助于实现高水平对外开放、开拓合作共赢新局面，并推动"一带一路"倡议的高质量发展。推动在自由贸易试验区、自由贸易港、跨境电商综合试验区、边境口岸所在城市等加快建设综合性进出境邮件快件处理中心。优化进出境邮件快件处理中心布局，支持全球性快递枢纽和区域性国际快递枢纽建设，推进国际航空、铁路、公路、港口等地进出境邮件快件处理中心建设，加快邮件快件出入关速度。此外，统筹交通运输资源，加强与RCEP成员国之间国际邮件快件运输通道建设，提升跨境干线运输和一体化服务能力，满足国际寄递业务的需求。拓展和完善至东南亚、东北亚的航空快递通道。推动至美欧、澳新、非洲、中东等国际航空快递通道建设。推进中欧班列运输邮件快件。推动发展对日本、韩国的等海运线路。

4. 投递

邮政快递服务的投递方式主要包括按名址面交、用户自取或与用户协商投递三种形式。按名址面交就是我们常说的派送。邮件快件派送是指业务员按运单信息上门将邮件快件投递交收件人并获得签收信息的过程，分为首次投递和复投，首次投递就是邮政企业、快递企业按规定第一次将邮件快件投交收件人或其指定的代收人的过程。复投就是邮件快件首次投递未能投交，邮政企业、快递企业进行的第二次投递。当物品到达目的地城市后，邮政企业、快递企业会将物品送往当地的派送站点。然后，派送人员根据收件人的地址，逐一将物品派送给收件人。在派送过程中，派送人员会与收件人确认身份，并将物品交给收件人本人签收。

派送人员将邮件快件交给收件人时，应告知收件人当面验收。外包装完好，由收件人确认签字。收件人签收后，邮政企业、快递企业会将签收信息通过一定渠道反馈给寄件人。如果外包装出现明显破损等异常情况的，收派员应告知收件人先验收内件再签收；快递公司与寄件人另有约定的除外。对于网络购物、代收货款以及与客户有特殊约定的其他邮件快件，邮政企业、快递企业应按照国家有关规定，与寄件人（商家）签订合同，明确企业与寄件人（商家）在邮件快件投递时验收环节的权利义务关系，并提供符合合同要求的验收服务；寄件人（商家）应将验收的具体程序等要求以适当的方式告知收件人，邮政企业、快递企业在投递时也可予以提示；验收无异议后，收件人确认签字。若收件人本人无法验收时，经收件人（寄件人）允许，可由其他人代为签收。代收时，收派员核实代收人身份，并告知代收人代收责任。遇到例外情况，在验收过程中，若发现邮件快件损坏等异常情况，收派员应在快递运单上注明情况，并由收件人（代收人）和收派员共同签字；收件人（代收人）拒绝签字的，收派员应予以注明。若涉及费用收取，收件人（代收人）支付费用后，快递公司应提供发票。如果收件人不在投递名址，派送人员可以根据收件人的要求将物品放置在指定的地方，或者安排重新派送。邮件快件派送是快递服务的最后一个步骤，具体工作包括进行邮件快件交接、选择派送路线、核实用户身份、确认付款方式、提醒客户签收、整理信息和交款等项工作。用户自取主要适用于以下情况：一是投递两次仍无法投递的邮件快件，二是相关政府部门（如海关、公安等）提出的要求。对有特殊需求的用户，邮政企业、快递企业可与用户协商，采取其他方式满足用户需求。派送工作不仅是直接保证邮件快件快速、准确、安全地送达客户的最后一环，也是同客户建立与维护良好关系的关键时机。

随着无人机、无人车、无人仓应用取得突破性进展，以及智能快件（信包）箱的广泛应用，邮政企业、快递企业的末端投递效率将大幅提升。近几年，国内正在加快建立设施布局合理、服务多元、智能绿色、运营集约高效的末端服务体系。推动在城市居住社区、机关、校园、商厦和交通枢纽场站配建末端综合服务站，支持智能快件（信包）箱等智能末端服务设施建设。鼓励末端集约化、平台化发展，健全宅递、箱递、站递等多元化服务模式，提升末端服务规范化、标准化和信息化水平。

邮件快件查询是指邮政企业、快递企业应根据业务种类向用户提供电话或互联网等免费查询渠道。邮件快件收寄后，用户可凭借快递运单号对邮件快件进行查询。查询内容应包括邮件快件当前所处服务环节及所在位置。对于国内异地邮件快件，邮政企业、快递企业提供全程跟踪的即时查询服务。

邮政业用户投诉是指用户对邮政企业、快递企业提供的服务不满意，向邮政企业、快递企业或消费者协会提出的请求处理的行为。申诉是指用户投诉后，在一定时间内没有得到处理，或对投诉处理结果不满意，向邮政管理部门提出请求处理的行为。

邮件快件赔偿是指在发生邮件快件延误、丢失、损毁和内件不符时，邮政企业、快递企业应予以赔偿。

以上就是快递服务的一般流程，具体细节可能会因不同的邮政企业、快递企业和所在地区而有所不同。

二　邮政快递服务的网络功能

邮政快递服务网络是指由邮件快件的收寄、分拣封发、运输和投递等实体网络和信息网络组成，按照一定原则和方式组织，受控制系统指挥，遵循统一的运行规则传递邮件快件的网络系统的总称。邮政快递服务是通过网络实现的，其中邮件快件通过实体网络传递，信息通过信息网络传输。因此，邮政快递网络分为邮政快递传递网络和邮政快递信息传输网络。

1. 邮政快递服务传递网络

（1）邮政快递服务传递网络的构成。

邮政快递服务传递网络是由邮政、快递呼叫（客服）中心，收派处理点或营业网点、处理中心和运输线路按照既定的原则和方式组织起来并在调度运营中心的指挥下，按照一定的运行规则传递邮件快件的网络系统。邮政快递服务传递网络是由紧密衔接的各个环节组成的统一整体。只有充分发挥并依靠全网的整体功能，才能顺利地完成邮件快件的传递任务。

①呼叫中心。

呼叫中心，也称为"客户服务中心"，是快递公司通过电话、网络系统负责受理客户下单、客户查询邮件快件信息、回答客户有关询问、受理客户投诉、维系重点客户等业务工作的部门。

②收派处理点或营业网点。

收派处理点或营业网点是快递企业收寄和派送邮件快件的基层站点，其功能是集散某个城市某一地区的邮件快件，然后再按派送段进行分拣和派送。

收派处理点或营业网点的设置，应依据当地人口密度、居民生活水准、整体经济社会发展水平、交通运输资源状况，以及公司发展战略等因素来综合考虑，要本着因地制宜的原则，科学、合理地设置。从我国邮政企业、快递企业目前设置情况看，城市网点多于农村、东部地区多于西部地区、经济发达地区多于经济欠发达地区。收派集散点是邮件快件传递网络的末梢，承担着直接为客户提供快递服务的功能。

随着邮政快递业的快速发展，邮政企业、快递企业收派处理点的硬件设施科技含量日益提高、服务质量和效率得到进一步提升，服务功能也朝着日益多样化、综合化和个性化的方向发展。推动城市居住社区配建邮政快递服务场所和设施，在社区中心配置快递货物集散站。在城镇老旧小区改造中，因地制宜开展智能邮件快件箱、智能信包箱和邮政快递末端综合服务站改造建设。加强农村网络设施资源共享，鼓励共同分拣、共同运输、共同收投。加快完善农村寄递物流体系，大力推进村级寄递物流综合服务站建设，推动客货邮融合发展。支持推广无人车、无人机等形式的末端投递，加强配套场地和设施建设，发展无接触服务。

③处理中心。

邮政快递处理中心是邮件快件传递网络的节点，主要负责邮件快件的分拣、封发、中转任务。邮政企业、快递企业根据自身业务范围及邮件快件流量来设置不同层级的处理中心，并确定其功能定位。我国的邮政企业和全国性的快递企业通常设置三个层次的邮件快件处理中心，区域性的企业设置两个层次，同城企业设置一个层次。以全国性企业为例，第一层次是大区或省际中心，除完成本地区邮件快件的处理任务外，主要承担各大区或省际的邮件快件集散任务，作为大型处理和发运中心，一般设置在全国交通枢纽和物流节点城市。第二层次是区域或省内中心，除完成本地邮件快件的处理任务外，还要承担大区（省）内邮件快件的集散任务，一般设置在省会城市。第三层次是同城或市内中心，主要承担本地邮件快件的集散任务。大区或省际中心对其他大区或省际中心，及其所辖范围内的区域或省内中心、同城或市内中心建立直接封发（简称"直封"）关系。区域或省内中心对其大区或省际中心、本大区内的其他区域或省内中心，及其所辖的同城或市内中心建立直封关系。

处理中心的设置方式和位置，对邮件快件的分拣、封发和交运等业务处理和组织形式，以及邮件快件的传递速度和质量起着决定性的作用。打造布局合理、智能高效的现代枢纽，培育辐射全国、通达国际的枢纽集群；结合国土空间规划编制，推进邮政快递枢纽与国家物流枢纽、综合交通枢纽统筹规划建设；完善重要节点的境外航空快递枢纽布局。优化快递物流园区布局，加强智慧园区建设；推动在铁路、机场、城市轨道和主要港口等交通站场建设邮政快递专用处理场所、运输通道、装卸设施；发展枢纽经济，打造"寄递枢纽+关联产业"快递经济区等都将全面推动邮件快件处理中心建设。

④运输线路。

运输线路是指快递运输工具在邮件快件收派处理点、处理中心之间，以及所在地区车站、机场、港口之间，按固定班次及规定路线运输邮件快件的行驶路线。运输线路按所需运输工具可分为航空运输线路、火车运输线路、汽车运输线路和水运线路。

运输线路和运输工具是保证邮件快件快速、准确送达客户的物质基础之一，是实现邮件快件由分散（各收寄点）到集中（各处理中心）再到分散（各派送点）的纽带。

结合电商、邮政快递等货物的主要流向、流量，完善铁路（高铁）快运线路和网络。加快推进铁路场站快运服务设施布局和改造升级，强化快速接卸货、集散、分拣、存储、包装、转运和配送等物流功能，建设专业化铁路（高铁）快运物流基地。鼓励电商、邮政、快递等企业参与铁路（高铁）快运设施建设和改造，就近或一体布局建设电商快递分拨中心，完善与铁路（高铁）快运高效衔接的快递物流服务网络。

⑤调度运营中心。

调度运营中心是控制并保证快递网络按照业务流程设计要求有序运行的指挥中心。需要按照预定业务运营计划和目标实行统一指挥，合理组织、调度和使用全网络的人力、物力和财力资源，纠正邮件快件传递过程中出现的偏差或干扰，确保网络迅速、高效、有序运转。

（2）邮政快递服务传递网络的层次划分。

邮政快递服务传递网络是邮政企业、快递企业按照快递业务流程及快递业务实际运营的需要设立的，每一个司的邮件快件传递网络都是一个有机的整体。近几年，在邮政快递服务网络布局建设中，国家支持东部创新突破，夯实中部发展基础，补齐西部服务短板，激发东北发展活力。推进革命老区、民族地区和边境地区服务水平稳步提升。落实京津冀协同发展、长江经济带发展、粤港澳大湾区建设、长三角一体化发展，推进海南全面深化改革开放、黄河流域生态保护和高质量发展、成渝地区双城经济圈建设等区域发展重大战略，提升区域网络辐射和产业带动能力。支持雄安新区邮政业高标准、高质量建设与发展。因地制宜推动城市群、都市圈快递服务同城化。积极融入城镇化建设和新时代农村邮政快递网络建设。从我国邮政企业、快递企业的现状来看，不同企业对邮件快件传递网络又划分出不同的层次。一般而言，全国性企业的网络分为三个层次，即大区或省际网、区域或省内网以及同城或市内网。

①大区或省际网。

大区或省际网主要承担省际的邮件快件传递任务。它连接各大区或省际处理中心（包括国际邮件快件处理中心），通过陆路和航空运输组成一个复合型的高效快递运输干线网络。由于大区或省际网是整个邮件快件传递网的关键环节，又最容易出现邮路阻断和其他问题，所以必须建立统一有序的指挥调度系统，及时进行信息反馈，以确保网络的畅通无阻。该类网络的设立，应遵循社会发展和市场经济需求相适应的原则，追求经济效益与社会效益相一致的原则，以及确保邮件快件快速、有序、安全、准确运递的原则。比如中国邮政集团有限公司的全国干线通信网就是以北京为中心，由全国干线邮路连接一、二级邮件处理中心所组成的邮政网络体系，是我国邮政通信网结构中的最高层次。

②区域或省内网。

区域或省内网是大区或省际网的延伸，与同城或市内网联系密切，在邮件快件传递网络中起着承上启下的作用。区域或省内网以区域或省内处理中心为依托，通过以汽车运输为主的运输线路与和其有直封关系的上级、同级及下级处理中心相连接构成的。比如中国邮政集团有限公司的省级干线通信网，是以各个省会为中心，由省内干线邮路连接省内二、三级中心局所组成的网络体系。每个省都有一个相对独立的省邮政网，在区域或省内网中，根据邮件快件的流向和流量、当地的地形地貌，以及交通条件等因素，形成不同的网络结构。从其运输线路看，一般常见的有辐射型、直线型和环线型。

辐射型是指区域或省内处理中心与其所辖的同城或市内中心形成点对点的关系，各同城或市内中心的邮件快件直接与区域或省内中心进行交换。

直线型表示快递运输工具从区域或省内处理中心出发，由近及远依次经过各同城或市内中心，并卸载到站邮件快件，然后原车按原线路返回，由远及近依次装载待发送邮件快件后回到区域或省内中心。

环线型表示运输工具从区域或省内处理中心出发，依次经过各同城或市内中心卸载到站邮件快件，然后回到区域中心或省内中心。

混合型是指上述三种基本运输线路的组合。

③同城或市内网。

同城或市内网是由同城或市内处理中心与若干个收派处理点组成的，除负责邮件快件的收取和派送外，还负责邮件快件的分拣、封发等工作。比如中国邮政集团有限公司的邮区邮政通信网就是以邮区中心局为中心，由邮区内的支线邮路连接区内市县局和各个收投点所组成的邮政网络体系。邮区网在全网中主要承担着在一定范围内运送和集散的任务，起着减少邮件在全网运转中的层次、提高全网效能的作用。可细分为：由城市（不包括市管县）范围内的邮政局所及设施、邮件处理中心和市内邮路组成的市邮政网；以县邮政分公司为中心（包括县邮政分公司、乡镇邮政局所，以及由县邮政分公司）至各乡镇局所之间的邮路（包括运邮工具），县局各乡镇局所至各居民点之间的投递路线所组成的县邮政网。

与以上二级网络相比，同城或市内网的设置，更需要考虑当地的具体因素，比如城镇发展规划、土地征用政策、基本建设投资成本、经济发展水平、产业布局、运输条件、人口结构与密度、文化传统特点、邮件快件的流向和流量等因素。

④邮政快递服务农村服务体系的建设。

在邮政快递服务网络中，限于交通成本、人口密度、经济发达程度等因素的影响，农村邮政快递服务体系还不健全、末端网络不稳固，影响着邮政快递服务网络的覆盖和整体服务水平。当前邮政快递服务农村服务体系建设的目标是：

进一步加快拓展脱贫攻坚成果与乡村振兴。全面实施"快递进村"工程，加快贯通县乡村电子商务体系和快递物流配送体系，深化农村寄递网络下沉，推动将快递末端服务设施纳入公共服务规划，加快完善农村寄递物流基础设施，激发农村需求潜力，更好服务乡村振兴。加快建设以县级分拨中心、乡镇网点、村级寄递物流综合服务站为支撑的农村寄递物流服务体系。统筹农村地区资源，鼓励县级分拨中心共建共用；规范现有乡镇快递网点，推动网点稳定运行。整合村邮政快递、供销、电商等资源，利用村内现有公共设施，建设村级寄递物流综合服务站。鼓励有条件的县乡村布设智能快件（信包）箱。

加快推广共同配送模式，鼓励邮政快递、交通、供销、商贸等合作共用配送网络。发挥邮政快递服务农村电商的渠道作用，建设一批农村电商快递协同发展示范区。提高农村地区服务水平，推动实现运递集约化、设备自动化和流程信息化。完善农村快递服务规则，推动企业按照承诺和约定提供服务。引导邮政企业、快递企业深化与电商企业合作，合理制订与服务里程、服务成本相适应的服务价格，探索建立符合农村实际的成本分担、利益共享机制。推进不同主体之间标准互认和服务互补，在设施建设、运营维护、安全责任等方面实现有效衔接。

积极对接特色农产品优势区和乡村振兴重点帮扶县，助力实现巩固拓展脱贫攻坚成果同乡村振兴有效衔接。继续推进邮政快递与农村产业协同发展，培育一批邮政快递服务现代农业示范项目。鼓励快递企业优化运输组织模式，提供定制化包装，加大科技设备应用，提升供应链一体化服务能力。加大行业对农业农村发展的支持力度，带动农民创业、就业。

鼓励快递企业在农产品田头市场建设或者租赁预冷保鲜、低温分拣、冷藏仓储等设施，减少产品损耗，提高农产品流通效益。引导邮政企业、快递企业依托国家骨干冷链物流基地建设区域分拨中心，增加冷链运输车辆，升级冷链设施设备，提升末端冷链寄递能力，满足农产品出村进城需求。支持行业协会制定电商快递冷链服务标准规范，提升冷链快递规范化操作水平。

2. 邮政快递服务信息网络

在邮件快件传递的过程中，时刻伴随着快递各项信息的传输和更新，这些信息包括单个邮件快件运单的信息、邮件快件总包的信息、总包路由的信息，以及邮件快件传递过程中每个节点产生的信息等。传输这些信息的网络就叫作邮政快递信息网络。

邮政快递服务信息网络的作用主要有：一是实现对邮件快件、总包等信息的实时传输。二是实现邮政企业、快递企业快递信息资源最大限度地综合利用与共享。三是便于邮政企业、快递企业运营管理，提高工作效率，规范操作程序，减少人为差错。四是便于邮政企业、快递企业为客户提供更优质的服务，包括为客户提供邮件快件查询。五是有利于增强企业竞争能力，促进企业可持续发展。

邮政快递服务信息网络由物理系统和软件系统两大部分组成。物理系统主要包括信息采集和处理设备、信息传输线路以及信息交换、控制与存储设备。软件系统包括操作系统、数据库管理系统和网络管理系统。

邮政企业、快递企业所有信息必须通过多层次、多级别的网络及硬件设备连接和管理，因此，各公司都会定制适合自身的信息系统网，以支持实物传递网络的顺畅运作。快递信息网络的建设是一项庞大且复杂的系统工程，耗资巨大。邮政企业、快递企业应根据自身业务的发展情况，采取分阶段建设的策略，逐步予以完善。在硬件建设的同时，软件系统的基础建设和技术更新同样重要，要特别注意数据安全和客户信息的保密工作。应建设邮政快递网络安全保护平台，依托平台和大数据进行实时监测、风险评估、通报预警、应急处置。应利用大数据、云计算、区块链、人工智能等技术，加强寄递风险预警、智慧安全监管、数据开放共享、行业生态安全保障和安全基础支撑。

加快完善数字化、可视化、智能化寄递网络，推广应用智能装备设施，发展智能收投、智能仓储、机器人分拣和无人化运输技术。推广动态路由、智能调度等智慧运营系统。丰富完善聚合下单、全程跟踪监测、定制化投递、智能客服等智慧服务功能。推进行业信息基础设施升级改造，建设大数据中心等基础设施。在海南自由贸易港、深圳建设中国特色社会主义先行示范区等具备条件的地区进行试点，打造邮政快递业数字经济示范区。

邮政快递服务网络的分类随着现代科技发展和市场需求也在不断出现新的分法。比如，中国邮政集团有限公司按不同邮件的传递时限，分为快速网和普通网。快速网就是由快递类邮件收投点、内部快速处理系统和快速邮路，按照一定的原则和方式组织起来的邮政网络系统。普通网就是由普通邮件收投点、普通邮件处理系统和普通邮路按照一定的原则和方式组织起来的邮政网络系统，分为全国普通网和省内普通网。按运输的方式，分为陆运网、航空网。陆运网就是以汽车、火车、高铁等运输工具为主，在邮政网络的各个节点间运输邮件，形成邮政通信网。陆运网是邮政通信网的主体。航空网就是以自有飞机或民航飞机运输为主，主要在邮政网络节点中的省际中心之间运输邮件，形成邮政通信网。2020年起，中国邮政集团有限公司打破行政区划，全面优化调整以"中心局—地市—县"为核心的邮政陆运网络组织架构，深入推进邮政陆运网络的智能规划、扁平组网、就近入网、柔性敏捷，确保网络层级更少、时限更优、成本更低，有效创建"三新"运营模式（以"业务量"为中心的"省际总包分拨+本地分拣集包"的新处理模式，"够量直达+尾量汇集"的新运输模式，"分拨+处理+仓储"的新生态模式）。构建"省际分拨、本地分拣"的两级寄递网络，邮件分拣层以本地中心为主体，总包经转层以省际中心为主体。本地中心作为本地网络的基本节点，主要承担覆盖范围内邮件的进口分拣、出口集包、本地运输和干线够量直达运输，它的功能以分拣为主、分拨为辅，快速衔接干线网络。在网络设置上，以地市、县为基本单元，对于单个市、县未达到设置标准的，可跨行政区划合并设立本地中心。省际中心作为干线网络的核心节点，构成了省际骨干运输网络。它主要承担进出口邮件的总包分拨、本地分拣与干线运输，既是省际出口尾量汇集的最后保障，也是省际进口邮件的中转点。在网络设置上，省际中心与所在城市本地中心功能同址叠加，以加强资源共享。

第三章

邮件快件安全检查概述

第一节 寄递安全制度

一 寄递安全"三项制度"由来与沿革

2009年10月1日，修订后的《中华人民共和国邮政法》[①]（以下简称《邮政法》）颁布实施，明确规定邮政企业、快递企业收寄邮件快件和用户交寄邮件快件，应当遵守法律、行政法规以及国务院和国务院有关部门关于禁止寄递或者限制寄递物品的规定。

其中第二十五条规定："邮政企业应当依法建立并执行邮件收寄验视制度。对信件以外的邮件，邮政企业收寄时应当当场验视内件。用户拒绝验视的，邮政企业不予收寄。"

第五十九条规定："本法第二十五条关于邮政企业及其从业人员的规定，适用于快递企业及其从业人员。"第七十五条规定，"邮政企业、快递企业不建立或者不执行收件验视制度，对邮政企业直接负责的主管人员和其他直接责任人员给予处分；对快递企业，邮政管理部门可以责令停业整顿直至吊销其快递业务经营许可证。"

2014年9月26日，中央综治办、公安部、交通运输部、国家邮政局、国家安全部、海关总署、国家工商行政管理总局、国家铁路局、中国民用航空局等9部委，联合出台了《关于加强邮件、快件寄递安全管理工作的若干意见》（中综办〔2014〕24号），第一次明确提出了寄递行业逐步实行"实名登记、收寄验视、过机安检"三项制度的规定。明确要求：一是逐步实行寄递实名制。从2016年实行邮件快件实名收寄制度，规范寄递渠道信息登记，保障用户个人信息安全。二是完善收寄验视制度。要求寄递企业对收寄的邮件、快件实行先"验视"后"封箱"制度，并加盖收寄验视戳记。三是落实过机安检制度。2016年起寄递企业应在分拨中心（场所）对邮件、快件（场所）对邮件、快件进行X光机安检，落实邮件、快件安全技术检查要求。

2014年至今，《中华人民共和国刑法》《中华人民共和国反恐怖主义法》《快递暂行条例》《邮件快件实名收寄管理办法》《邮政业寄递安全监督管理办法》《快递

[①] 现行版为2015年修订后的版本，此处主要讲述"三项制度"的由来与沿革，相关法条未作更新。

市场管理办法》等法律法规修订或颁布实施，《禁止寄递物品管理规定》《邮件快件收寄验视规定》《邮件快件寄递协议服务安全管理办法》等规范性文件的印发执行，以及《邮政业安全生产设备配置规范》（YZ 0139—2015）、《邮件快件实名收寄验视操作规范》（YZ/T 0185—2022）等标准制定发布，从法律层面对寄递安全"三项制度"作了全面系统的规定。

二 过机安检制度

根据相关法律法规，邮政企业、快递企业应当建立并执行"实名收寄、收寄验视、过机安检"三项制度。

《关于加强邮件、快件寄递安全管理工作的若干意见》要求：寄递企业应严格执行各项安全检查制度，配备符合国家标准或行业标准的收寄验视手持设备和X射线安全检查设备对邮件、快件进行安全检查。《中华人民共和国反恐怖主义法》（以下简称《反恐怖主义法》）和《快递暂行条例》分别从法律和行政法规的层面对行业过机安检制度提出要求。后续出台、修订的《邮政业寄递安全监督管理办法》《邮政业安全生产设备配置规范》等行业规章和标准规范又进一步针对过机安检作了细化规定。

过机安检制度要求寄递企业收寄的邮件、快件必须经过微剂量X射线安全检查设备等专门设备进行安全检查。过机安检制度的主要内容包括其建立、执行，以及没有依法建立和执行的后果。分述如下：

（1）过机安检制度的建立。根据《反恐怖主义法》第二十条规定："铁路、公路、水上、航空的货运和邮政、快递等物流运营单位应当实行安全查验制度，对客户身份进行查验，并依照规定对运输、寄递物品进行安全检查或者开封验视。"其中要求对运输、寄递物品进行安全检查即是采用相关X射线安全检查设备等专门的设备进行安全检查。

（2）过机安检制度的执行。《快递暂行条例》第三十二条规定："经营快递业务的企业或者接受委托的第三方企业应当使用符合强制性国家标准的安全检查设备，并加强对安全检查人员的背景审查和技术培训；经营快递业务的企业或者接受委托的第三方企业对安全检查人员进行背景审查。"其中在设备方面，邮政企业、快递企业应当配备符合强制性国家标准的安全检查设备，安全检查设备标准由国务院邮政管理部门会同有关部门另行制定。在人员方面，快递企业可以选择自行或者委托第三方企业对快件进行安全检查，并对经过安全检查的快件做出安全检查标识。快递企业或者接受委托的第三方企业应当安排具备专业技术和技能的人员对邮件、快件进行安全检查，加强对安全检查人员的背景审查和技术培训。要注意的是，委托第三方做出安全检查，并不免除委托方对快件安全所要承担的责任。

另外，邮政企业、快递企业受寄件人委托，长期、批量提供快递服务的，应当与寄件人签订安全协议，明确双方的安全保障义务。

（3）没有建立和执行过机安检制度的后果。根据《反恐怖主义法》第八十五条规定，快递企业未实行安全查验制度，对客户身份进行查验，或者未依照规定对运输、寄递物品进行安全检查或者开封验视的，由主管部门处十万元以上五十万元以下罚款，并对其直接负责的主管人员和其他直接责任人员处十万元以下罚款。

第二节　安全检查机构

《邮政法》《反恐怖主义法》《快递暂行条例》明确了国务院邮政管理部门对邮政快递业的监督管理职责，同时指出国务院公安、国家安全、海关、市场监督管理等部门也在各自的职责范围内负责相关的快递监督管理工作。地方各级人民政府及其相关部门根据相关规定承担相应的监管职责。

一　邮件快件安全检查的概念、性质和任务

1. 邮件快件安全检查的概念

邮件快件安全检查简称邮件快件安检，是为保障邮件快件寄递安全，在特定的区域内，使用专门设备和运用专业技术，对邮件快件进行的一种强制性的技术性检查。它包括使用微剂量X射线安全检查设备（简称"安检机"）、爆炸物探测设备等对邮件快件进行的安全检查。

2. 邮件快件安全检查的性质

邮件快件安全检查是寄递渠道安全工作的重要组成部分，是为保障邮件快件寄递安全，依照国家法律法规对邮件快件进行的安全检查，具有强制性和专业技术性。

3. 邮件快件安全检查的任务

邮件快件安全检查工作的任务包括对邮件快件的安全技术检查，按规定处置含有禁止寄递物品或疑似禁止寄递的邮件快件，配合邮政管理等部门的安全监督检查，为监督检查人员提供相应的便利条件。

二　行业主管安全检查部门

2005年7月，国务院批准《邮政体制改革方案》，明确实行政企分开，重组邮政监管机构，组建国家邮政局和中国邮政集团公司。国家邮政局是全国邮政监管机构，现为交通运输部管理的国家局，垂直领导管理省级以下邮政管理局；中国邮政集团公司业务包括普遍服务业务、竞争性业务和邮政储蓄业务。2006年，31个省（区、市）邮政管理局全部组建成立，受国家邮政局垂直领导。2007年，重组后的国家邮政局和新组建的中国邮政集团公司在北京举行了揭牌仪式，邮政政企改革顺利完成。

2012年1月，国务院办公厅印发《关于完善省级以下邮政监管体制的通知》（国办发〔2012〕6号），设置市（地）一级邮政管理局。在27个省（区）按照市（地）行政区划设置332个市（地）邮政管理局，在4个直辖市和海南省（除海口市、三亚市）跨

区域设置25个邮政监管派出机构。中国邮政集团公司设在市（地）、县的邮政企业不再使用"××邮政局"的名称，更名为"××邮政分公司"。将邮政管理体制调整为中央和地方双重管理、以中央为主，省（区、市）及市（地）邮政管理局由上级邮政管理部门与所在地人民政府双重管理，邮政业务、机构编制、干部、财务等以上级邮政管理部门管理为主。当年，全国共组建332个市（地）邮政管理局和25个邮政监管派出机构，标志着中央、省（区、市）和市（地）三级邮政管理体制形成。

2014年6月，浙江义乌邮政管理局成立，这是全国首个县级邮政管理机构，是县域邮政监管模式新的探索和实践，标志着我国邮政业完善县级邮政监管体制工作进入一个新的阶段。

2014年12月，中编办批复成立国家邮政局邮政业安全中心，作为国家邮政的直属事业单位，标志着邮政业安全监管支撑体系建设拉开序幕。目前全国已成立31个省（区、市，不包含港澳台地区）邮政业安全中心和231个市（地）邮政业安全中心以及多个县级邮政业安全（发展）中心。

具体工作如下：

1. 国家邮政局主要职责

（1）拟订邮政行业的发展战略、规划、政策和标准，提出深化邮政体制改革和促进邮政与交通运输统筹发展的政策建议，起草邮政行业法律法规和部门规章草案。

（2）承担邮政监管责任，推动建立覆盖城乡的邮政普遍服务体系，推进建立和完善普遍服务和特殊服务保障机制，提出邮政行业服务价格政策和基本邮政业务价格建议，并监督执行。

（3）负责快递等邮政业务的市场准入，维护信件寄递业务专营权，依法监管邮政市场。

（4）负责监督检查机要通信工作，保障机要通信安全。

（5）负责邮政行业安全生产监管，负责邮政行业运行安全的监测、预警和应急管理，保障邮政通信与信息安全。

（6）负责邮政行业统计、经济运行分析及信息服务，依法监督邮政行业服务质量。

（7）负责纪念邮票的选题和图案审查，负责审定纪念邮票和特种邮票年度计划。

（8）代表国家参加国际邮政组织，处理政府间邮政事务，拟订邮政对外合作与交流政策并组织实施，处理邮政外事工作，按照规定管理涉及港澳台工作。

（9）垂直管理各省（区、市）邮政管理局。

（10）承办国务院及交通运输部交办的其他事项。

2. 省邮政管理局主要职责

贯彻执行国家关于邮政业管理的法律法规、方针政策和邮政服务标准，监督管理所在地区邮政市场，组织协调所在地区邮政普遍服务以及机要通信、义务兵通信、党报党刊发行、盲人读物寄递等特殊服务的实施，办理国家邮政局交办的其他事项。

3. 市邮政管理局主要职责

贯彻执行国家邮政法律法规、方针政策和邮政服务标准，研究拟订本地区邮政发展规划，监督管理本地区邮政市场以及邮政普遍服务和机要通信等特殊服务的实施，负责行业安全生产监管、统计等工作，保障邮政通信与信息安全，以及承办上级邮政管理部门和地方人民政府交办的其他事项。

4. 国家邮政局邮政业安全中心主要职责

负责邮政业安全监管信息系统及主备机房的建设、管理和维护。负责邮政业安全监管信息资源的管理、应用开发和安全保护。参与邮政业安全监管支撑体系建设、行业运行安全监测预警、信息研判、应急值守和重大突发事件应急处置、安全生产监督检查等工作。承担邮政业禁毒、反恐等工作技术支持和行业安全教育培训、用户申诉处理业务指导和监督管理等工作。

三 其他相关安全检查机构

公安部门依据《邮政法》《反恐怖主义法》《快递暂行条例》《治安管理处罚法》等相关法律法规对邮政快递业中涉及公共安全和社会稳定的业务与生产进行监督与检查。

国家安全部门依据《邮政法》《反恐怖主义法》《反间谍法》《快递暂行条例》等相关法律法规对邮政快递业中可能涉及国家安全的业务与生产进行监管与检查。

海关、市场监督管理等部门依据《邮政法》等相关法律法规，对涉及本部门监管的工作进行监督管理与安全检查。

第三节 岗位职责

一 安检员岗位职业基本规范

安检员职业基本规范是社会主义职业道德在邮政快递业安检职业活动中的具体体现，既是指导安检员妥善处理职业活动中各种社会关系的行为准则，也是衡量安检员职业行为是否妥当的标准。安检职业基本规范，应在保障安全的前提下，坚持人民至上、生命至上，将"保证邮件快件寄递安全，保障寄递渠道安全畅通"融入安检员的日常职业行为之中，培养良好的职业道德。根据邮政快递业安检工作的特点，安检职业基本规范的内容有：

1. 遵纪守法，严格检查

遵纪守法是指每个职业劳动者都要遵守职业纪律以及与职业活动相关的法律、法规。严格检查是安检员确保安全的必要手段，而保障安全则是基本职责和行为准则。

遵纪守法，严格检查的基本要求：一是要求安检员在安检过程中，必须做到依法检查和按照规定的程序进行检查。避免任何盲目和随意的行为，强化法律意识，执行安全要求，严格依法实施安全检查和处置。二是安检员应自觉遵守党和国家的各项法律法规和政策规定，自觉学法、用法、守法，严格遵守保密纪律、安检岗位纪律，自觉抵制各种诱惑，做遵纪守法的模范。三是在实施检查工作中，安检员都要对每一个流程、每一个环节、每一个快件做到一丝不苟、全神贯注，确保万无一失。

2. 爱岗敬业，忠于职守

爱岗敬业，忠于职守是安检员基本职业道德要求，具体包括：一要忠实履行岗位职责，认真做好本职工作。二要以主人翁精神对待本职工作，树立事业心和责任感。三要在面对艰苦环境时保持乐观，正确看待个人的物质利益和劳动报酬，乐于为安检事业作出贡献。四要坚决反对玩忽职守的渎职行为。玩忽职守和渎职失责不仅会导致寄递渠道存在风险隐患，危及国家安全、公共安全，还可能导致国家安全和人民生命财产遭受损失，严重者可能触犯渎职罪、玩忽职守罪、重大责任事故罪。

3. 钻研业务，提升技能

职业技能也可称为职业能力，指个体在职业实践中履行职责的能力与手段。它包括实际操作能力、业务处理能力、技术应用能力以及相关的理论知识等。钻研业务、提升技能是安检职业道德规范的重要内容。掌握职业技能不仅是做好工作、服务社会的基本手段，还关系到个人能力的展现和知识水平的体现。安检工作是一项政策性、专业性与技术性很强的工作。从安全技术检查的内容来看，包括安检机检查、设备维修等技术性工作；从安全技术检查的对象来看，用户交寄的物品各种各样，这些物品可能包括普通工作和生活用品或是潜在的危险物品，如武器、管制刀具、炸药、易燃易爆品、传染性和腐蚀性物质，以及高科技产品如精密仪器等。准确识别并筛查出危险物和违禁物品，仅靠需要强烈的责任心，更需要高超的业务技能。因此，安检员必须刻苦钻研业务知识，精通业务技能。

为增强业务技能，安检员应专注于三个方面的基本训练：一是系统学习安检基础理论，包括安检政策法规、安全监管要求、安全基础知识、寄递基本要求、防爆排爆基础知识、计算机基础知识、常用英语和心理学基础知识等。二是磨炼精湛的业务操作技能，无论是进行安检机检查还是设备故障的检测维修，每个安检员都应该努力成为一专多能、技术精湛的岗位能手。三是灵活的现场应急处置能力，以应对安检过程中可能出现的复杂多变问题和突发情况，提高现场处置的灵活性和有效性。

4. 团结协作，准确快速

对安检员这一特定的职业来说，个人间的团结协作至关重要，加强安检团队内部的合作，强化与外部友邻单位的联系，促进纵向系统与横向系统的广泛交流与协调，形成紧密联系。这样的团结协作能够构建起坚不可摧的安全防线。此外，安检工作要注重准确性，防止漏检和误检，同时，安检工作的速度也不容忽视，直接影响到邮件快件的流通效率。尤其在高峰时段，安检的迅捷性可以显著减少物品在安检过程中的停留时间，避免造成拥堵，确保寄递流程的顺畅和高效。快速安检不仅提升了邮件快件处理的整体效率，也间接提高了寄递服务的用户满意度，对于维护寄递服务的时效性和可靠性具有重要作用。

二 安检员岗位职责

（1）从事X射线放射性工作人员必须严格遵守并执行《中华人民共和国放射性污染防治法》和《放射性同位素与射线装置安全和防护条例》。

（2）从事X射线放射性工作人员必须经过X射线放射性基础知识、辐射安全防护培训，取得上级主管部门颁发的辐射工作人员上岗证方可上岗。

（3）新上岗或转岗人员必须经过健康体检合格，经过培训且取得相关执业资格证书，严禁未经培训的人员在X射线放射性岗位工作。

（4）操作安检机时必须佩戴个人剂量笔。

（5）X射线放射源室周围设立明显的电离辐射标志牌，并画出安全线，严禁非操作人员靠近安全线。

（6）操作人员要严格按照操作规程进行操作，正确使用安检机、邮件快件智能安检机、手持爆炸物/毒品探测仪等设备。严禁非法操作。

（7）操作人员在每天使用安检机前应进行设备检查。

（8）安检机出现故障要及时上报并停止使用。

（9）安检机出现故障应请专业人员或设备生产厂家进行维修。

（10）观察辨别安检机监视器上受检邮件快件图像中的物品形状、种类，发现、辨认违禁物品或可疑图像。

（11）将需要重新检查的邮件快件及重点检查部位准确无误地通知检查员。

（12）协助相关人员及时处置可疑邮件快件。

（13）发生事故立即上报主管领导，并采取有效措施，不得拖延或隐瞒不报。

（14）保持工作环境整洁干净。

第四节　基本工作程序

邮件快件安全检查指通过检查邮件快件，发现可疑点。检查分为用安检机检查和人工检查内件两种方法。

一 安检机检查工作程序

步骤一：准备工作

在开始安检机物品安检之前，需要做一些准备工作。

（1）确认工作区域：确定放置安检机或安检设备的区域，设立标志牌和警示标识，确保人员安全。

（2）安装和校验设备：确保安检机或安检设备正常工作，检查设备的功能和性能是否正常。

（3）培训安检员：对安检员进行培训，让他们了解安检机设备的使用和操作规程、禁寄物品或者疑似禁寄物品的报告处置，以及应对突发情况的应急措施。

步骤二：设置安检区域

（1）设置安检通道：安排合理的安检通道布局，确保邮件在安检过程中的快速顺畅。

（2）安装并调试安检设备：将安检机安装在合适的位置，确保能够有效识别和检测邮件快件。

步骤三：安检程序

邮件快件通过传输带进入安检机，安检员会通过监视屏幕，仔细检查邮件快件内部的物品，并对可疑物品进行进一步检查。

步骤四：处理异常情况

（1）可疑物品的处理：如果在安检机检查中发现可疑物品，安检员应立即采取相应的措施，如进行再次过机检查或按照相关规定要求手工检查，以确保安全。

（2）应对紧急情况：在应对紧急情况（如爆炸物威胁、危化品泄漏等）的情况下，安检员需要立即采取紧急措施，迅速疏散人员并及时报告相关部门。

二　手持爆炸物探测仪安检工作程序

步骤一：准备工作

（1）确定使用场所：需要根据需要检测的场所确定使用的爆炸物探测仪类型，并进行必要的设置。

（2）准备电源：手持爆炸物探测仪需要电力供应，因此需要准备好电源或电池，并确保电量充足。

（3）准备工具：为了保证操作的顺利进行，还需要准备好所需的辅助工具等。

（4）开启设备：将手持爆炸物探测仪开机，进行必要的设置。

（5）校准探测仪：在使用爆炸物探测仪之前，需要进行校准，以确保探测仪的准确性和灵敏度。

步骤二：检测操作

（1）移动探测仪：在检测时，需要将探测仪沿着待检测物品全方位移动，确保覆盖待检测物品全部。

（2）识别信号：当爆炸物探测仪发出警示声或显示警示信号时，需要停止移动探测仪，并确定所检测到的物品或部位。

（3）确认物品：在确认发现可疑物品时，需要停止探测，在确保本人安全和周围环境安全的前提下，按照相关法律法规规定上报。

步骤三：工作收尾

（1）关闭设备：在使用完毕后，需要将爆炸物探测仪关机，以节约能源并延长设备寿命。

（2）设备维护：为了保证设备的正常使用和延长设备寿命，还需要定期对爆炸物探测仪进行维护。

第四章

安全检查设施设备概述

安全检查设施设备是用于确保安全的重要工具，广泛应用于各种场所和行业中。它们能够快速、准确地检测出潜在的安全隐患，从而防止意外事故的发生，保障人身安全和财产安全。

安全检查设施设备可以分为多种类型，包括：用于检测环境中的化学物质浓度，如气体检测仪、毒气检测仪和化学分析仪等化学安全检查设备，以预防火灾、爆炸和中毒等事故的发生；用于检测人员携带的可疑物品，如金属探测器、X射线安检机和爆炸物探测器等探测设备，以防止恐怖活动的发生；用于快速检测出设备或场所的温度异常情况，如红外线热像仪和温度计等温度检测设备，以防止因电器设备过热而引发的火灾等。

安全检查设备的应用范围广泛，不仅限于工矿企业和交通运输行业，还广泛应用于公共场所和居民生活中。在工矿企业中，安全检查设备能够检测有害气体和易燃物质，确保工人的生命安全。在交通运输行业，安全检查设备能够检测车辆的超载情况以及驾驶员是否驾驶疲劳，从而预防交通事故的发生。在公共场所，安全检查设备能够监控人员的行为，预防恐怖袭击、抢劫等犯罪行为。需要注意的是，安全检查设施设备只是辅助工具，其结果需要人员进行判断和处理。因此，正确使用和维护安全检查设备，培训专业化的安全检测人员，才能更好地保障人民群众的安全。随着科技的不断进步，安全检查设备将变得更加智能、高效和准确，为我们的生活和工作提供更加全面的安全保障。

第一节 寄递物品安全检查设备相关知识

1. 安检机

安检机，又叫安检仪，包括通道式X射线机、物检X射线机、X射线安检仪、X射线行李安检机、X射线检测仪、X射线异物检测机、X射线行包检测仪、三品检测仪、三品检查机、三品检查仪、查危仪等。

2. 安检机的分类

根据不同标准，安检机可以按通道、射线源、机型、工作环境、操作方式，或者根据用途、射线对物体的扫描方式、图像显示方式以及探测器视角数目等不同标准分为不同种类。

3. 安检机工作原理

安检机依靠X射线来实现物品检查，是一种借助于输送带将被检查物品送入X射线检查通道而完成检查的电子设备。物品进入X射线检查通道后，会阻挡检测传感器，检测信号被送往系统控制部分，产生X射线触发信号，触发X射线源发射X射线束。一束经过准直器的扇形X射线束穿过输送带上的被检物品，X射线穿过被检物品并被部分吸收后，剩余射线被通道内的双能量半导体探测器接收。探测器把探测到的信号放大后，送入信号处理模块处理，最后在显示器上成像。

X射线是一种可以穿透木材、纸板、皮革等不透明物体的电磁波。安检机能根据物体对X射线的吸收程度，在荧屏上呈现不同颜色的影像。安检员通过查看X射线扫描的透视图像，就能够凭借丰富的经验判断是否有违禁品。

4. 安检机组成

安检机设备分为输送部分、X射线源及控制部分、信号采集处理及传输部分、图像处理部分和电气控制部分。系统由硬件和软件两大部分组成。

第二节　痕量爆炸物/毒品探测设备相关知识

痕量爆炸物/毒品探测设备是指在不打开检测对象外包装的情况下，就能够探测被检测对象是否含有炸药、毒品及违禁化学物品，该检测设备通过采集空气中或者被检测物体表面的细微颗粒或痕量蒸气以探测并分析、鉴别爆炸物的种类。

离子迁移谱（IMS）技术是目前已投入使用较成熟的痕量爆炸物/毒品探测技术，采用该技术的检测设备能够快速、精准地检测并判断出痕量爆炸物及毒品的种类，对人体衣物、行李、货物表面残留的毒品、爆炸物等违禁物品能够进行快速检测，广泛应用于邮政快递、物流、民航、地铁、铁路、公安、海关、边防对可疑物品的快速初筛、初检工作。

离子迁移谱（IMS）痕量爆炸物/毒品探测设备分为台式爆炸物检测仪（图4-1）和便携式爆炸物检测仪（图4-2）。

图4-1　台式爆炸物检测仪　　　　图4-2　便携式爆炸物检测仪

痕量爆炸物/毒品探测中离子迁移谱技术（IMS）的技术原理：

IMS技术是20世纪60年代末发展起来的一门检测技术，限于当时技术及工艺水平不够成熟，分辨率较低，IMS技术没有引起人们的重视。近年来，随着技术飞速发展和对IMS技术的深入研究，人们发现IMS技术具有检出限低、响应快、灵敏度高的特点，这使低成本、便携实用的现场分析仪器得以广泛应用。

IMS技术从本质上讲是一个分子分离技术。被测物品经加热汽化后，在离子源和离子极化助剂的作用下发生一系列电离反应，形成相应的带电离子。在电场的作用下，这些带电离子通过周期性开启的离子门进入迁移区，一方面从电场获得能量作定向漂移，另一方面与逆向流动的中性迁移气体分子不断碰撞而损失能量（在迁移区内始终存在着与离子迁移方向相反的迁移气流，其主要作用是带走迁移管内的中性分子，提高仪器的灵敏度和分辨率），由于这些带电离子的质量、所带电荷、碰撞截面和空间构型各不相同，故在电场中各自迁移速率不同，使得不同的离子到达探测器上的时间不同而得到分离，从而实现对物质的分离和确认。

目前，IMS的升级版——离子俘获迁移谱技术（ITMS）技术诞生，它的原理是利用电荷与电磁场间的交互作用力来牵制带电粒子的运动，以达到将其局限在某个小范围内的目的，将传统的聚焦于一点改为聚焦于一条线，这种设计大幅增加了离子的储存量，另外其在设计上增加了一个可以高速开启的电离门，使离子一束一束地进入电场并分别对它们的飞行进行记录，计算机将这些记录进行逻辑叠加，用以消除记录过程中的噪声，增加有效信号的准确性，从而大幅提高了检测灵敏度和准确度，并显著降低了误报率。

第三节　防爆设备相关知识

防爆设备亦称为防护器材，是在涉爆现场对人和物进行防护的专用器材，主要有防爆桶、防爆毯，专业防爆人员还配有排爆服和频率干扰仪等。发现危险爆炸物品后，为减少在专业防爆人员到达现场进行处置前可能发生的危险，并消除危险爆炸物品对重要场所的威胁，需采用防爆设备对危险爆炸物品进行隔离和转移。

第四节　安全防护装备相关知识

安全防护装备是保护工作人员在生产过程中的人身安全与健康所必备的一种防御性装备，并且不同的身体部位配有相应的防护用品，比如安全帽、护目镜、防毒面具等。

1.头部防护
头部防护用品是为了减少头部受伤的可能性及程度。头部防护用品有安全帽、矿工安全帽、电焊安全帽。

2. 面部防护

面部防护用品用于预防烟雾、尘粒、金属火花、飞屑、热能、电磁辐射、激光和化学飞溅等对面部造成伤害。根据防护功能，面部防护用品可分为防化学面屏、电焊面罩、防辐射面屏等。防化面屏通常由聚碳酸材料制成，可防熔金属化学物飞溅。

3. 眼部防护

物质的颗粒和碎屑、火花和热流、耀眼的光线和烟雾都会对眼睛造成伤害。眼部防护用品按防护种类可分为防护眼镜、护目镜两种；根据防护功能，可分为防化眼镜、防冲击眼镜、电焊眼镜、防尘眼镜等。

4. 呼吸防护

呼吸器官防护用品是为防止有害气体、蒸气、粉尘、烟、雾经呼吸道吸入或直接向配用者供氧或清净空气，保证在尘、毒污染或缺氧环境中作业人员正常呼吸的防护用具。

防尘口罩是防止或减少空气中粉尘进入人体呼吸器官的个人保护器具。

防尘面具实际上防护功能和防尘口罩一样，也是用来阻隔外界粉尘颗粒物被人体吸入的呼吸防护用品。但防尘面具不论从使用成本和防护等级，都高于防尘口罩。防尘面具一般由过滤棉和面罩组成，过滤棉属于易耗品需要及时更换，而面罩是可以清洗后反复使用的。

防毒面具主要是保护人的呼吸器官、眼睛和面部，防止毒气、粉尘、细菌等有毒物质伤害的个人防护器材。空气呼吸器又称贮气式防毒面具，有时也称为消防面具。它以压缩气体钢瓶为气源，但钢瓶中盛装气体为压缩空气。

长管呼吸器是介于防毒面具和空气呼吸器之间的一款个人防护用品。它是由呼吸长管、供气源以及面罩组成，长管呼吸器按类型又可分为自吸式长管呼吸器和电动送风长管呼吸器两种。

5. 耳部防护

耳部防护用品是能够防止过量的声能侵入外耳道，使人耳避免噪声的过度刺激，减少听力损伤，预防噪声对人体不良影响的个体防护用品。耳部防护用品主要有防噪声耳塞、防噪声耳罩、电子耳罩等。

6. 手部防护

手部防护用品具有保护手和手臂的功能，供作业者劳动时使用，通常被称作劳动防护手套。防护手套按防护的类型有防化手套、绝缘手套、耐高温手套、防电弧手套等。

7. 足部防护

足部防护用品是防止生产过程中有害物质和能量损伤劳动者足部的护具，通常人们称其为劳动防护安全鞋和安全靴。国家标准按防护功能分为防寒鞋、防冲击鞋、防静电鞋、防酸碱鞋、耐高温鞋、防穿刺鞋、电绝缘鞋等。

8. 身体防护

身体防护用品就是我们通常讲的防护服，能够对人体提供全面保护。防护服可以分为防化服、隔热服、防火服、防辐射服、阻燃服、防尘服、反光背心、降温背心及防护雨衣等。

9. 坠落防护

坠落防护用品就是防止高处作业劳动者坠落或者高处落物伤害的坠落防护用品。安全带由带子、绳子和金属配件组成，用于防止高处作业人员坠落或坠落时安全悬挂作业人员，因此高空作业人员通常会使用安全绳或安全带。

对于安检员而言，安全防护主要以身体防护为主，由于安检机均位于输送带前端，周围是传送系统和分拣系统，因此对安检员的着装有着特定要求：应穿着能减少辐射影响的短款、紧口、无帽上衣，并应在衣服上配备相关标识。

第五章

劳动保护知识

第一节　劳动保护相关知识

一 ▶▶ 劳动保护内涵

1. 劳动保护

在生产劳动过程中，劳动者可能面临各种劳动风险，如设备造成的意外伤害、粉尘造成的职业疾病等。这些风险可能导致安全事故，对劳动者的身心健康产生重大影响，甚至危及生命，造成人身伤害或死亡。学习劳动保护知识，掌握基本安全知识与职业卫生常识，并在生产劳动过程中严格遵守这些安全规程，对于减少职业伤害至关重要。因此，作为劳动者，应掌握劳动保护概念、劳动保护措施、劳动保护内容、安全生产教育等基本知识，明确学习劳动保护相关知识的目的和意义。

劳动保护就是通过采取各种措施，减少或避免安全事故的发生，通过改善劳动卫生环境条件，预防职业病的发生，从而有效保障劳动者生命安全和身体健康。劳动保护是安全生产的前提和保证。

2. 劳动保护措施

在生产劳动过程中，为了减少或消除事故及职业危害，确保劳动者的生命安全和身体健康，必须执行必要的劳动保护措施。

劳动保护措施分为两大类：组织措施和技术措施。

组织措施，是指通过加强劳动保护立法，建立劳动保护组织机构，开展劳动保护教育培训，实行劳动保护监察等措施，以保护劳动者生命安全和身体健康。

技术措施，是指通过采用先进生产工艺，采取劳动安全技术，消除各种安全隐患和职业危害；同时，为劳动者提供劳动防护用品和保健食品，提高其预防能力并降低潜在损害。

3. 安全生产教育

安全生产教育，是指由企业组织对新入职的员工进行安全制度、安全操作规程、安全设施设备、安全用品用具等相关知识的学习、参观等教育活动的统称。

《中华人民共和国安全生产法》第二十八条规定：生产经营单位应当对从业人员进行安全生产教育和培训，保证从业人员具备必要的安全生产知识，熟悉有关的安全生产规章制度和安全操作规程，掌握本岗位的安全操作技能，了解事故应急处理措施，知悉自身在安全生产方面的权利和义务。未经安全生产教育和培训合格的从业人员，不得上岗作业。

生产经营单位使用被派遣劳动者的，应当将被派遣劳动者纳入本单位从业人员统一管理，对被派遣劳动者进行岗位安全操作规程和安全操作技能的教育和培训。劳务派遣单位应当对被派遣劳动者进行必要的安全生产教育和培训。

生产经营单位接收中等职业学校、高等学校学生实习的，应当对实习学生进行相应的安全生产教育和培训，提供必要的劳动防护用品。学校应当协助生产经营单位对实习学生进行安全生产教育和培训。

生产经营单位应当建立安全生产教育和培训档案，如实记录安全生产教育和培训的时间、内容、参加人员以及考核结果等情况。

安全生产教育包括三个方面的内容：安全生产方针与法规教育、新工人入厂"三级"教育、特殊作业人员安全教育。

《快递暂行条例》明确提出，"经营快递业务的企业应当对其从业人员加强职业操守、服务规范、作业规范、安全生产、车辆安全驾驶等方面的教育和培训。"

《邮政行业安全监督管理办法》第二十三条规定："邮政企业、快递企业应当落实岗前安全培训制度，强化从业人员安全生产知识与技能的培训、教育，使其具备与本岗位相适应的安全生产知识和处置技能。未经安全生产教育和培训合格的从业人员，不得上岗作业。"第二十条规定："邮政企业、快递企业应当建立健全安全生产责任制，落实安全生产保障、安全生产检查与事故隐患排查、安全生产教育培训、安全生产信息报告等制度。"

《快递市场管理办法》规定："经营快递业务的企业应当建立健全安全生产责任制，加强从业人员安全生产教育和培训，履行法律、法规、规章规定的有关安全生产义务。""总部快递企业应当督促其他使用与其统一的商标、字号、快递运单及其配套的信息系统经营快递业务的企业及其从业人员遵守安全自查、安全教育、安全培训等安全制度。"

二 ▶▶ 劳动保护的主要内容

1. 劳动保护法律法规知识

劳动保护法律法规，即国家用法律法规的形式制定和认可，并由国家强制保证执行的一系列规范，旨在保护职工在生产劳动过程中的安全与健康。这些法律法规的职能就是通过法律形式调整人们在生产、建设和经济活动过程中的劳动关系，并规定人们在生产过程中的行为准则。

劳动保护法律法规包括劳动保护法律、劳动保护行政法规、劳动保护标准。劳动保护法律是由全国人民代表大会审议通过，具有最高法律效力的行为规范。在我国，劳动保护法律主要包括《中华人民共和国劳动合同法》《中华人民共和国劳动法》

（以下简称《劳动法》）、《中华人民共和国社会保险法》《中华人民共和国劳动争议调解仲裁法》《中华人民共和国妇女权益保障法》《中华人民共和国未成年人保护法》《中华人民共和国矿山安全法》《中华人民共和国安全生产法》（以下简称《安全生产法》）、《中华人民共和国职业病防治法》（以下简称《职业病防治法》）等。

劳动保护行政法规是由国务院常务会议审议通过，由国务院总理签署发布并实施的，具有一定行政约束能力的行为规范。在我国，劳动保护行政法规主要包括《女职工劳动保护特别规定》《生产安全事故报告和调查处理条例》《用人单位劳动防护用品管理规范》《劳动保障监察条例》《国家职业卫生标准管理办法》《工伤保险条例》等。

劳动保护标准是由国家标准化管理委员会或相应的专业标准化技术委员会制定并组织实施的基本准则，旨在规范具体的安全生产行为。例如，《建筑与市政工程施工现场临时用电安全技术标准》（JGJ/T 46—2024）为施工现场的临时用电提供了详细的安全技术要求，保障了施工现场的用电安全。

2. 劳动防护用品知识

劳动者需要认识常用的劳动防护用品名称，了解其具体用途，掌握其使用方法。

同时，还需要掌握不同职业、不同工种的劳动防护用品配置规定。这样，劳动者便可以督促企业为其配置必要的劳动防护用品，保障劳动安全和职业卫生。

3. 安全标志与安全标识知识

劳动者不仅需要了解劳动防护用品知识，同时也要熟悉劳动生产现场的各种安全生产标志，掌握各种标志的含义，严格按标志的内涵规定去操作及实施，不违反安全标志所禁止的一切内容。

生产现场也还有安全生产的各种标识，这些标识主要由不同色彩构成不同的安全警示、安全提示、安全指示。

4. 安全作业知识

安全作业知识，即劳动者在生产劳动过程中应当掌握的基本常识、安全规程、注意事项等保护劳动者身心健康的知识。不同职业、不同工种，面临不同的劳动安全风险，因此，劳动者应掌握不同工种的安全知识。

5. 职业卫生知识

职业卫生又称劳动卫生，是指为了保障劳动者在生产（经营）活动中的身体健康，防治职业病和职业性多发病等职业性危害，在技术上、设备上、医疗卫生上所采取的一整套措施，掌握职业卫生知识有助于有效预防或降低职业因素对劳动者身心健康的危害，减少或防止职业疾病的发生。

6. 事故救护与处理及工伤保险知识

劳动者在劳动过程中，如发生工伤事故，应如何处理，如何抢救，如何逃生；劳动者应了解工伤事故后的申报流程，治疗方法和康复指导。掌握这些知识，有助于劳动者在发生安全事故后能及时、有效地采取措施处理事故，减少事故造成的危害，尽力保护劳动者的人身安全和财产安全。发生属于工伤范围的安全事故，造成人员伤亡，需要进行工伤认定申请、劳动能力鉴定、工伤医疗费用报销。因此，劳动者还应当掌握工伤保险相关知识，尤其是工伤费用报销知识、工伤待遇与伤残津贴知识等。

三 劳动保护权益

1. 劳动休息与休假权利

《劳动法》规定，劳动者每日工作时间不超过8h，每周工作时间不超过40h，劳动者要有足够的劳动休息时间，以防劳累过度，引起职业疾病。

安检员的工作时间和休息时间要符合国家和地方的劳动法律法规规定，每日工作时间不超过8h，工作时间和休息时间有合理安排。

企业不能随意延长劳动者的工作时间。如需延长工作时间，必须具备一定的条件，并经过一定的手续。国家法律规定，企业由于生产经营需要，确实需要延长工作时间，应事先与工会和劳动者协商，并征得他们的同意。但在遇到自然灾害、发生事故等需要抢险、抢修的特殊情形时，可不经过协商，由用人单位决定劳动时间。

对延长劳动时间的长短，法律也有相关规定。一般每日延长工作时间不得超过1h，在特殊情况下，如需延长工作时间超过1h，在保障劳动者身体健康的条件下，并遵守每日最多3h，每月最多36h的上限。用人单位延长工作时间、必须支付相应的劳动报酬。

邮政企业、快递企业要根据工作任务的具体情况，合理安排安检员的工作强度和负荷，避免长时间连续作业和过度劳累。

根据法律规定，劳动者享有法定节假日的休假权利。加班应获得相应的工资报酬。加班工资报酬应根据劳动者的正常工资基数计算。劳动者如遇加班，应获得不低于工资的150%的工资报酬；如在休息日加班，工资报酬应不低于工资的200%；在法定节假日加班，工资报酬应不低于工资的300%。

根据法律规定，女职工生育子女时，享受产假等待遇。产假期间，工资由生育保险基金支付。此外，法律还规定劳动者连续工作1年以上的，可以享受不少于5天的带薪年休假。带薪年休假的天数随工龄增加，具体规则应参照相关法律法规。

2. 接受安全教育培训的权利

员工有接受安全教育培训的权利。新入职的劳动者对企业安全生产和劳动卫生状况可能不够熟悉，需要接受安全培训教育，以了解企业安全生产知识，掌握安全生产技术，熟练使用劳动防护用品。这样有助于树立安全意识，在劳动过程中采取适当的安全技术措施，有效保护自己的生命安全和身体健康。企业不应为了简化流程或减少开支而忽视对新员工的安全教育培训，这种做法是违反《安全生产法》等法律法规要求，侵犯了劳动者的劳动保护权利和安全权益。

3. 享有社会保险的权利

社会保险是一种社会保障制度，国家通过颁布法律法规，在劳动者面临生育、年老、疾病、死亡、残疾、失业等风险时，给予一定的物质或经济援助，以保证其基本生活需求得到满足。社会保险包括养老保险、医疗保险、失业保险、工伤保险和生育保险等。

4. 提请劳动争议处理的权利

发生劳动争议通常意味着劳动者的权益可能受到侵害。在发生劳动争议时，劳动者有权提请劳动争议调解委员会介入调解，或向劳动争议仲裁委员会申请仲裁。必要时，劳动者还可以向当地人民法院提起诉讼，通过司法途径维护自己的合法权益。在寻求调解、仲裁乃至向人民法院提起诉讼的过程中，劳动者应了解劳动争议处理的相关法律规定，以便在权益受损时，能更有效地采取保护措施，运用法律手段保护自己的合法权益。

5. 其他权利

法律法规赋予劳动者的劳动保护权益，还包括对安全生产工作提出建议、批评和检举的权利，拒绝违章指挥和强令冒险作业的权利。发生危及人身安全的紧急情况时，劳动者有权停止作业或在采取可能的应急措施后撤离作业场所。《快递安全生产操作规范》中提出，"发生安全事件时，应将保证人身安全作为第一要求"。此外，法律法规还规定了女职工特殊保护权利，女性员工怀孕期间应被合理安排工作，避免在X射线区域工作。

四 劳动保护义务

1. 树立安全意识，遵守安全规定，服从安全管理

《快递安全生产操作规范》要求快递服务组织应建立安全生产责任制，制定安全生产管理制度，配备安全生产管理机构和安全生产管理人员，完善安全生产操作规程和安全隐患排查治理制度，建立突发事件应对工作机制。

根据《快递安全生产操作规范》，安全检查的安全生产操作规定如下：安检机应由经过专业机构培训的专业人员进行操作，并遵守安检机操作规程；安检机工作时，人体任何部位不应进入铅门帘以内通道；开机作业过程中，工作人员不应擅离岗位或让非专业人员代岗操作。安全生产规章制度和操作规程是企业基于保护劳动者在劳动过程中的安全和身体健康，防止及消除职工伤亡事故和职业病而制定，这些规定都来自科学实验和生产实践，是以往安全事故教训的总结，体现了安全生产的客观规律。劳动者应当树立安全意识，主动遵守这些规章制度和操作规程，避免或减少安全事故的发生。

2. 正确佩戴和使用劳动防护用品

劳动者应知道自己所从事的工作岗位存在的不安全因素或职业危害因素，了解应

佩戴和使用的防护用品类型。

安检员的工作场所要符合国家和地方的劳动环境卫生标准，保证空气质量和光照条件良好，并采取必要的防护措施，如防尘、防毒措施等。企业必须为提供员工必要的安全防护装备，如防护眼镜、口罩、头盔等，为员工的安全提供有力保障。

3. 接受安全教育培训，掌握安全生产知识

《快递安全生产操作规范》中提出要强化培训，快递服务组织应定期组织安全知识、安全生产操作技能的学习和培训，做好火灾、盗抢、危险化学品、恶劣天气等各类事件的应急演练，提高员工安全生产意识和能力。

《快递暂行条例》第三十五条提出，经营快递业务的企业应当依法建立健全安全生产责任制，确保快递服务安全。经营快递业务的企业应当依法制定突发事件应急预案，定期开展突发事件应急演练；发生突发事件的，应当按照应急预案及时、妥善处理，并立即向所在地邮政管理部门报告。

企业的安全生产教育培训是提高从业人员安全素质，防止伤亡事故，减少职业危害的重要手段。这既是企业的责任，也是从业人员应尽的义务。员工未接受相关教育培训，导致缺乏劳动安全卫生知识与安全生产技能，将难以自觉遵守安全生产规章制度，在事故发生时也缺乏有效的应急处理措施，无法将事故损害降至最低。

企业对新入职的安检员进行岗位培训，内容涵盖工作流程、操作规范、安全注意事项等，确保他们具备相应的职业素养和操作技能。定期组织安全教育和培训，开展安全事故案例分析，提升安检员的安全意识、安全防范能力和安全操作技能。

同时，企业应制定安检员的紧急救援方案，指导安检员掌握应对常见突发事件和急救方法，提高安检员的处置能力和应急救援能力。对事故原因进行解析和评估，引导员工吸取教训，并采取措施预防同类事故的重复发生。

4. 发现事故隐患或其他不安全因素，立即报告安全管理员或上级主管人员

"千里之堤，毁于蚁穴"小隐患往往能酿成大事故。作业场所、设备和设施的不安全状态，人的不安全行为，以及管理上的疏漏，都可能成为引发事故的隐患。安检员要及时发现事故隐患或其他不安全因素，同时要加强隐患预警及及时报告，向安全管理员或上级主管人员进行报告，并协助做好相关安全风险评估、管控和隐患排查整治等工作，有效杜绝安全隐患，降低安全事故的发生。

第二节　安全防护相关知识

一　劳动防护用品及分类

劳动防护用品一般是指为保护劳动者在生产过程中的人身安全和身体健康所必备的各种防御性装备，又称个人劳动防护用品。在某种意义上，劳动防护用品是劳动者防止职业毒害和劳动伤害的最后一项有效保护措施。尤其在劳动条件恶劣、危害程度

严重或集体防护措施无效的情况下（如抢修或检修设备、野外露天作业、处理事故或隐患等），个人劳动防护用品往往会成为主要的保护手段。劳动防护用品有以下两种分类：

（1）按保护人体的不同生理部位分类。

按保护人体的不同生理部位分类可分为头部防护用品（如安全帽、防寒帽、矿工帽、女工防护帽等），呼吸器官防护用品（如防尘口罩、防毒口罩、滤毒护具、氧气呼吸器等），眼及面部防护用品（如防护眼镜、焊接护目镜、面罩、炉窑护目镜等），手足防护用品（如绝缘手套、防酸碱手套、防寒手套、绝缘鞋、防酸碱鞋、防寒鞋、防油鞋、皮安全鞋等），听觉防护用品（如耳塞、耳罩、头盔等）。

（2）按劳动防护用品的防护用途分类。

按劳动防护用品的防护用途分类可分为防尘用品（如防尘服、耳罩、防尘口罩等），防毒用品（如防毒口罩、滤毒护具、氧气呼吸器等），防酸碱用品（如防酸碱服、防酸碱手套、防酸碱鞋等），防油用品（如防油鞋等），防高温及防辐射用品（如焊接护目镜及面罩、炉窑护目镜及面罩等），防火用品（如阻燃服等），高空作业用品（如安全帽、安全带、安全绳等），防噪用品（如耳塞等），防冲击用品（如防护眼镜、头盔、皮安全鞋等），防放射性用品（如防放射服等），绝缘和防触电用品（如防静电服、绝缘手套、绝缘鞋等），防寒用品（如防尘服、防寒手套、防寒鞋、防寒帽等）。

二 安全标志——安全色

安全标志是指通过不同颜色及其组合，表述工作环境的安全状态，以提醒或警示在场人员注意安全。安全标志在劳动保护领域，多以红、黄、蓝、绿四种安全色及其组合，采用特定的形象，醒目地给人们以提示、提醒、指示、警告或命令。如果将交通信号灯视为行人、驾驶员和交通警察之间的通用语言，那么安全色就是企业员工在安全生产中的通用语言。工作环境中的各种安全色时刻提醒人们要注意安全，防止事故发生；提示人们避免进入危险场所，不做可能引发危害的行为。一旦遇到意外和紧急情况时，安全色（或安全标志）还可以提醒并引导人们及时、正确地采取应急措施，安全撤离事故现场。

国家标准规定红、黄、蓝、绿四种颜色为安全色，并根据这些颜色对人的心理影响，为每种颜色赋予了特定的安全含义，其含义及用途见表5-1。

颜色的安全含义及用途 表5-1

颜色	含义	用途
红色	禁止、停止、防火	禁止标志 停止信号：机器、车辆上的紧急停止手柄或按钮以及禁止人们触动的部位

颜色	含义	用途
蓝色	指令、必须遵守的规定	指令标志：如必须佩戴个人防护用具道路上指引车辆和行人行驶方向的指令
黄色	警告、注意	警告标志 警戒标志：如厂内危险机器和坑池边周围的警戒线 行车道中线 机械齿轮箱内部 安全帽
绿色	提示、安全状态、通行	提示标志 车间内的安全通道 行人和车辆通告标志 消防设备和其他安全保护设备的位置

1. 红色

红色因其醒目性，容易让人感到兴奋或引起人们的注意。由于红光的波长比其他颜色更长，不易被微尘、雾粒散射，所以在较远处也容易辨识。这意味着红色非常显眼，便于人们识别，多用于表示危险、禁止、紧急停止等信号（图5-1）。

图5-1 危险、禁止、紧急停止等信号

2. 黄色

黄色是一种明亮的颜色。黄色和黑色相间组成的条纹具有极高的视认性，特别容易引起人们的注意，所以多用于警告、注意等标志（图5-2）。

3. 蓝色

蓝色虽然在醒目性和视认性方面不突出，但与白色配合使用效果较好。特别是在阳光照射下，蓝白相间的图案或标志显得格外清晰，所以常被选用为指令标志（图5-3）。

图5-2　警告、注意等标志

图5-3　指令标志

4. 绿色

绿色虽然醒目性和视认性都不高，但绿色使人感到舒服、平静和安全，所以常被选用为安全提示标志（图5-4）。

图5-4　安全提示标志

5. 对比色

为了使红、绿、黄、蓝四种安全色表示的标志更醒目，常用白色和黑色作为四种安全色的对比色。在对比色搭配中，用黑色作为黄色的对比色，用白色作为红、蓝、绿色的对比色。

黄色和黑色相间条纹：黄黑条纹对比色表示警告、危险的含义。

蓝色和白色相间条纹：蓝白条纹对比色表示指示方向的含义，如交通指示导向标。

红色和白色间隔条纹：红白条纹对比色表示禁止超过的含义，如道路上的防护栏杆和隔离墩。

三　常见禁寄物品标识及安检提示

在安检工作中，危险品标签的识别与应用是一项至关重要的任务。危险品，顾名思义，是指具有潜在危险性的物质或物品，它们可能对人体健康、环境或财产造成损害。为了确保公共安全，各国都制定了严格的法规和标准，要求对危险品进行正确的标识和妥善的包装。因此，作为安检员，必须熟悉各种危险品标签的含义，以便在安检过程中快速、准确地识别出禁寄物品和潜在风险。

1. 危险品标签的基本要素

危险品标签通常包含以下基本要素。

危险品名称：明确标识出物品的名称，以便人们了解其性质。

危险性符号：使用特定的符号或图案来表示物品的危险性，如易燃、易爆、有毒等。

危险性说明：简要描述物品的危险性，提供必要的安全警示信息。

制造商信息：包括制造商的名称、地址和联系方式，以便在必要时进行追溯。

2. 常见危险品标签及其含义

（1）爆炸品标签。

含义：爆炸品标签（图5-5）用于标识具有爆炸性质的物品，这些物品在受到一定刺激（如撞击、高温、摩擦等）时可能发生爆炸，产生冲击波、火焰和飞溅的碎片，对周围环境和人员造成严重的伤害。爆炸品包括炸药、雷管、导火索等。

图片说明：易燃标签示例，标签上有火焰符号和警示文字。

安检提示：在检查爆炸品时，应特别注意其外观是否有破损、变形或渗漏等情况，以及是否存在可疑的电线、管状物等特征。一旦发现可疑物品，应立即停止操作，并报告相关人员进行专业处理。

图5-5　爆炸品标签

（2）易燃气体标签。

含义：易燃气体标签（图5-6）用于标识在常温常压下容易燃烧或自燃的气体。这些气体通常具有较低的闪点和较高的蒸气压，与空气混合后可能形成爆炸性混合物。常见的易燃气体包括氢气、乙炔、丙烷等。

安检提示：在检查易燃气体时，应注意钢瓶或容器是否有明显的损伤、变形或腐蚀等情况，以及阀门是否紧固、有无泄漏。同时，应确保气体储存和使用环境符合安全要求，避免与明火、高温等危险源接触。

图5-6　易燃气体标签

（3）易燃液体标签。

含义：易燃液体标签（图5-7）用于标识闪点低于60℃的液体。这些液体容易挥发，与空气混合后可能形成易燃易爆的蒸气。常见的易燃液体包括汽油、酒精、煤油等。

安检提示：在检查易燃液体时，应注意其容器是否完好无损，且无渗漏，以及液体颜色等是否正常。同时，应确保易燃液体的储存和使用环境远离明火、高温等危险源，避免引发火灾或爆炸。

（4）易燃固体标签。

含义：易燃固体标签（图5-8）用于标识容易燃烧的固体物质。这些物质在受到摩擦、撞击或加热时可能引发火灾。常见的易燃固体包括硫黄、火柴、红磷等。

图5-7　易燃液体标签

安检提示：在检查易燃固体时，应注意其包装是否完好无损，且无破损或渗漏等情况。同时，应确保易燃固体的储存和使用环境符合安全要求，避免与明火、高温等危险源接触。

（5）氧化性物质和有机过氧化物标签。

含义：氧化性物质和有机过氧化物标签（图5-9）用于标识具有强氧化性的物质和有机过氧化物。这些物质能够加速其他物质的燃烧，甚至引发爆炸。常见的氧化性物质包括氯酸钾、高锰酸钾等；常见的有机过氧化物包括过氧化氢、过氧化苯甲酰等。

图5-8　易燃固体标签

图5-9　氧化剂和有机过氧化物标签

安检提示：在检查氧化性物质和有机过氧化物时，应注意其包装是否完好无损，且无破损或渗漏等情况。同时，应确保这些物质的储存和使用环境符合安全要求，避免与可燃物、还原剂等危险物质接触。

（6）毒性物质和感染性物质标签。

含义：毒性物质和感染性物质标签（图5-10）用于标识对人体有害的毒性物质以及可能传播疾病的感染性物质。在未采取适当防护措施的情况下接触这些物质，可能导致严重伤害或疾病传播。常见的毒性物质包括氰化物、砷化合物等；常见的感染性物质包括病毒样本、细菌培养物等。

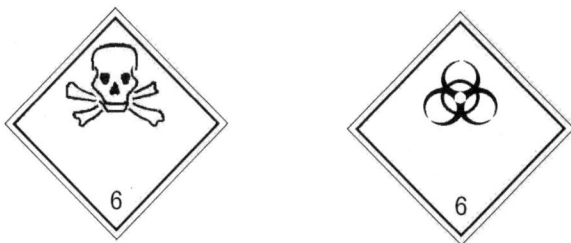

图5-10　毒性物质和感染性物质标签

安检提示：在检查毒性物质和感染性物质时，应特别注意其包装是否完整、密封良好，无破损或渗漏等情况。同时，应确保这些物质的储存和运输环境符合安全要求，避免泄漏、污染或误用等情况发生。在处理这些物质时，应穿戴适当的防护用品，并严格遵守相关的安全操作规程。

（7）放射性物质标签。

含义：放射性物质标签（图5-11）用于标识能够释放射线的放射性物质。这些物质对人体和环境可能造成潜在的辐射风险，长期接触或暴露于这些辐射之下可能导致严重的健康问题。常见的放射性物质包括铀、镭、钴-60等。

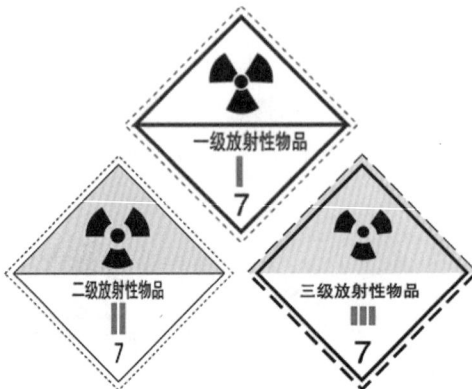

图5-11　放射性物质标签

安检提示：在检查放射性物质时，应特别注意其包装是否牢固并且密封，确认无破损或渗漏等情况。同时，应确保这些物质的储存和使用环境符合安全标准，避免辐射泄漏或污染等情况发生。在处理这些物质时，应穿戴适当的防护用品，并严格遵守相关的安全操作规程。

图5-12　腐蚀品标签

（8）腐蚀品标签。

含义：腐蚀品标签（图5-12）用于标识能够腐蚀或破坏其他物质的化学品。这些物质具有强酸、强碱或氧化性等性质，能够腐蚀金属、破坏皮肤组织或损坏设备。常见的腐蚀品包括硫酸、氢氧化钠、硝酸等。

安检提示：在检查腐蚀品时，应注意其容器是否完好无损，且无渗漏，以及液体颜色等是否正常。同时，应确保腐蚀品的储存和使用环境符合安全要求，避免与皮肤、眼睛等敏感部位接触。在处理这些物质时，应穿戴适当的防护用品，并严格遵守相关的安全操作规程。

（9）杂项危险物质和物品标签。

含义：杂项危险物质和物品标签（图5-13）是一个较为宽泛的类别，包括上述未提及的其他各种危险物质和物品。这些物质可能具有多种不同的危险性，如海洋污染物、磁性物质、电池组等。需要根据具体情况进行评估和处理。

安检提示：在检查杂项危险物质和物品时，应特别注意其包装、标识和说明书等信息是否齐全、准确。同时，应根据物质的性质和危险性采取相应的安全措施，如隔离、防

图5-13　杂项危险物质
和物品标签

护、限制使用等。在处理这些物质时，应遵循相关的安全操作规程，确保人员和环境的安全。

以上是对常见危险品标签及其含义的再次补充，希望能为安检员提供实用、专业的参考。同时，建议安检员在实际工作中不断学习、积累经验，提高自身的专业素养和解决问题的能力。

3. 危险品标签在安检工作中的应用

在安检工作中，危险品标签的识别与应用至关重要。以下是一些实用的应用建议。

熟悉各种危险品标签的含义：安检员必须熟悉各种危险品标签的含义，以便在安检过程中快速、准确地识别出潜在的风险。这需要不断学习和更新知识，了解最新的法规和标准要求。

仔细观察包装和标签：在安检过程中，应仔细观察物品的包装和标签，注意是否有破损、变形或渗漏等情况。同时，还要检查标签上的信息是否完整、清晰，是否符合相关法规和标准的要求。

使用专业检测设备：为了提高危险品标签识别的准确性和效率，可以使用专业的检测设备，如危险品探测器、红外测温仪等。这些设备可以帮助快速检测出物品中是否含有危险成分，以及物品的温度等参数是否正常。

建立信息共享机制：在安检工作中，应与其他安检员、上级部门和相关机构建立信息共享机制，及时交流危险品标签识别的经验，分享有效的技巧和方法。通过信息共享，可以提高工作效率和准确性，共同维护公共安全和运输秩序。

遵守法规和标准要求：在安检工作中，必须严格遵守相关的法规和标准要求，确保危险品标签的识别与应用符合规定。同时，还应积极参与相关培训和交流活动，不断提高自身的专业素养和识别能力。

4. 危险品标签识别的注意事项

在识别危险品标签时，还需要注意以下事项。

注意标签的完整性：危险品标签应完整无损，字迹清晰可辨。如果标签破损或字迹模糊，可能导致无法准确判断物品的性质和危险性。因此，在安检过程中，应特别注意检查标签的完整性。

注意标签的更新：随着法规和标准的不断更新，危险品标签也可能发生变化。因此，需要持续关注最新的法规和标准要求，及时更新自己的知识储备，以便准确识别新的危险品标签。

注意物品的实际情况：虽然危险品标签提供了有关物品的重要信息，但还需要结合物品的实际情况进行综合评估。例如，一些物品可能因长时间存放而变质，导致其危险性发生变化，在这种情况下，需要更加谨慎地处理，并采取必要的措施对其进行确认和处置。

5. 总结与展望

危险品标签的识别与应用是安检工作中的一项重要任务。作为安检员，必须具备扎实的专业知识、严谨的工作态度和丰富的实践经验，以便在各类物品中快速、准确地识别出潜在的风险。同时，还需注重实用性和创新性，不断探索和应用新的技术及方法，提高危险品标签识别的准确性和效率。

四 安全标志

安全标志（图5-14）是由安全色、几何图形和图形符号构成的，用于警示、禁止、提示等，以引起人们对不安全因素的注意，预防安全事故的发生。

在国家标准《安全标志及其使用导则》（GB 2894—2008）规定了67个安全标志。这些标志，从其含义来划分，可以分成四大类，即禁止、警告、指令和提示标志。各类标志采用各种不同的几何图形来表示。

图5-14　安全标志

1. 禁止标志

图5-15　禁止标志

禁止标志（图5-15）为圆形内画一斜杠，并用红色描画成较粗的圆环和斜杠，背景采用白色，表示"禁止"或"不允许"的含义。

在圆环内还可画简单、易辨的图像，这种图像即称为"图形符号"。目前世界各国的禁止标志都是采用圆环内加一斜杠的几何图形来表示的。《安全标志及其使用导则》也采用了上述的禁止标志几何图形，这种表示更便于国际通用。

禁止标志圆环内的图像采用黑色绘画，背景用白色，说明文字设在几何图形的下面，文字用白色，背景用红色。

2. 警告标志

警告标志（图5-16）为三角形图像，用于警告人们注意可能发生的各种危险。

三角图形的背景是黄色，三角图形和三角内的图像均用黑色描绘。黄色是有警告含义的颜色，在对比色黑色的衬托下，绘成的"警告标志"就更引人注目。

图5-16　警告标志

如图所示为当心触电的警告标志，用黑色三角形配黄色背景表示警告，用闪电形象的图案表示触电危险，以此警告作业人员保持距离、当心触电。

3. 指令标志

指令标志为，圆形内配上指令含义的颜色——蓝色，并用白色绘制必须遵守的图形符号，构成"指令标志"，要求所有到达该区域的人必须遵守指令标志。建筑工地附近都设有"必须戴安全帽"的指令标志（图5-17），进入工地的任何人必须戴上安全帽。工地的任何人都可以阻止不戴安全帽的人进入施工现场，以免发生意外。

图5-17　指令标志

4. 提示标志

图5-18　提示标志

提示标志（图5-18）的含义是向人们提供某种信息（指示目标方向、标明安全设施或场所等）。几何图形是长方形，按长边和短边的比例不同，分为一般提示标志和消防设备提示标志两类。提示标志的图形背景为绿色，图形符号及文字为白色。

如图5-18所示为紧急出口提示标志，用以提示人们在遇到安全事故时及时找到安全出口。

五 职业病及防护知识

1. 常见职业病

《职业病防治法》明确了职业病的含义。职业病是指企业、事业单位和个体经济组织的劳动者在职业活动中，因接触粉尘、放射性物质和其他有毒、有害物质而引起的疾病。

国家卫生计生委、国家安全监管总局、人力资源社会保障部和全国总工会2013年联合印发的《职业病分类和目录》（国卫疾控发〔2013〕48号）规定了10个职业病类别，132种职业病例。这10个类别包括：职业性尘肺病及其他呼吸系统疾病、职业性皮肤病、职业性眼病、职业性耳鼻喉口腔疾病、职业性化学中毒、物理因素所致职业病、职业性放射性疾病、职业性传染病、职业性肿瘤、其他职业病。

2. 职业病的预防

（1）建设项目应执行"三同时"原则。

新建、扩建、改建的建设项目和技术改造、技术引进项目，可能产生职业危害的，应当依照《职业病防治法》的规定进行职业危害预评价，并经卫生行政部门审核同意。可能产生职业危害的建设项目，其防护设施应当与主体工程同时设计、同时施工、同时投入生产和使用（简称"三同时"）。建设项目竣工，应当进行职业危害控制效果评价，并经卫生行政部门验收合格。存在高毒作业的建设项目的职业危害防护设施设计，应经卫生行政部门审查，符合国家职业卫生标准和要求后方可施工。

（2）有职业病危害的工作场所应符合劳动保护规定要求。

①职业病危害因素的强度或者浓度符合国家职业卫生标准。

国家职业卫生标准是为了保护劳动者健康及其相关权益，由法律授权部门对国家职业病防治的技术要求做出的强制性统一规范。

②有与职业病危害防护相适应的设施。

职业病危害防护设施是用以控制、消除、降低工作场所职业病危害因素对员工健康的损害的装置。

③生产流程与布局应科学合理。

工作场所的生产流程与布局必须科学合理，为实现这一目标，必须坚持以下原则：作业场所与生活场所必须分离，禁止在作业场所居住；有害作业与无害作业应予以区隔，高毒作业场所与其他作业场所应隔离；高毒作业场所应设置应急撤离通道和必要的泄险区；应设置完善的卫生设施，包括更衣间、洗浴间、孕妇休息间等。

（3）有职业病危害的用人单位应加强劳动保护管理。

设置、配备专职或兼职的职业卫生机构或专业人员，负责本单位的职业病防治工作；制订职业病防治计划和实施方案；建立、健全职业卫生和健康监护档案；建立、健全工作场所职业病危害因素监测及评价制度；制订、完善事故应急救援预案。

（4）为劳动者提供符合国家规定的劳动防护用品。

正确佩戴和使用劳动防护用品是预防职业病危害的重要措施之一，尤其是当劳动条件暂时无法通过设备改进来消除危害时，或者当发生中毒事故，以及设备检修时，劳动防护用品可起到重要的防护作用。用人单位应当为从事有职业病危害作业的劳动者，提供符合国家职业卫生标准的劳动防护用品；劳动者也应在作业场所正确佩戴和使用劳动防护用品。

企业应对安检员进行职业病防护，定期开展职业健康检查，以便及时发现和处理职业病危害因素，保障员工的身体健康。同时，心理健康问题也值得关注，鉴于安检员可能面临较大的工作压力，企业应加强心理健康教育和辅导，帮助员工纾解情绪，预防工作压力引发的心理健康问题。

六 事故救护与处理

1. 触电事故的救护与处理方法

触电事故是劳动安全事故中发生频率最高的事故类型，可能导致严重的人员伤亡。一旦发生触电事故，除了立即向医疗部门告急求援外，现场人员还应立即采取抢救措施，以挽救触电人员的生命。

发生触电事故的救护与处理方法，主要包括迅速切断电源、现场简单诊断、现场急救三个步骤。

（1）迅速切断电源。

对于低压电触电，切断电源的方法有：

①立即关闭电源开关。②如无开关，可使用有绝缘柄的电工钳或有干燥木柄的斧头切断电线，以断开电源。若电线与触电者身体接触，应使用绝缘物（如干燥的木棒、竹竿等）将其移开，切勿直接用手或导电物体直接触碰。

对于高压电触电，切断电源的方法有：

①立即通知电力管理部门断电。

②戴上绝缘手套、穿上绝缘靴，用相应电压等级的绝缘工具按顺序拉开电源开关或熔断器。必须注意，如果触电者触及断落在地上的带电高压导线，在未确定线路无电之前，救护人员不可进入导线落地点8~10m的范围内，以防止跨步电压触电。

（2）现场简单诊断。

触电后，伤员往往处于昏迷状态，全身缺氧，生命垂危。这时不能用常规诊断方法进行系统检查，而只能用简单有效的方法迅速判断伤者心跳、呼吸与瞳孔反应，以确定急救措施。

①观察伤员是否有呼吸：将手或细纤维放在伤员鼻孔前，感知并观察是否有气流通过，同时，检查伤员的胸廓和腹部是否有随呼吸而产生的起伏运动。

②检查伤员的心跳：将耳朵贴近伤员的胸部，倾听是否有心跳声，或通过触摸伤员的颈动脉、肱动脉，感觉是否有脉搏跳动。

③观察瞳孔反应：检查伤员的瞳孔是否扩大，并测试瞳孔对光线变化的反应是否正常。

（3）现场急救。

如果触电者伤势不重且神志清醒，仅有心慌、四肢发麻、全身无力等症状；或者触电者曾一度昏迷但现在已经完全清醒，抢救人员应确保触电者安静休息，不要走动，并严密观察情况其状况。同时，应立即联系医生前来诊治或安排将触电者送往医院救治。

如果触电者伤势较重，已失去知觉但仍然保持心脏跳动和呼吸，抢救人员应帮助触电者舒适、安静地平卧，确保周围空气流通，避免人群聚集。解开触电者的衣服以利于呼吸，并在寒冷天气中注意保温。同时，迅速联系医生前来诊治或紧急送往医院抢救。

如果触电者伤势严重，呼吸停止或心脏跳动停止，或二者均已停止，现场抢救人员应立即施行人工呼吸和胸外按压，并紧急联系医生前来诊治或立即送往医院抢救。

2. 火灾事故的自救方法

（1）熟悉建筑物环境结构，熟悉消防通道及安全出口的具体位置。

（2）发生火灾时，采取有效方法，及时疏散撤离。

（3）利用消防通道撤离，切勿使用电梯逃生。

（4）如遇楼层较高或无法通过常规通道撤离时，可利用建筑物内的高空缓降器或救生绳索逃生。

（5）被火势围困无法自行逃离时，应保持冷静，使用电话或手机报警，并尽量向窗外或阳台等易于被发现的地方移动，等待救援。

七 工伤保险

工伤保险是指国家为保障因工作原因遭受事故伤害或者患职业病的职工获得医院救治和经济补偿，促进工伤预防和职业康复，分散用人单位的工伤风险所建立的一项社会保障制度。

我国《劳动法》和《中华人民共和国社会保险法》都明确规定，用人单位必须为员工缴纳工伤保险费，以保障员工在发生工伤事故或被诊断出职业病时获得必要的治疗和相应的经济补偿。

1. 工伤的认定

（1）工伤认定的条件。

①在工作时间和工作场所内，因工作原因受到事故伤害的，应认定为工伤。

②工作时间前后在工作场所内，从事与工作有关的预备性或者收尾性工作受到事故伤害的，应当认定为工伤。

③在工作时间和工作场所内，因履行工作职责受到暴力等意外伤害的，应认定为工伤。

④患职业病的，应认定为工伤。

⑤因工外出期间，由于工作原因受到伤害或者发生事故下落不明的，应认定为工伤。

⑥在上下班途中，受到非本人主要责任的交通事故、城市轨道交通事故、客运轮渡事故、火车事故等伤害的，同样应认定为工伤。

（2）工伤认定程序。

①提出工伤认定申请。

当职工发生事故伤害或者根据《职业病防治法》规定被诊断、鉴定为职业病时，其所在单位应在事故伤害发生之日或者被诊断、鉴定为职业病之日起30日内，向统筹地区社会保险行政部门提出工伤认定申请。如果用人单位未按规定提出工伤认定申请，工伤职工或其直系亲属、工会组织可在事故伤害发生之日或者被诊断、鉴定为职业病之日起1年内，直接向统筹地区社会保险行政部门提出工伤认定申请。

若用人单位未在规定时限内提交工伤认定申请，在此期间发生的工伤待遇等有关费用由该单位承担。

②提出工伤认定申请应提交的资料。

一是工伤认定申请表，列明事故发生的时间、地点、原因以及职工伤害程度等基本情况。

二是与用人单位存在劳动关系（包括事实劳动关系）的证明材料。

三是医疗诊断证明或者职业病诊断证明书（或职业病诊断鉴定书）。

如果申请人提供材料不完整，社会保险行政部门应一次性书面告知需补充的全部材料。申请人按要求提交补充材料后，社会保险行政部门应当及时受理。

③调查核实。

社会保险行政部门受理工伤认定申请表后，根据审核需要，应对事故伤害进行调查核实，用人单位、职工、工会组织、医疗机构及有关部门应当协助社会保险行政部门进行事故调查核实。

④工伤认定。

社会保险行政部门应当自受理工伤认定申请之日起60日内做出工伤认定的决定，并书面通知申请工伤认定的职工或其直系亲属以及该职工所在单位。工伤保险理赔应提交工伤诊断书、工伤申请、劳动合同等资料。

2. 职业病的认定

职业病是指劳动者在生产劳动中及其他职业活动中，因接触职业性有害因素而引发的疾病。国家规定了职业病的范围，包括职业中毒（如铅、汞及其化合物中毒，光气中毒等），尘肺（如矽肺、石棉肺等），物理因素职业病（如中暑、减压病、高原病等），职业传染病（如炭疽、森林脑炎等），职业性皮肤病（如接触性皮炎、光敏性皮炎等），职业性眼病（如由刺激性物质引起的眼部疾病）；职业性耳鼻喉疾病（如噪声引起的听力损失），职业性肿瘤（如石棉所致肺癌、苯所致白血病等），其他职业病（如化学灼伤、职业性哮喘等）。

职业病的诊断按国家卫生健康委员会发布的《职业病诊断与鉴定管理办法》及相关规定执行，一般由省级人民政府卫生行政部门批准的医疗卫生机构进行职业病的诊断、鉴定。凡被确诊患有职业病的职工，职业病诊断机构将出具《职业病诊断证明书》，患者可凭该证明书向社会保险行政部门申请工伤认定，经认定后，患者即可享受国家规定的工伤保险待遇或职业病相关待遇。

3. 劳动能力的鉴定

职工如发生工伤或患上职业病，经治疗伤情或病情相对稳定后，仍存在残疾，影响劳动能力和生活能力，应进行劳动能力鉴定。通过劳动能力鉴定，以此确定职工的工伤伤残程度和工伤伤残等级。

工伤伤残等级是确定工伤保险待遇的主要依据。

（1）劳动能力鉴定的标准。

劳动能力鉴定是指对工伤职工身体受到的伤害和病变情况进行的劳动功能障碍程度和生活自理障碍程度的等级鉴定。

《工伤保险条例》规定劳动功能障碍分为10个等级，最重的为1级，最轻的为10级；规定生活自理障碍分为3个等级，即生活完全不能自理、生活大部分不能自理、生活部分不能自理。

对工伤造成的劳动能力丧失程度和护理依赖程度鉴定标准为《劳动能力鉴定 职工工伤与职业病致残等级》（GB/T 16180—2014）。标准将伤残等级分为10级，1—4级为全部丧失劳动能力，5—6级为大部分丧失劳动能力，7—10级为部分丧失劳动能力。

（2）劳动能力鉴定部门。

劳动能力鉴定部门主要是指省级劳动能力鉴定委员会和设区的市级劳动能力鉴定委员会。委员会成员分别由省级或设区的市级劳动保障行政部门、卫生行政部门、工会组织、社会保险经办机构代表以及用人单位代表组成。

（3）劳动能力鉴定程序。

由用人单位、工伤职工或者其直系亲属向设区的市级劳动能力鉴定委员会提出劳动能力鉴定申请，并提供工伤认定决定通知书和职工工伤医疗的有关资料（如身份证、照片、病历、诊断证明、检验报告、鉴定申请书）。劳动能力鉴定委员会在收到申请后，组织专家进行鉴定，并在收到劳动能力鉴定申请之日起60天内（伤情复杂的情况可以延长至90天）提出鉴定意见，给出鉴定结论。如果工伤职工或用人单位对初次鉴定结论不服，可以在收到鉴定结论之日起15日内向省级劳动能力鉴定委员会申请再次鉴定，省级委员会的鉴定结论为最终结论。此外，如果工伤职工在劳动能力鉴定结论作出后一年以上，认为伤残情况有变化，可以申请复查鉴定。

4. 工伤保险待遇

工伤保险待遇包括工伤医疗待遇、伤残待遇、工亡待遇等。

（1）工伤医疗待遇。

职工因工作遭受事故伤害或者患职业病，需到医院进行抢救和治疗。在抢救和治疗中，工伤职工应享受工伤医疗待遇。

（2）伤残待遇。

工伤职工经治疗和康复训练后，劳动功能和生活自理能力仍有障碍的，应进行工伤伤残鉴定。根据不同的伤残等级，工伤职工可享受一次性伤残补助金、伤残津贴、伤残就业补助金以及生活护理费等待遇。

职工因工致残被鉴定为1～4级伤残的，一次性伤残补助金分别为27个月、25个月、23个月和21个月的本人工资；伤残津贴按月发放，其标准分别为本人工资的90%、85%、80%、75%。

职工因工致残被鉴定为5级、6级伤残的，一次性伤残补助金分别为18个月、16个月的本人工资；伤残津贴按月发给本人，其标准分别为本人工资的70%、60%。

职工因工致残被鉴定为7～10级伤残的，其伤残待遇主要为从工伤保险基金按伤残等级支付一次性伤残补助金。

（3）工亡待遇。

职工因工死亡，其直系亲属可按规定从工伤保险基金领取丧葬补助金、供养亲属补助金和一次性工亡补助金三项工亡待遇。

①丧葬补助金：发放标准为统筹地区上年度职工月平均工资的6倍。

②供养亲属抚恤金：

按照工亡职工本人生前工资的一定比例发给由工亡职工生前提供主要生活来源且无劳动能力的亲属。其发放标准为：工亡职工配偶每月可领取工亡职工生前工资的40%，其他亲属每人每月可领取其工资的30%。工亡职工供养的孤寡老人或者孤儿，每人每月的抚恤金标准可在上述标准的基础上增加10%。

③一次性工亡补助金：标准为上一年度全国城镇居民人均可支配收入的20倍。

第六章

英语知识

第一节　快递英语的特点

　　近年来，伴随着制造业"走出去"，以及快递业市场竞争力的提高，我国快递企业积极参与全球竞争，持续加快国际化步伐，竞相布局设立国际业务板块，不断加速境外并购进程，全力推动"快递出海"工程，持续增强"运全球、送全球"能力，为"买全球、卖全球"发挥重要支撑保障作用。2023年，国际及港澳台快递业务量累计完成30.7亿件，同比增长52.%，支撑跨境电商出口额达1.83万亿元人民币，成为支撑国货"出海"的重要途径。随着跨境快递业务的持续发展，邮政企业、快递企业从业人员在日常收寄快递的过程中，也会经常接触到国际邮寄业务。因此，掌握一定的英语能力成了从业人员应具备的一项工作技能和服务本领。

　　作为邮件快件安检员，为了能够确保快递业务的安全顺利进行，并在最短的时间内与客户沟通并处理安全问题，通常需要使用简洁明了的英语与客户进行沟通。

第二节　快递业务常用词汇

　　快递服务：express service；courier service

　　快递服务组织：express service organization

　　快件：express item

　　快递业务员：operational express service provider

　　快递业务网络：express service network

　　发件人：sender

　　收件人：addressee

　　电话号码：phone number

　　签名：sign / signature

　　首重：preset weight

　　续重：extra weight

　　国内快递：domestic express service

同城快递：intra-city express service

省内异地快递：intra-province express service

省际快递：inter-province express service

国际快递：international express service

国际进境快递：international inbound express service

国际出境快递：international outbound express service

港澳台快递：express service to/from Hong Kong, Macao and Taiwan

信件类快件：letter express item

物品类快件：article express item

第三节　常用安检设备设施词汇

安全检查：security check

人身检查：personal search；body search

行李检查：baggage search

包裹检查：package inspection ；package search金属安检门：metal detector（用于对人员身体携带物的安全检查）

例句：Please pass through the detector one by one.

请一个个通过安检门。

手持金属探测器：hand-held metal detector（常用于人员身体的检查）

常用句：Please raise your arms. 请您抬起双臂。Please turn around. 请转身。

安检机：X-ray equipment；X-ray security inspection equipment

携带式安检设备：portable X-ray equipment

固定式X射线机：stationary X-ray equipment

数字成像X射线机：digital imaging X-ray equipment

诊断X射线机：diagnostic X-ray equipment

例句：Could you put your computer in the basket and let it be checked by the X-ray machine?

你能把电脑放到置物篮中，接受X光机检查吗？

The X-ray machine will not harm your camera.

X射线检查不会损害您的照相机。

It will only register on sophisticated X-ray equipment.

只有在先进的X光设备上它才会显示出来。

液体探测器：liquid detector

液体表面探测器：liquid surface detector

例句：Please put the water into the liquid detector for testing.

请将水放入液体探测器接受检测。

爆炸物探测器：explosive detector

爆炸气体检测器：explosive gas detector

多视角自动爆炸物探测仪：multi-view automatic explosive detector

便携式爆炸物探测仪：portable explosive detector

大型CT扫描爆炸物探测仪：large-scale CT scan explosive detector

例句：Excuse me, this machine（explosive detector）is not working, this way, please.

对不起，这台设备发生了故障，请这边走。

The explosive detector can detect dangerous substances.

检测器能够检测到危险物品。

第四节　快递违禁物品词汇

1. 各类武器、弹药：weapon；ammunition

手枪：handgun；pistol

步枪：rifle

子弹：bullet（shoot a bullet发射子弹）

炸弹：bomb（mail/parcel bomb 邮件炸弹）

地雷：mine（clear/remove/sweep mines）

刀具：knife

警棍：baton

2. 易燃易爆物品：flammable and explosive goods

易爆物品：explosive goods

易燃物品：flammable goods

例句：A flammable material or chemical catches fire and burns easily.

易燃物质或化学物质容易着火并燃烧。

高度易燃的液体：a highly flammable liquid

烟花：fireworks

例句：Some major festivals will set off fireworks at designated places to celebrate.

一些重大节日会在指定地点燃放烟花庆祝。

火药：gunpowder

例句：Our forefathers were the first to invent gunpowder.

我们的祖先是最早发明火药的人。

鞭炮：firecrackers（a string of firecrackers）

汽油：petrol

天然气：gas

> 例句：Petrol and gas prices in the region are among the highest in China.
>
> 该地区的汽油和天然气价格是中国最高的。

酒精：alcohol（low-alcohol beer, alcohol-free beer）

3. 化学物品：Chemicals

毒性物质：poisonous goods

腐蚀性物质：Corrosive substance

氰化物：Cyanide

汞：mercury；hydrargyrum（汞的拉丁学名）

苯酚：Phenol

毒品：drugs

4. 其他（others）

放射性物品：radioactive goods

> 例句：There are special requirements for dangerous goods such as explosive and radioactive materials.
>
> 对爆炸性、放射性物质等危险物品有特殊要求。

非法出版物：illegal publications

> 例句：It will bring disastrous effects after illegal publications sneak into the library.
>
> 非法出版物进入图书馆将会带来严重的后果。

濒危物种：endangered species；rare species

> 例句：Pandas are an endangered species.
>
> 熊猫是濒临灭绝的物种。

香烟：cigarette；cigar

磁铁：magnet

限制物品：restricted article

手术刀：surgical knife

剪刀：scissors

摩丝：hair mousse

发胶：hair spray

含有酒精饮料：alcoholic beverage

第五节　快递安全检查英语表述

（1）Good morning / afternoon / evening, Sir / Madam, please show me your passport/

credentials.

早上好 / 下午好 / 晚上好，先生 / 女士，请出示您的护照/证件。

（2）Please show me your ID for security check, thank you.

请出示您的身份证，配合接受安检。

（3）Sorry, there is an issue with your ID. Please wait a moment.

不好意思，您的证件有点问题，请稍等一下。

（4）Do you mind if we open the package and check the contents of the express for transportation safety?

为了运输安全，您介意我们开箱核实快件的物品吗？

（5）Please put your baggage on the conveyor belt.

请把您的包放在输送带上。

（6）I'm sorry to tell you that flammable items cannot be mailed.

很遗憾地告诉您，易燃品不能被邮寄。

（7）This is a routine check, please cooperate.

这是安检工作程序，请您理解。

（8）I am afraid/ really sorry that this （this kind of） liquid is flammable, so that it is prohibited, please understand that we can not accept it for shipment.

对不起，非常抱歉，这种（类）液体属于易燃液体，是违禁品，不能收寄，请您谅解。

（9）I am afraid/ really sorry this （this kind of） powder will be confiscated by the authorities concerned as forbidden objects. Please understand that it cannot be delivered.

对不起，非常抱歉，这种（类）粉末会被认为是违禁品而被有关部门查扣，不能收寄，请您谅解.

（10）I am really sorry this kind of article cannot be collected and delivered for the safety concern in transit. Please understand.

非常抱歉，这种类物品在运输过程中可能存在安全隐患，不能收寄，请你谅解。

（11）We have to detain these items for the time being.

我们得暂时扣留这些物品。

（12）These items are forbidden by law and have to be confiscated. Here is your receipt.

这些东西是违禁品，我们必须没收。这是给您的没收单据。

（13）This is a government regulation. For your and other people's safety, we need your understanding and cooperation.

这是政府法规规定，为了您和他人的安全，我们需要您的理解与合作。

（14）Could you take out the bottle in your bag for inspection?

您可以将瓶子取出让我们检查吗？

（15）Sorry, I have to remind you that you missed the security check.

对不起，你需要接受安检。

（16）Please wait a moment and receive the security check again.

请稍等，您需要重新接受安检。

（17）Checking is done, thank you for your cooperation.

检查完毕，谢谢合作。

（18）Now the inspection of your package is over.

您的包裹现在已经检查完了。

（19）Water/Lighter is not permitted.

水/打火机是不可以带的。

（20）Please open your package for security inspection.

请您打开您的包裹接受安检。

（21）Sorry, you are not allowed to mail this electric gun.

对不起，您不能邮寄这个电动枪。

（22）The security check is for the safety of everyone including you.

安全检查是为了包括您在内的每个人的安全。

（23）Please check whether the express is a prohibited item.

请查看快件是否属于禁限寄物品。

（24）A: Sorry to interrupt, does that need to go through the security check?

不好意思打断一下，那个东西要接受安检吗？

B: Everything in your package should be checked. 所有东西都要安检。

A: Got it. 好的。

B: I am afraid that these items are forbidden by law, please understand that we cannot collect and send it.

对不起，非常抱歉，这类属于违禁品，不能收寄，请您谅解。

（25）Discovering suspicious objects（发现可疑物品）

A: Could you please open your bag for inspection? We detected something suspicious in your bag.

请您打开包接受检查，我们探测到您包中有可疑物品。

B: Yes, of course. Is there a problem? 当然，有什么问题吗？

A: What are these? 这些是什么？

B: They're fireworks. 这些是烟花。

（26）A: I'm sorry to tell you that they are prohibited items and can't be mailed. 很抱歉这属于违禁品，不能进行邮寄。

B: Why? 为什么？

A: It is for everyone's safety and we have to confiscate it for the time being. Please cooperate. 这是为了大家的安全，我们必须暂时没收它，请您配合。

B: Oh. Sorry. I didn't know the rule. What should I do?

不好意思，我不知道这个规定，我该怎么做？

A: We could keep it for you. But you must come back before 5:00 pm or it will be considered abandoned.

我们可以帮你保管，但是你必须下午五点前来取，不然视为放弃。

B: Keep it, please. 请帮我保管吧。

A: OK. This is your receipt. Sign your name here, please.

好，这是你的收据，请在这签名。

B: Thank you. 谢谢。

A: My pleasure. 不客气。

（27）If the goods are not prohibited, check if they match the name and quantity on the express list and if the packaging and items are damaged. If any of these conditions exist, handle according to the relevant regulations.

如果不属于禁限寄物品，查看物品与快递单上的品名、数量是否相符，包装及物品是否有损坏；如果存在以上情况，按相关规定处理。

第七章

邮件快件安全检查相关规定

本章主要介绍与邮件快件安检员工作有一定关联的法律基础知识，包括《邮政法》《反恐怖主义法》《安全生产法》《快递暂行条例》等基本内容，并介绍了邮政快递行业中的规章制度、相关标准、规范与技术要求等内容。

第一节　相关法律法规

一　《邮政法》的有关规定

《邮政法》是在2009年4月24日，由中华人民共和国第十一届全国人民代表大会常务委员会第八次会议修订通过并公布，自2009年10月1日起正式施行。其后在2012年10月26日第十一届全国人民代表大会常务委员会第二十九次会议进行第一次修正，在2015年4月24日第十二届全国人民代表大会常务委员会第十四次会议做了第二次修正。该法律是为保障邮政普遍服务，加强对邮政市场的监管，维护邮政通信与信息安全，保护通信自由和通信秘密，保护用户合法权益，促进邮政业健康发展，适应经济社会发展和人民生活需要而制定的。

1.《邮政法》的主要规定

《邮政法》内容包括总则、邮政设施、邮政服务、邮政资费、损失赔偿、快递业务、监督检查、法律责任和附则，共九章八十七条。

2.《邮政法》中关于安全生产的规定

《邮政法》中第三章、第六章、第七章和第八章对邮政快递企业的安全生产和监督检查相关内容有明确的规定，主要有：

（1）禁限寄物品的规定：邮政快递企业收寄邮件和用户交寄邮件，应当遵守法律、行政法规以及国务院和国务院有关部门关于禁止寄递或者限制寄递物品的规定。邮政快递企业发现邮件内夹带禁止寄递或者限制寄递的物品的，应当按照国家有关规定处理。进出境邮件中夹带国家禁止进出境或者限制进出境的物品的，由海关依法处理。

（2）收寄验视的规定：邮政快递企业应当依法建立并执行邮件收寄验视制度。对用户交寄的信件，必要时邮政快递企业可以要求用户开拆，进行验视，但不得检查信件内容。用户拒绝开拆的，邮政快递企业不予收寄。对信件以外的邮件快件，邮政快递企业收寄时应当当场验视内件。用户拒绝验视的，邮政快递企业不予收寄。

（3）监督检查的规定：邮政管理部门进行监督检查时，监督检查人员不得少于二人，并应当出示执法证件。对邮政管理部门依法进行的监督检查，有关单位和个人应当配合，不得拒绝、阻碍。

（4）法律责任的规定：邮政快递企业不建立或者不执行收件验视制度，或者违反法律、行政法规以及国务院和国务院有关部门关于禁止寄递或者限制寄递物品的规定收寄邮件、快件的，对邮政企业直接负责的主管人员和其他直接责任人员给予处分；对快递企业，邮政管理部门可以责令停业整顿直至吊销其快递业务经营许可证。用户在邮件、快件中夹带禁止寄递或者限制寄递的物品，尚不构成犯罪的，依法给予治安管理处罚。有上面规定的违法行为，造成人身伤害或者财产损失的，依法承担赔偿责任。

案例 ① 快递企业寄递自喷漆案

基本情况：2023年10月7日晚，某县邮政业发展中心在对某速递公司转运中心进行常规检查时，发现一快件内含有4瓶自喷漆，该物品属于禁寄物品。经查，该禁寄物品为一家汽车零配件店铺通过网络平台销售，而涉事快件是由该快递网点揽收。

处理结果：市县两级公安、邮政管理部门依据寄递渠道违法行为上下游追溯原则和全链条打击安全监管机制，迅速开展联动行动，市邮政管理局根据《邮政法》第七十五条第一款的规定，对该网点的违法行为作出行政处罚，责令其停业整顿5日。

二 《邮政业安全生产设备配置规范》的有关规定

邮政快递业是国家重要的基础设施之一，行业的安全生产设备配置则直接关系到人员安全和资产保障，是保障邮政企业、快递企业安全运营的重要保障措施。因此，邮政业安全生产设备配置应规范、科学、合理。国家邮政局在2015年3月31日发布了第一部强制性行业标准《邮政业安全生产设备配置规范》（YZ 0139—2015）。该标准规定了邮政业安全生产设备配置的基本要求、营业场所、处理场所、机房安全和运输车辆的安全生产设备配置等内容。

1. 基本要求

（1）寄递企业应按照相关法律法规规定，以人防、物防、技防相结合为原则，配置相关安全生产设备，保障生产经营安全。

（2）寄递企业所配置的安全生产设备，其技术参数和性能指标应符合国家或行业相关标准的规定。

（3）寄递企业应加强对安全生产设备的管理，建立设备管理档案，开展设备操作培训，确保设备发挥安全保障作用。

2. 营业场所安全生产设备配置

（1）消防设备。营业场所应配备与场所面积相适应的消防设备，其中灭火器的类型和数量应按照《建筑灭火器配置设计规范》（GB 50140）的要求，以A类（固体火灾）、民用建筑严重危险级为基准进行配备。

（2）监控设备。营业场所内部应安装全面覆盖、具有红外夜视功能的视频监控摄像头；拓展型营业场所的充电区、停车与装卸区等部位应安装视频监控摄像头；所配置的视频监控摄像头，应全天候运转，能显示人员的活动情况，面部特征的有效画面不少于监视显示画面的1/60，能有效识别寄递物品的主要特征，实现移动侦测，图像资料保存时间不应少于30天。

（3）安检设备。特殊地区的营业场所，可根据需要选配微剂量X射线安全检查设备。

（4）报警设备。营业场所内应安装烟雾报警器；营业场所周边宜安装入侵探测报警器；营业场所邮件、快件交付领取区域以及现金收付柜台宜安装紧急报警系统。

3. 处理场所安全生产设备配置

（1）消防设备。处理场所应配备与场所面积相适应的消防设备，其中灭火器的类型和数量应按照《建筑灭火器配置设计规范》的要求，以A类（固体火灾）、民用建筑严重危险级为基准进行配备。

（2）监控设备。处理场所与外相通的各出入口、停车场等部位应安装视频监控摄像头；处理场所内部应安装视频监控摄像头，且应实现对主要生产作业区域全覆盖；所配置的视频监控摄像头，能显示人员的活动情况，面部特征的有效画面不少于监视显示画面的1/60，能有效识别寄递物品的主要特征，实现移动侦测，图像资料保存时间不应少于30天；应设置专门的安全监控室，专人负责，全天候实时监控；视频监控图像和数据应实现与邮政管理部门视频监控系统联网联通。

（3）安检设备。处理场所应配备微剂量X射线安全检查设备，所配备的微剂量X射线安全检查设备应满足《微剂量X射线安全检查设备》（GB 15208.1～GB 15208.5）系列标准的要求；航空、高铁及国际和港澳台邮件快件应保证100%过机安检，其他邮件快件过机安检率应符合相关规定；寄递企业根据用户类型、邮件快件处理数量（出口）、业务组织模式等因素，合理确定分拣场所微剂量X射线安全检查设备的配置数量。

（4）报警设备。处理场所内部应安装报警器；处理场所周边宜安装入侵探测报警系统。

（5）其他。处理场所应在分拣设备以及其他作业设备附近，设置显著的安全警示牌。分拣设备的动力部件，以及滚轴、滑轮等传动部件应安装隔离保护设备，跨越处应设置带护栏的人行跨梯。

案例 ② 安全设备安装不符合国家标准或行业标准案

基本情况：2023年4月28日，某市邮政管理局执法人员对该市某快递公司分拨中心进行了安全检查，发现5处输送带滚轴无隔离保护设备，不符合《邮政业安全生产设备配置规范》（YZ 0139—2015）的要求，存在安全隐患。执法人员当场责令该公司进行整改。2023年5月4日，该市邮政管理局依法对该快递公司涉嫌安全设备安装不符合行业标准进行立案调查。经调查确认，该快递公司分拨中心5处输送带滚轴确实未安装隔离保护设备，不符合《邮政业安全生产设备配置规范》要求，同时违反了《安全生产法》第三十六条第一款的规定。

处理结果：市邮政管理局依据《安全生产法》第九十九条第（二）项的规定，对该快递公司下达了整改指令，并处罚款2000元。

三 《快递安全生产操作规范》的有关规定

《快递安全生产操作规范》（YZ 0149—2015）是中国标准化研究院与各邮政企业、快递企业为进一步规范快递生产操作行为，提升快递安全生产水平，更好地保障寄递渠道安全而联合编写的强制性邮政行业标准，于2016年6月1日正式实施。该标准遵循法律法规，突出重点安全风险环节，注重与其他标准的协调，规定了快递安全生产操作的基本要求以及收寄、分拣、运输、投递和重大活动时期安全生产操作、安全事件处理等要求。

1. 基本要求

（1）完善制度。快递服务组织应建立安全生产责任制，制定安全生产管理制度，配备安全生产管理机构和安全生产管理人员，完善安全生产操作规程和安全隐患排查治理制度，建立突发事件应对工作机制。

（2）强化培训。快递服务组织应定期组织安全知识、安全生产操作技能的学习和培训，做好火灾、盗抢、危险化学品、恶劣天气等各类事件的应急演练，提高员工安全生产意识和能力。

（3）即查即停。对于属于禁止寄递物品的快件，坚持"即查即停"原则，即在整个快递生产环节中一经发现，应立即停止对该件进行操作，并按国家和邮政管理部门关于禁止寄递物品的相关规定进行处置，确保寄递渠道安全。

（4）以人为本。发生安全事件时，应将保证人身安全作为第一要求。

2. 收寄安全生产操作

（1）验视操作。

①寄件人应如实申报所寄递的物品，快递业务员应根据申报内容对交寄的物品、包装物、填充物等进行实物验视。快递业务员验视时，应按以下要求进行操作：应在收寄现场对用户交寄的物品进行验视，具备条件的可在视频监控下验视；验视时，宜

由寄件人打开封装；重点查验用户交寄的物品、包装物、填充物是否符合国家关于禁止寄递、限制寄递的规定以及是否与快递运单上所填报的内容相符；快递业务员应注意人身安全，不应鼻腔直闻，不应用手触摸不明液体、粉末、胶状等物品；对交寄物品内有夹层的，应逐层清查；对于一票多件的快件，应逐件清查。

②验视后，如用户提出再次核实寄递物品，应在用户最终确认寄递物品后，进行再次验视。

③特殊地区应通过安检机进行加验。

④验视后，快递服务组织应以加盖验视章等方式做出验视标识，记录验视人员姓名或者工号，并与用户一起当面封装。

（2）实名收寄。

对于法律法规或国家相关部门要求实名收寄的，快递服务组织应：

①接单时，应提前告知寄件人实名收寄相关要求；

②收寄时，快递业务员应要求寄件人出示有效身份证件，核对证件信息，并对相关身份信息进行登记；

③寄件人拒绝提供有效身份证件的，快递业务员应拒绝收寄。

3. 安全事件处理

在快件操作过程中，若发生安全事件，应按照"人员安全、快件安全、财产安全"的顺序进行处理，且应满足以下要求：

（1）如发生快件被盗、被抢事件，应首先确保个人生命安全，尽量记清犯罪嫌疑人相貌及衣物特征，及时向公安机关报警，并向上一级快递服务组织报告；

（2）如发生交通事故，应立即停车，打开危险报警闪光灯，查看人员伤亡情况，及时向公安机关报警及向120呼救，并尽快对快件进行转运；

（3）如遭遇地震、洪水等自然灾害或其他不可抗力情况时，应全力自救，尽快将自己所处位置和现场情况向上一级快递服务组织报告；

（4）如发生突发事件，应按照国家邮政业应急预案的要求进行处理；

（5）按照国家和邮政管理部门关于邮政业安全信息报告和处理的相关规定，实行24h值班制度，及时报送安全事件信息。

四 《邮件快件微剂量X射线安全检查设备配置管理办法（试行）》的相关规定

为加强邮件快件安全检查设备配置管理，保障邮件快件寄递安全，根据《邮政法》《安全生产法》《反恐怖主义法》等法律、行政法规和有关规定，国家邮政局在2016年7月1日印发了《邮件快件微剂量X射线安全检查设备配置管理办法（试行）》（国邮发〔2016〕67号）。

1. 《邮件快件微剂量X射线安全检查设备配置管理办法（试行）》总则

（1）适用范围：邮政企业、快递企业及其他提供寄递服务的企业（以下统称寄递企业）用于邮件、快件安全检查的微剂量X射线安全检查设备（以下简称安检设备）

的配置管理，以及邮政管理部门实施相关监督管理工作。

（2）设备要求：安检设备的安装、使用、检测、维修和报废，应符合国家标准或者行业标准。安检设备制造单位应通过ISO 9001（质量管理体系）、ISO 14000（环境管理体系）和ISO 18001（职业健康安全管理体系）体系认证。安检设备的配置应当满足寄递渠道安全防范的需要，并遵循科学配置、应检必检、安全高效、注重实绩的原则。

（3）责任主体：寄递企业是安检设备配置、使用与管理的责任主体，要按照"谁收寄、谁安检、谁负责"的要求，确定专门机构或者人员负责安检设备的配置、使用与管理工作，并建立健全相关责任制度。

2. 安检设备配置

（1）寄递企业可以采取自主配置、联合配置或者委托第三方机构提供安检服务等方式配置安检设备。

安检设备的配置应当满足的要求有：①航空、高铁及国际和港澳台邮件、快件全面过机安检；②重点地区、重点部位、重大活动所在地的寄达邮件、快件再次过机安检；③省际邮件、快件过机安检；④根据需要配置省内及同城邮件、快件安检设备。

（2）寄递企业根据安检工作需要，可以在较大规模的营业场所配置安检设备，或者对签订安全协议的用户采取前置安检等方式提高安检效率。

（3）安检设备应当至少具有双能量探测功能，能够有效区分有机物和无机物，并具备计数、存储、回放、数据上传等功能，图像资料保存时间不少于30日。

（4）安检设备应当符合《微剂量X射线安全检查设备》（GB 15208.1～GB 15208.5）系列标准规定的要求，其中设备的穿透力应当达到A类以上要求。

（5）安检设备应当具有接入邮政管理部门的信息管理系统的数据接口，能够与邮政管理部门的信息管理系统联网，并按要求报送相关数据。

3. 安检设备使用

（1）明确相关责任：寄递企业承担邮件、快件安全检查的主体责任，应当制订并严格执行安检设备使用、管理和维护规程。使用、管理安检设备必须执行定人、定机、定岗、定责制度，并强化对安检设备的定期检测和日常维护，确保安检设备正常运行。寄递企业联合配置安检设备或者由第三方机构提供安检服务以及以其他方式配置安检设备的，应当与相关单位或者机构商定各自的责任、权利与义务。

（2）加强教育培训：寄递企业应当配备满足安检需要的安全检查人员操作安检设备，并对安全检查人员进行专门的教育和培训。寄递企业应当对安全检查人员进行多种形式、不同等级的教育和培训，提升安全检查人员辨识禁寄物品的能力，并建立安全检查人员教育和培训档案，详细记载教育和培训情况。

（3）注明安检标识：寄递企业应当通过在醒目位置加盖安检戳记等方式，对已过机安检的邮件、快件逐件做出安检标识，载明安检单位和安检省份，确保应检必检。

（4）处理禁寄物品：寄递企业应当按照有关规定妥善处置邮件、快件安全检查中发现的禁寄物品，并按规定及时报告邮政管理部门以及有关部门。

（5）做好防护措施：安检设备的使用应当具有规定的安全距离和安全防护措施。与安检设备安全相关的附属设施，应当符合法律法规和有关规定。寄递企业应当建立安检人员防护制度，并按规定为从事安检设备使用、管理、维护等作业的人员提供必要的安全防护用品。

（6）做好安全检查：寄递企业的安全检查人员在安检设备使用、管理过程中发现设备故障、事故隐患或者其他不安全因素，应当立即向现场安全管理人员和本单位有关负责人报告。安检设备出现故障或者发生异常情况，承担安检设备检查、校验、维护保养等事项的单位应当对其进行全面检查，排除故障或者消除事故隐患后，方可继续使用。寄递企业应当做好安检设备事故、故障的统计、分析工作。对经常发生故障的部位或者部件，应当督促相关单位进行分析、排查，并制订防范和改进措施。

（7）制定应急预案：寄递企业应当制定安检设备应急处置专项预案，发生安检设备严重故障或者其他突发情况时，应当立即启动预案，采取应急处置措施。

4. 安检设备管理

（1）寄递企业的主要负责人对安检设备的配置、使用及管理工作全面负责。

（2）寄递企业的安检设备管理机构或者管理人员应当履行下列职责：

①组织制订本单位安检设备配置计划，提出配置要求；②督促落实本单位安检设备安装、定期检测、日常维护、维修、缺陷设备召回等事项；③组织或者参与制订本单位安检设备使用、管理的规章制度、操作规程和应急处置专项预案；④组织或者参与本单位安全检查人员的教育和培训工作，如实记录教育和培训情况；⑤检查本单位的安检设备运行状况，及时排查事故隐患。

（3）寄递企业应当将本单位配置、使用安检设备的种类、型号、数量和安全检查人员配备等情况自安检设备安装完毕之日起20日内报邮政管理部门备案。安检设备配置、使用情况发生重大变化的，应当自发生重大变化之日起20日内重新报邮政管理部门备案。

5. 监督管理

（1）邮政管理部门应当依照有关规定会同有关部门对寄递企业安检设备的配置、使用及管理等情况进行监督管理。

（2）邮政管理部门应当将本辖区寄递企业安检设备的配置、使用情况汇总后向上级邮政管理部门报告。报告内容应当包括各寄递企业配置、使用安检设备的种类、型号、数量以及安全检查人员配备情况等。

（3）寄递企业未按本办法的规定配置、使用、管理安检设备，或者未对安全检查人员进行教育和培训的，邮政管理部门依法予以查处。

五 《禁止寄递物品管理规定》的相关知识

为加强邮政快递业安全管理，防止禁止寄递物品进入寄递渠道，妥善处置进入寄递渠道的违禁物品，维护寄递渠道安全畅通，促进邮政快递业健康发展，依据《邮政法》《反恐怖主义法》等法律、行政法规和相关规定，2016年12月16日，国家邮政局、公安部、国家安全部三部委联合发布了《关于〈禁止寄递物品管理规定〉的通告》（国邮发〔2016〕107号），并以附件形式列出全部内容，该规定于发布之日起正式实施。

《禁止寄递物品管理规定》着眼于邮政快递业安全管理工作实际需要，进一步强化了对禁止寄递物品管理的制度设计，从适用范围、安全检查、企业责任、用户义务、监督管理等方面提出了更加明确的规范要求，为维护寄递渠道安全畅通，促进邮政业健康发展提供了有力制度保障。

1. 明确禁寄物品范畴

《禁止寄递物品管理规定》充分考虑寄递渠道安全管理的属性特点，规定对于禁寄物品的涵盖范围有了更清晰的界定，这为寄递企业具体落实和监管部门日常管理给出了更加规范性的指导要求。

《禁止寄递物品管理规定》将禁寄物品划分为三大类：

第一类：危害国家安全、扰乱社会秩序、破坏社会稳定的各类物品；

第二类：危及寄递安全的爆炸性、易燃性、腐蚀性、毒害性、感染性、放射性等各类物品；

第三类：法律、行政法规以及国务院和国务院有关部门规定禁止寄递的其他物品。

具体的禁寄物品详见《禁止寄递物品指导目录》。该目录中详细列明了"18+1"个项目188种禁寄物品，更有利于寄递企业以及邮政管理部门辨识禁寄物品。

2. 细化邮政管理部门的监管内容

（1）邮政管理部门应当监督指导寄递企业落实收寄验视制度，督促企业加强寄递安全管理；监督指导寄递企业加强对从业人员的安全教育和培训；依法对寄递企业实施安全监督检查，查处违法收寄禁寄物品行为。

（2）邮政管理部门接到寄递企业发现禁寄物品的报告后，应当按规定向上级部门报告，并视情况联合公安、国家安全、卫生防疫、海关、检验检疫、新闻出版、工商行政管理、安全生产监督管理、野生动物行政主管等部门相互配合、依法处置。

（3）对及时发现、报告禁寄物品，维护国家安全、公共安全和人民生命财产安全，或者有效避免、减少寄递安全事故的单位和个人，邮政管理等部门可依法给予表彰。

3. 规定用户的安全保障义务

用户交寄邮件、快件应当遵守法律、行政法规以及国务院和国务院有关部门关于禁寄物品的规定，不得交寄禁寄物品，不得在邮件、快件内夹带禁寄物品，不得将禁寄物品匿报或者谎报为其他物品交寄。

4. 强化企业的主体责任

（1）寄递企业应当建立健全安全教育培训制度，强化从业人员对禁寄物品的防范意识、辨识知识和处置能力。未经安全教育和培训的从业人员不得上岗作业。

（2）寄递企业应当严格执行收寄验视制度，依法当场验视用户交寄的物品是否属于禁寄物品，以及物品的名称、性质、数量等是否与寄递详情单所填写的内容一致，防止禁寄物品进入寄递渠道。

（3）寄递企业应当建立健全安全检查制度，配备符合国家标准或者行业标准的安全检查设备，安排具备专业技术和技能的人员对邮件、快件进行安全检查。

（4）寄递企业应当制订禁寄物品处置预案，根据情况变化及时修订，并向邮政管理部门备案。寄递过程中发现禁寄物品的，应当按照预案规定妥善处置。

5. 列明禁寄物品的报案指导

寄递企业完成收寄后发现禁寄物品或者疑似禁寄物品的，应当停止发运，立即报告事发地邮政管理部门，并按下列规定处理：

（1）发现各类枪支（含仿制品、主要零部件）、弹药、管制器具等物品的，应当立即报告公安机关；

（2）发现各类毒品、易制毒化学品的，应当立即报告公安机关；

（3）发现各类爆炸品、易燃易爆等危险物品的，应当立即疏散人员、隔离现场，同时报告公安机关；

（4）发现各类放射性、毒害性、腐蚀性、感染性等危险物品的，应当立即疏散人员、隔离现场，同时视情况报告公安、环境保护、卫生防疫、安全生产监督管理等部门；

（5）发现各类危害国家安全和社会稳定的非法出版物、印刷品、音像制品等宣传品的，应当及时报告国家安全、公安、新闻出版等部门；

（6）发现各类伪造或者变造的货币、证件、印章以及假冒侵权等物品的，应当及时报告公安、工商行政管理等部门；

（7）发现各类禁止寄递的珍贵、濒危野生动物及其制品的，应当及时报告公安、野生动物行政主管等部门；

（8）发现各类禁止进出境物品的，应当及时报告海关、国家安全、出入境检验检疫等部门；

（9）发现使用非机要渠道寄递涉及国家秘密的文件、资料及其他物品的，应当及时报告国家安全机关；

（10）发现各类间谍专用器材或者疑似间谍专用器材的，应当及时报告国家安全机关。

6. 加大责任追究力度

（1）用户违反本规定，在邮件快件内夹带禁寄物品，将禁寄物品匿报或者谎报为其他物品交寄，造成人身伤害或者财产损失的，依法承担赔偿责任；构成犯罪的，依法追究刑事责任；尚不构成犯罪的，依照《中华人民共和国治安管理处罚法》及有关法律、行政法规的规定处罚。

（2）寄递企业违法收寄禁寄物品的，邮政管理部门依照《邮政法》《反恐怖主义法》等法律、行政法规的规定予以处罚。

六 《快递暂行条例》的有关规定

为促进快递业健康发展，保障快递安全，保护快递用户合法权益，加强对快递业的监督管理，根据《邮政法》和其他有关法律，2018年2月7日国务院第198次常务会议通过了《快递暂行条例》，自2018年5月1日起施行。

1.《快递暂行条例》的重大意义

《快递暂行条例》的实施，见证了我国快递业实现跨越发展的历程，它贯彻了包容审慎、创新务实的原则，将快递业作为与新经济、新业态关系紧密的新兴产业，充分融入了快递业的发展需求、改革需求和管理需求。特别是对于安全保障方面，从制度上牢牢守住安全底线，着力保障公共安全和用户信息安全。《快递暂行条例》立足实际情况，聚焦快递业安全发展的老问题和新挑战，对用户的电子数据信息安全进行了专门规定，立法过程中充分研究了企业使用电子运单等形式保障信息安全的做法，对企业违规行为规定了严格的法律责任。

《快递暂行条例》共8章48条，内容丰富、实用，对经营、使用、监督管理快递业务做出了规范与保障，是有关部门、企事业单位、行业协会、从业人员和用户应当遵守的行为规则。特别是保障快递安全方面，针对快递服务点多、线长、面广的实际情况，根据快递操作过程中人货分离、递送便捷的特点，《快递暂行条例》注重在提高人防、技防、物防的基础上，优化、实化、细化快件收寄验视、实名收寄、过机安检制度，增加数据安全管理制度，强化安全生产制度。

2.《快递暂行条例》中关于寄件人交寄快件的有关规定

（1）寄件人交寄快件，应当如实提供以下事项：

①寄件人姓名、地址、联系电话；②收件人姓名（名称）、地址、联系电话；③寄递物品的名称、性质、数量。

（2）除信件和已与用户签订安全协议交寄的快件外，经营快递业务的企业收寄快件，应当对寄件人身份进行查验，并登记身份信息，但不得在快递运单上记录除姓名（名称）、地址、联系电话以外的用户身份信息。寄件人拒绝提供身份信息或者提供身份信息不实的，经营快递业务的企业不得收寄。

3.《快递暂行条例》关于快递安全方面的规定

《快递暂行条例》对于快递安全方面，做了专门的规定，并明确了相关的法律责任。

（1）开箱验视的规定：经营快递业务的企业收寄快件，应当依照《邮政法》的规定验视内件，并做出验视标识。寄件人拒绝验视的，经营快递业务的企业不得收寄。

经营快递业务的企业受寄件人委托，长期、批量提供快递服务的，应当与寄件人签订安全协议，明确双方的安全保障义务。

（2）安全检查的规定：经营快递业务的企业可以自行或者委托第三方企业对快件进行安全检查，并对经过安全检查的快件做出安全检查标识。经营快递业务的企业委托第三方企业对快件进行安全检查的，不免除委托方对快件安全承担的责任。经营快递业务的企业或者接受委托的第三方企业应当使用符合强制性国家标准的安全检查设备，并加强对安全检查人员的背景审查和技术培训；经营快递业务的企业或者接受委托的第三方企业对安全检查人员进行背景审查，公安机关等相关部门应当予以配合。

（3）交寄物品的规定：经营快递业务的企业发现寄件人交寄禁止寄递物品的，应当拒绝收寄；发现已经收寄的快件中有疑似禁止寄递物品的，应当立即停止分拣、运输、投递。对快件中依法应当没收、销毁或者可能涉及违法犯罪的物品，经营快递业务的企业应当立即向有关部门报告并配合调查处理；对其他禁止寄递物品以及限制寄递物品，经营快递业务的企业应当按照法律、行政法规或者国务院和国务院有关主管部门的规定处理。

（4）数据安全的规定：经营快递业务的企业应当建立快递运单及电子数据管理制度，妥善保管用户信息等电子数据，定期销毁快递运单，采取有效技术手段保证用户信息安全。具体办法由国务院邮政管理部门会同国务院有关部门制定。经营快递业务的企业及其从业人员不得出售、泄露或者非法提供快递服务过程中知悉的用户信息。发生或者可能发生用户信息泄露的，经营快递业务的企业应当立即采取补救措施，并向所在地邮政管理部门报告。

（5）法律责任的规定。

第四十三条：经营快递业务的企业有下列情形之一的，由邮政管理部门依照《邮政法》的规定予以处罚：

①不建立或者不执行收寄验视制度；②违反法律、行政法规以及国务院和国务院有关部门关于禁止寄递或者限制寄递物品的规定；③收寄快件未查验寄件人身份并登记身份信息，或者发现寄件人提供身份信息不实仍予收寄；④未按照规定对快件进行安全检查。

第四十四条：经营快递业务的企业有下列行为之一的，由邮政管理部门责令改正，没收违法所得，并处1万元以上5万元以下的罚款；情节严重的，并处5万元以上10万元以下的罚款，并可以责令停业整顿直至吊销其快递业务经营许可证：

①未按照规定建立快递运单及电子数据管理制度；②未定期销毁快递运单；③出售、泄露或者非法提供快递服务过程中知悉的用户信息；④发生或者可能发生用户信息泄露的情况，未立即采取补救措施，或者未向所在地邮政管理部门报告。

案例 ③ 未按规定报告信息泄露情况案

　　基本情况：2022年6月21日，某市邮政管理局接到省邮政管理局案件线索交办通知书，反映该市某快递分拨中心的从业人员窃取、贩卖快递面单信息，并已被公安机关刑事拘留。市邮政管理局于6月23日立案，并对相关管理人员进行询问，调取了相关证据。经查，该公司于2022年5月上旬发现员工非法出售、提供快递服务过程中知悉的用户信息后，已立即报警。经进一步调查，发现这是外部人员与企业第三方劳务人员勾结，通过手机拍摄面单方式，违法向外部人员提供用户信息。尽管企业在发现后立即采取了补救措施，但未向邮政管理部门报告。该公司因员工管理不严，导致用户信息泄露，情节较为严重。该公司未按规定向邮政管理部门报告信息泄露情况，违反了《快递暂行条例》第三十四条第二款的规定。

　　处理结果：综合考虑该公司违法行为的事实、性质、情节与社会危害程度，以及事后及时采取补救措施、配合警方调查取证、处罚内部失职员工、加强信息保护等工作情况，依据《快递暂行条例》第四十四条第（三）项的规定，市邮政管理局责令该快递公司改正违规行为，并处人民币45000元罚款。

七 《邮件快件实名收寄管理办法》的有关规定

　　2018年10月22日，交通运输部公布了《邮件快件实名收寄管理办法》，自公布之日起施行。

　　1.《邮件快件实名收寄管理办法》制定的背景

　　寄递渠道连接着千家万户，以及学校、机关等单位。查验寄件人身份、登记寄件人身份信息，是从源头上防范非法活动、保护用户安全用邮权益的有效措施，是《反恐怖主义法》的刚性约束。实行实名收寄对于防范、打击寄递渠道违法犯罪活动，维护国家安全、公共安全，促进邮政业持续健康发展具有重要意义。现行法律法规和政策关于实名收寄的规定较为原则，执行过程中存在标准不统一、信息不共享、监管不同步等问题。为规范实名收寄的有效实施，有必要出台部门规章，细化企业、用户的行为规范以及邮政管理部门的监督管理措施，切实发挥实名收寄对于寄递安全的源头保障作用。

　　2.《邮件快件实名收寄管理办法》的基本内容

　　《邮件快件实名收寄管理办法》共22条，主要内容有：

　　（1）明确了实名收寄的行为内容。依照《邮件快件实名收寄管理办法》的规定，寄递企业收寄邮件、快件时，要求寄件人出示有效身份证件，对寄件人身份进行查验，并登记身份信息。据此，实名收寄一般包含有效身份证件的出示、查验、登记3个主要步骤。有效身份证件包括居民身份证、港澳台居民居住证等。

（2）规定了实名收寄的责任分配。《邮件快件实名收寄管理办法》规定，寄递企业应当制订本单位实名收寄管理制度和措施，并严格落实执行。使用统一的商标、字号或者快递运单经营快递业务的，商标、字号或者快递运单所属企业应当对实名收寄的内容、流程、安全实行统一管理。

（3）规定了不同情形的操作规范。一般情况下，寄递企业收寄邮件、快件时，应当核对寄件人在寄递详情单上填写的个人身份信息与有效身份证件信息，记录证件类型与证件号码。寄递企业采取与用户签订安全协议方式收寄邮件、快件的，应当一次性查验寄件人的有效身份证件，登记相关身份信息，留存有效身份证件复印件。寄件人为法人或者其他组织的，寄递企业应当核对、记录其统一社会信用代码，留存其法定代表人或者相关负责人的有效身份证件复印件。

（4）强化了寄递企业保障用户信息安全的义务。《邮件快件实名收寄管理办法》强调，寄递企业应当建立健全信息安全保障制度，采取必要防护措施，防止信息泄露、毁损、丢失。寄递企业及其从业人员应当对提供寄递服务过程中获取的用户身份信息严格保密，不得出售、泄露或者非法提供寄递服务过程中知悉的用户信息。发生或者可能发生用户身份信息泄露时，寄递企业应当立即采取补救措施，并向事件所在地邮政管理部门报告，配合相关部门进行调查处理。寄递企业在我国境内实名收寄活动中收集和产生的用户信息和重要数据应当在境内存储。

（5）明确了寄递企业违反实名收寄规定的法律责任。对寄递企业实名收寄操作不规范或者不执行实名收寄制度，以及执行过程中泄露用户身份信息等行为，规定了相应的法律责任。

案例 ④ 未按规定报送实名收寄信息案

基本情况：2022年6月15日，某市禁毒部门向市邮政管理局移交案件线索，通报在侦办某贩卖毒品案时，发现犯罪嫌疑人李某于6月1日通过该市开发区某快递点寄出了2g冰毒。市邮政管理局随即进行立案调查，查实某快递网点负责人王某某收寄快件时虚报实名收寄信息，致使禁寄物品流入寄递渠道，违反了《邮件快件实名收寄管理办法》第十四条的规定，构成未按规定报送实名收寄信息的违规行为。

处理结果：依据《邮件快件实名收寄管理办法》第十九条第（五）项的规定，市邮政管理局责令该快递公司改正，并对快递公司以及该公司法定代表人杨某某、当事人王某某分别处以人民币29800元、9800元、9800元罚款。

案例 5 虚报实名收寄信息案

基本情况：2023年8月24日，某市邮政管理局接国家邮政局转办线索，立即安排执法人员赴某快递公司开展调查，详细询问了企业负责人和实名收寄工作负责人，并调取了企业实名系统相关收寄实名信息。经查，发现该公司存在虚报实名收寄驼奶粉，违反了《邮件快件实名收寄管理办法》第十四条的规定。

处理结果：市邮政管理局依据《邮件快件实名收寄管理办法》第十九条的规定，责令该公司改正违法行为。对该公司罚款人民币5000元，并处负责人、实名收寄负责人各罚款人民币500元，合计处罚6000元。

八 《邮政业寄递安全监督管理办法》的有关规定

国家邮政局根据《邮政法》《快递暂行条例》等法律、行政法规的有关规定，于2020年2月15日起施行《邮政业寄递安全监督管理办法》。该办法加强邮政业寄递安全管理，维护邮政通信与信息安全，保障从业人员、用户人身和财产安全，促进邮政业持续健康发展。

1.《邮政业寄递安全监督管理办法》的主要规定

邮政快递业寄递安全事关国家安全、公共安全以及群众信息与财产安全的重要组成部分，对社会秩序和稳定具有重要影响。近年来，邮政业面临的安全风险明显增加，包括不法分子利用寄递渠道传递违禁品，企业泄露用户信息的事件，以及不合格包装材料的使用可能损害人体健康，这些都形成了新的安全隐患。为了确保寄递安全，减少寄递过程中的物品遗失和损坏，防止恶意破坏和盗窃，杜绝不法分子的违法行为，《邮政业寄递安全监督管理办法》从完善收寄验视制度、安全检查制度、视频监控制度、协议用户管理制度、寄递信息安全管理制度方面，加强对邮件快件寄递过程中有关生态安全的事项说明；细化寄递安全统一管理制度、安全教育培训制度、寄递安全监督检查制度和邮政业应急管理制度；明确委托实施邮政行政处罚的相关事项，优化行政处罚措施。

2. 邮政快递企业的规定

1）寄递物品的规定

（1）用户交寄邮件快件应当遵守国家关于禁止寄递或者限制寄递物品的规定，不得利用邮件快件危害国家安全、社会公共利益或他人合法权益。

（2）任何单位或者个人不得冒领、私自开拆、隐匿、毁弃、倒卖或者非法检查、非法扣留他人邮件快件，不得损毁邮政设施、快递设施或者影响设施的正常使用。

（3）交寄、收寄邮件快件，应当遵守实名收寄管理制度。

（4）邮政企业、快递企业应当依法验视用户交寄的物品是否属于禁止寄递或者限制寄递的物品，核对物品的名称、性质、数量等是否与寄递详情单显示或者关联的信息一致；予以收寄的，应当按照国务院邮政管理部门的规定做出验视标识。按照国家规定需要用户提供有关书面凭证的，邮政快递企业应当要求用户提供凭证原件，核对无误后，方可收寄。

（5）邮政企业、快递企业在收寄过程中发现禁止寄递物品的，应当拒绝收寄；发现已经收寄的邮件快件中有疑似禁止寄递物品的，应当立即停止分拣、运输、投递。对邮件快件中依法应当没收、销毁或者可能涉及违法犯罪的物品，应当立即向有关部门报告，并配合调查处理；对其他禁止寄递物品、限制寄递物品或者一同查处的禁止寄递物品之外的物品，邮政快递企业应当通知寄件人或者收件人，并依法妥善处理。

（6）邮政企业、快递企业向寄件人长期、批量提供寄递服务的，应当与寄件人签订安全协议，明确自身与签订安全协议的寄件人（以下简称协议用户）的安全保障义务。一旦发现用户生产、销售的产品属于禁止寄递物品的，不得将其作为协议用户提供寄递服务。

（7）邮政企业、快递企业不得使用有毒物质作为邮件快件填充材料。

2）安全检查的规定

（1）邮政企业、快递企业应当按照国务院邮政管理部门的规定对邮件快件进行安全检查，并对经过安全检查的邮件快件做出安全检查标识。委托第三方企业对邮件快件进行安全检查的，不免除邮政企业、快递企业对邮件快件安全承担的责任。

（2）邮政企业、快递企业或者接受委托的第三方企业应当使用符合强制性国家标准的安全检查设备，并加强对安全检查人员的背景审查和技术培训，确保其具备安全检查所必需的知识和技能。

3）工作场所监控的规定

（1）邮政企业、快递企业应当对其提供寄递服务的营业场所、处理场所，包括其开办的快递末端网点、设置的智能快件箱进行全天候视频监控。其中，营业场所、快递末端网点、智能快件箱的视频监控设备应当全面覆盖，处理场所的视频监控设备应当覆盖各出入口、主要生产作业区域。

（2）邮政企业、快递企业保存监控资料的时间不得少于30日。其中，营业场所交寄、接收、验视、安检、提取区域以及智能快件箱放置区域的监控资料保存时间不得少于90日。

（3）邮政企业、快递企业应当按照邮政管理部门的要求报送监控资料。

4）网络安全的规定

邮政企业、快递企业应当按照国家网络安全等级保护制度的要求，履行下列安全保护义务，保障其网络免受干扰、破坏或者未经授权的访问，防止网络数据泄露或者被窃取、篡改：

（1）制订内部安全管理制度和操作规程，确定网络安全负责人，落实网络安全保护责任。

（2）采取防范计算机病毒和网络攻击、网络侵入等危害网络安全行为的技术措施。

（3）采取监测、记录网络运行状态、网络安全事件的技术措施，并按照规定留存相关的网络日志不少于6个月。

（4）采取数据分类、重要数据备份和加密等措施。

5）应急管理的规定

（1）鼓励邮政企业、快递企业建立应急救援队伍，预防与处置突发事件。

（2）发生自然灾害、事故灾难、公共卫生事件、社会安全事件等，邮政企业、快递企业应当根据法律、法规、规章以及国家邮政业突发事件应急预案，按照事件类型及分级，在规定时间内报告事件发生地省级以下邮政管理机构和负有相关职责的部门，同时对事件进行先行处置，控制事态发展。

3.邮政管理部门的职责

（1）国务院邮政管理部门应当加强应急管理体系建设，制定国家邮政业突发事件应急预案，建立突发事件预防、监测、预警、信息报告、应急处置等工作机制。省、自治区、直辖市邮政管理机部门和省级以下邮政管理部门应当根据有关法律、法规、规章以及国家邮政业突发事件应急预案等，结合本地区的实际情况，制订突发事件应急预案。邮政管理部门应当根据邮政业应急管理的实际需要和情势变化，适时评估、修订突发事件应急预案。

邮政管理部门应当妥善处置邮政业突发事件，查明事件原因和责任，提出整改措施，并依法对有违法行为的责任人做出处理。涉及其他部门管理职权的，应当联合有关部门共同处理。

（2）邮政管理部门应当加强对邮政企业、快递企业建立健全和执行寄递安全制度、应急管理制度等情况以及安全生产行为的监督检查。建立和完善以随机抽查为重点的日常监督检查制度，建立随机抽查事项清单，公布抽查的安全事项目录，明确抽查的依据、频次、方式、内容和程序，随机抽取被检查企业，随机选派检查人员，建立检查对象名录库和执法检查人员名录库。抽查情况和查处结果依法向社会公布。

（3）邮政管理部门依法通报邮政企业、快递企业违反安全监管有关规定、发生安全事件以及对有关责任人员进行处理的情况。对违法行为情节严重的单位，应当依法向社会公告，并通报有关部门和机构。

（4）邮政企业、快递企业未按照国务院邮政管理部门的规定作出收寄验视标识、安全检查标识的，由邮政管理部门责令限期改正；逾期未改正的，处5000元以下的罚款。

（5）邮政企业、快递企业未对其提供寄递服务的营业场所、处理场所、快递末端网点、设置的智能快件箱在规定的覆盖范围内进行全天候视频监控或者保存监控资料不符合规定期限的，由邮政管理部门责令限期改正；逾期未改正的，处1万元以下的罚款。

案例 ⑥ 收寄不能确定安全性的物品案

基本情况：2023年9月25日，某市邮政管理局根据国家邮政局转办线索，对某快递公司涉嫌违规收寄违禁品的行为进行了调查。经查，该公司揽收的一快件，内件为化学品除锈剂，但其提供的物品检测报告无法确定该物品的安全性，属于违规收寄无法确定安全性的物品。此外，该公司在揽收其他快件时，未按规定进行安全检查并标识，且未按照当地邮政管理局2023年9月19日发出的责令改正通知整改。

处理结果：市邮政管理局依据《快递市场管理办法》第四十五条和《邮政业寄递安全监督管理办法》第三十七条规定，责令该公司改正违法行为，对其违规收寄无法确定安全性物品的行为处罚款5000元，对未按规定作出安全检查标识违法行为处罚款3000元，合计处罚款8000元。

九 《邮件快件智能X射线安全检查设备技术要求》的有关规定

国家邮政局于2021年7月14日发布了推荐性邮政行业标准《邮件快件智能X射线安全检查设备技术要求》（YZ/T 0177—2021），自2021年10月1日起施行。该标准规定了邮件快件智能X射线安全检查设备（以下简称"设备"）的组成、技术要求、试验方法、检验规则、包装、标志、贮存、运输和随机技术文件。能更好地推进人工智能技术在邮政行业深入应用，提升邮件快件安检效率，提高邮政行业安全水平。

这里简要说明设备运行的工作环境条件以及设备的主要功能要求。

1. 设备的工作环境条件

（1）工作环境相对湿度范围：5%～85%。

（2）工作环境大气压力根据不同环境分为Ⅰ类大气压力和Ⅱ类大气压力：

①Ⅰ类大气压力范围：86～106kPa；

②Ⅱ类大气压力范围：70～106kPa。

（3）工作环境温度根据不同环境分为Ⅰ级环境温度、Ⅱ级环境温度和Ⅲ级环境温度：

①Ⅰ级环境温度：5～40℃；

②Ⅱ级环境温度：−10～0℃；

③Ⅲ级环境温度：−20～40℃。

2. 设备的功能要求

（1）智能识别可疑件：

①应能根据采集的邮件快件X射线透射图像，自动识别可疑件；

②应能标识出可疑件X射线透射图像中的禁限寄物品和穿不透区域，标识信息包

括物品识别框、禁限寄物品类型或穿不透标记、置信度等，标识应清晰；

③应能识别同一X射线透射图像中的多个禁限寄物品和穿不透区域；

④应支持根据不同的运输方式、地区要求、使用方要求等管控需求设置设备可识别禁限寄物品的类型；

⑤应支持开启或关闭智能识别可疑件功能；

⑥当智能识别可疑件功能关闭或异常时，设备应能标识未经智能识别处理的X射线透射图像。

（2）图码绑定：

①设备应能准确关联和保存同一邮件快件的X射线透射图像与邮件快件编码信息。

②编码信息可用一维码、二维码或RFID（射频识别）标签等表示。

（3）可疑件剔除：

①设备应具有可疑件剔除装置或能外接可疑件剔除装置；

②当设备识别到可疑件时，应能自动剔除该邮件快件，或自动向外接可疑件剔除装置发送可疑件信号。

（4）报警：

①当设备识别到可疑件时，应能自动发出可疑件报警信息；

②当设备发生故障时，应能自动发出设备故障报警信息；

③可疑件报警与设备故障报警应能明显区分，报警形式包括声光报警、后台警示提醒等；

④报警应能手动解除。

（5）图像与数据处理：

①应能实时采集邮件快件的X射线透射图像，采集到的图像应能在显示器中清晰显示；

②若设备有多个成像视角，同一邮件快件的不同视角的X射线透射图像应能准确关联；

③应能与摄像装置连接使用，应能准确关联邮件快件的X射线透射图像和对应的可见光图像或视频；

④应能在X射线透射图像中叠加文字和符号信息，包括物品识别框、安全检查时间和结果等。

（6）信息存储：

①应能自动存储安全检查信息。具备物质成分检测功能的设备，还应能自动存储相应的物质成分等信息；

②应支持本地存储安全检查信息，存储时间不少于3个月。

③X射线透射图像应采用BMP、JPEG或PNG等通用格式，或设备应支持将本机图像格式转化为BMP、JPEG和PNG等通用格式。

十 《快递市场管理办法》的有关规定

2023年12月8日中华人民共和国交通运输部第28次部务会议通过了《快递市场管理办法》，自2024年3月1日起施行（交通运输部令2013年第1号公布的《快递市场管理办法》同时废止）。

1.《快递市场管理办法》修订的意义

新修订的《快递市场管理办法》坚持以习近平新时代中国特色社会主义思想为指导，认真贯彻落实党中央、国务院决策部署，在上位法规定框架下，以促进快递业高质量发展为主线，坚持问题导向，聚焦近年来快递业在服务质量、运行安全、市场秩序、生态环保等方面反映出来的突出问题，有针对性地健全相关制度安排，以更好适应快递市场监督管理工作实际需要。

2.《快递市场管理办法》中关于快递安全发展的规定

新修订的《快递市场管理办法》健全完善安全生产和应急管理规定，对快递企业落实安全生产责任制、保障生产作业场地安全、强化从业人员安全培训、建立维护服务网络稳定工作机制等，做出制度安排。主要体现在：

（1）规定经营快递业务的企业（以下称快递企业）应当建立健全安全生产责任制，加强从业人员安全生产教育和培训，履行法律、法规、规章规定的有关安全生产义务。经营快递业务的企业的主要负责人是安全生产的第一责任人，对本单位的安全生产工作全面负责。其他负责人对职责范围内的安全生产工作负责。总部快递企业应当督促其他使用与其统一的商标、字号、快递运单及其配套的信息系统经营快递业务的企业及其从业人员遵守安全自查、安全教育、安全培训等安全制度。

（2）快递企业应当遵守收寄验视、实名收寄、安全检查和禁止寄递物品管理制度。任何单位或者个人不得利用快递服务从事危害国家安全、社会公共利益、他人合法权益的活动。

（3）关于快件处理场所的规定：

①在有较大危险因素的快件处理场所和有关设施、设备上设置明显的安全警示标志，以及通信、报警、紧急制动等安全设备，并保证其处于适用状态；②配备栅栏或者隔离桩等安全设备，并设置明显的人车分流安全警示标志；③对场所设备、设施进行经常性维护、保养和定期检测，并将检查及处理情况形成书面记录；④及时发现和整改安全隐患。

（4）关于加强用户个人信息安全的规定：

①快递企业在生产经营过程中，获取用户个人信息的范围，应当限于履行快递服务合同所必需，不得过度收集用户个人信息，并依法建立用户个人信息安全管理制度和操作规程。

②快递企业委托其他企业处理用户个人信息的，应当事前进行用户个人信息保护影响评估，并对受托企业处理个人信息的活动进行监督，不免除自身对用户个人信息安全承担的责任。

③快递企业应当建立快递运单（含电子运单）制作、使用、保管、销毁等管理制度和操作规程，采取加密、去标识化等安全技术措施保护快递运单信息安全。快递企业应当建立快递运单码号使用、销毁等管理制度，实行码号使用信息、用户信息、快递物品信息关联管理，保证快件可以跟踪查询。任何单位和个人不得非法使用、倒卖快递运单。

（5）关于总部快递企业在维护安全发展方面职责的规定：

总部快递企业按照《快递暂行条例》的规定，在安全保障方面实施统一管理，督促使用与其统一的商标、字号、快递运单及其配套信息系统经营快递业务的企业及其从业人员遵守反恐、禁毒、安全生产、寄递安全、网络与信息安全以及应急管理等方面的规定，符合国务院邮政管理部门关于安全保障方面统一管理的要求。

第二节　其他有关规定

一　《反恐怖主义法》的有关规定

为了防范和惩治恐怖活动，加强反恐怖主义工作，维护国家安全、公共安全和人民生命财产安全，根据宪法，2015年12月27日第十二届全国人民代表大会常务委员会第十八次会议通过了《反恐怖主义法》，自2016年1月1日起施行。在2018年4月27日第十三届全国人民代表大会常务委员会第二次会议对本法进行了修正。

1.《反恐怖主义法》总则

（1）恐怖主义，是指通过暴力、破坏、恐吓等手段，制造社会恐慌、危害公共安全、侵犯人身财产，或者胁迫国家机关、国际组织，以实现其政治、意识形态等目的的主张和行为。本法所称恐怖活动，是指恐怖主义性质的下列行为：

①组织、策划、准备实施、实施造成或者意图造成人员伤亡、重大财产损失、公共设施损坏、社会秩序混乱等严重社会危害的活动的；②宣扬恐怖主义，煽动实施恐怖活动，或者非法持有宣扬恐怖主义的物品，强制他人在公共场所穿戴宣扬恐怖主义的服饰、标志的；③组织、领导、参加恐怖活动组织的；④为恐怖活动组织、恐怖活动人员、实施恐怖活动或者恐怖活动培训提供信息、资金、物资、劳务、技术、场所等支持、协助、便利的；⑤其他恐怖活动。

（2）国家反对一切形式的恐怖主义，依法取缔恐怖活动组织，对任何组织、策划、准备实施、实施恐怖活动，宣扬恐怖主义，煽动实施恐怖活动，组织、领导、参加恐怖活动组织，为恐怖活动提供帮助的，依法追究法律责任。国家不向任何恐怖活动组织和人员做出妥协，不向任何恐怖活动人员提供庇护或者给予难民地位。

（3）任何单位和个人都有协助、配合有关部门开展反恐怖主义工作的义务，发现恐怖活动嫌疑或者恐怖活动嫌疑人员的，应当及时向公安机关或者有关部门报告。

（4）对举报恐怖活动或者协助防范、制止恐怖活动有突出贡献的单位和个人，以及在反恐怖主义工作中做出其他突出贡献的单位和个人，按照国家有关规定给予表彰、奖励。

（5）对在中华人民共和国领域外对中华人民共和国国家、公民或者机构实施的恐怖活动犯罪，或者实施的中华人民共和国缔结、参加的国际条约所规定的恐怖活动犯罪，中华人民共和国行使刑事管辖权，依法追究刑事责任。

2.《反恐怖主义法》对安全防范的有关规定

（1）各级人民政府和有关部门应当组织开展反恐怖主义宣传教育，提高公民的反恐怖主义意识。教育、人力资源行政主管部门和学校、有关职业培训机构应当将恐怖活动预防、应急知识纳入教育、教学、培训的内容。新闻、广播、电视、文化、宗教、互联网等有关单位，应当有针对性地面向社会进行反恐怖主义宣传教育。村民委员会、居民委员会应当协助人民政府以及有关部门，加强反恐怖主义宣传教育。

（2）铁路、公路、水上、航空的货运和邮政、快递等物流运营单位应当实行安全查验制度，对客户身份进行查验，依照规定对运输、寄递物品进行安全检查或者开封验视，实行运输、寄递客户身份、物品信息登记制度。对禁止运输、寄递，存在重大安全隐患，或者客户拒绝安全查验的物品，不得运输、寄递。

（3）生产和进口单位应当依照规定对枪支等武器、弹药、管制器具、危险化学品、民用爆炸物品、核与放射物品做出电子追踪标识，对民用爆炸物品添加安检示踪标识物。运输单位应当依照规定对运营中的危险化学品、民用爆炸物品、核与放射物品的运输工具通过定位系统实行监控。对管制器具、危险化学品、民用爆炸物品，国务院有关主管部门或者省级人民政府根据需要，在特定区域、特定时间，可以决定对生产、进出口、运输、销售、使用、报废实施管制，可以禁止使用现金、实物进行交易或者对交易活动做出其他限制。

案例 ⑦ 未依照规定对寄递物品进行安全检查或者开封验视案

　　基本情况：某市邮政管理局经调查，认定某快递公司未依照规定对寄递物品进行开封验视、未依照规定对寄递客户身份信息进行查验，违反了《反恐怖主义法》第二十条规定。

　　处理结果：市邮政管理局根据案件事实、情节以及危害后果等对该快递公司作出了行政处罚决定，处罚款人民币160000元；对该公司路桥片区直接负责的主管人员处罚款人民币5000元；对该公司网点直接责任人处罚款人民币3000元。

二 《国家邮政业突发事件应急预案》的有关规定

为了贯彻落实习近平新时代中国特色社会主义思想，坚决防控可能影响邮政快递业高质量发展的重大风险，建立健全国家邮政业突发事件应急工作机制和应急预案体系，加强部门沟通协作，衔接"防""救"责任链条，推动各地邮政业应急管理工作融入地方应急管理体系，提高应对各类突发事件能力，最大限度预防和减少邮政业突发事件及其造成的损害，维护寄递渠道安全畅通，保障邮政业安全稳定运行，国家邮政局于2019年12月31日印发了《国家邮政业突发事件应急预案》（2019年修订），即日起施行。

1. 突发事件的内容

（1）工作原则。在党中央、国务院统一领导下，坚持以人民为中心，坚持预防与处置相结合，坚持分级负责、属地管理、强化落实主体责任，坚持统一指挥、密切配合、快速反应、科学处置，充分调动各方面资源和力量，共同做好邮政业突发事件预防和应急处置工作。

（2）突发事件。邮政业突发事件，是指邮政业突然发生的，造成或者可能造成人员伤亡、财产损失、运营网络阻断、用户信息泄露等危及邮政业安全稳定和寄递渠道安全畅通的紧急事件。邮政业突发事件按照起因源头分为两类：行业外事件引发的邮政业突发事件和行业内安全风险引发的邮政业突发事件。

（3）事件分级。邮政业突发事件按照其性质、严重程度、影响范围和可控性等因素分为四级：Ⅰ级（特别重大邮政业突发事件）、Ⅱ级（重大邮政业突发事件）、Ⅲ级（较大邮政业突发事件）和Ⅳ级（一般邮政业突发事件）。

①符合下列情形之一的突发事件为Ⅰ级：

a.人员死亡、失踪30人以上，或者重伤100人以上。

b.直接经济损失1亿元以上。

c.邮政企业、跨省经营的快递企业运营网络全网阻断，或者部分省（区、市）运营网络阻断但是可能在全国范围内造成严重影响。

d.用户信息泄露1亿条以上。

e.超出事发地省级邮政管理机构应急处置能力。

f.具有对全国邮政业安全稳定运行和寄递渠道安全畅通构成严重威胁、造成严重影响的其他情形。

②符合下列情形之一的突发事件为Ⅱ级：

a.人员死亡、失踪10人以上30人以下，或者重伤50人以上100人以下。

b.直接经济损失5000万元以上1亿元以下。

c.邮政企业、快递企业全省（区、市）运营网络阻断，或者省内部分市（地、州、盟）运营网络阻断但是可能在全省范围内造成严重影响。

d.用户信息泄露1000万条以1亿条以下。

e.超出事发地市（地）级邮政管理机构应急处置能力。

f.具有对全省（区、市）邮政业安全稳定运行和寄递渠道安全畅通构成严重威胁、造成严重影响的其他情形。

③符合下列情形之一的突发事件为Ⅲ级：

a.人员死亡、失踪3人以上10人以下，或者重伤10人以上50人以下。

b.直接经济损失1000万元以上5000万元以下。

c.邮政企业、快递企业全市（地、州、盟）运营网络阻断。

d.邮件快件积压，超出事发企业7天处理能力。

e.用户信息泄露100万条以上1000万条以下。

f.具有对全市（地、州、盟）邮政业安全稳定运行和寄递渠道安全畅通构成严重威胁、造成严重影响的其他情形。

④符合下列情形之一的突发事件为Ⅳ级：

a.人员死亡、失踪3人以下，或者重伤10人以下。

b.直接经济损失1000万元以下。

c.邮政企业、快递企业全县（市、区、旗）运营网络阻断。

d.邮件快件积压，超出事发企业72h处理能力。

e.用户信息泄露100万条以下。

f.具有对全市（地、州、盟）邮政业安全稳定运行和寄递渠道安全畅通构成较大威胁、造成较大影响的其他情形。

（4）响应级别。邮政业突发事件应急响应分为四级：Ⅰ级响应、Ⅱ级响应、Ⅲ级响应和Ⅳ级响应，分别对应Ⅰ级（特别重大）邮政业突发事件、Ⅱ级（重大）邮政业突发事件、Ⅲ级（较大）邮政业突发事件和Ⅳ级（一般）邮政业突发事件。

①Ⅰ级响应：由国家邮政局予以确认，启动并实施应急响应。

②Ⅱ级响应：由省级邮政管理机构予以确认，启动并实施应急响应，同时报告国家邮政局和本级人民政府。

③Ⅲ级响应：由市（地）级邮政管理机构启动并实施应急响应，同时报告省级邮政管理机构和本级人民政府。

④Ⅳ级响应：由市（地）级及以下邮政管理机构启动并实施应急响应，报送省级邮政管理机构备案，同时报告本级人民政府。其中，事发地县（市、区、旗）设有邮政管理机构（含派出机构）的，由县（市、区、旗）邮政管理机构启动并实施应急响应，同时报告市（地）级邮政管理机构和本级人民政府。

2.应急管理机构体系

国家邮政业突发事件应急管理机构体系由国家级（国家邮政局）、省级（省级邮政管理机构）和省级以下[市（地）级及以下邮政管理机构]应急管理机构组成。国家邮政业突发事件应急管理机构包括应急领导机构、应急工作机构、现场工作组和专家组等，应急领导机构和应急工作机构为常设机构。省级和省级以下邮政管理机构应当参照本预案，根据本地区实际情况成立应急管理机构，明确工作职责。邮政企业、快递企业结合本企业实际情况成立应急管理机构，明确工作职责。

（1）应急领导机构。国家邮政局成立国家邮政业突发事件应急工作领导小组（以下简称国家邮政业应急领导小组），负责全国邮政业应急管理工作，局长任组长，分管副局长任副组长，局内相关部门、单位主要负责人任成员。

（2）应急工作机构。国家邮政业应急领导小组下设国家邮政业突发事件应急工作办公室（以下简称国家邮政业应急办公室），设在市场监管司（安全监督管理司），局内其他有关司室参与、协助做好相关工作。

（3）现场工作组。现场工作组是国家邮政业应急领导小组处置 I 级突发事件 时指定成立并派往事发地的临时机构。现场工作组由市场监管司（安全监督管理司）牵头，相关司室和单位派员参加，必要时由国家邮政业应急领导小组组长或者副组长带队。

（4）专家组。专家组是国家邮政业应急领导小组根据实际需要聘请应急管理、工程技术、生产经营、政策法律、舆情管控等方面专家组成的应急咨询机构，为应急管理提供决策建议，必要时参加突发事件应急处置工作。

3. 宣传教育和培训

（1）宣传。各级邮政管理机构应当及时向社会公众公布邮政业突发事件应急预案信息，宣传邮政业应急管理工作情况。邮政企业、快递企业应当编制应对邮政业突发事件的各种宣传材料和应急手册，充分利用各种传播媒介及其他有效宣传形式，做好应急管理法律、法规以及预防、疏散、避险、自救、互救等常识的宣传教育。

（2）培训。各级邮政管理机构应当将应急管理知识列为干部培训必备内容，切实提高邮政管理干部应急管理知识水平和工作能力。邮政企业、快递企业应当将突发事件应急处置知识列为从业人员培训内容，提高从业人员预防和处置突发事件能力。

（3）表彰奖励与责任追究。为提高邮政业突发事件应急处置工作效率和相关单位、个人积极性，各级邮政管理机构以及邮政企业、快递企业可以按照有关规定，对在邮政业突发事件应对处置过程中表现突出的单位和个人给予表彰奖励；对违反相关法律、法规行为，依法追究责任。

（4）监督检查。国家邮政业应急办公室负责对全国邮政业应急管理工作进行监督检查，做到居安思危、常抓不懈。

三 《安全生产法》的有关规定

《安全生产法》是我国安全生产领域的基础性、综合性法律，是为了加强安全生产工作，防止和减少生产安全事故，保障人民群众生命和财产安全，促进经济社会持续健康发展而制定的法律。2021年6月10日，中华人民共和国第十三届全国人民代表大会常务委员会第二十九次会议通过《全国人民代表大会常务委员会关于修改〈中华人民共和国安全生产法〉的决定》，自2021年9月1日起施行。

1. 总体要求

（1）总体宗旨：安全生产工作坚持中国共产党的领导。

（2）总体方针：安全生产工作应当以人为本，坚持人民至上、生命至上，把保护人民生命安全摆在首位，树牢安全发展理念，坚持安全第一、预防为主、综合治理的方针，从源头上防范化解重大安全风险。

（3）总体机制：安全生产工作实行管行业必须管安全、管业务必须管安全、管生产经营必须管安全，强化和落实生产经营单位主体责任与政府监管责任，建立生产经营单位负责、职工参与、政府监管、行业自律和社会监督的机制。

2.《安全生产法》对企业的要求

（1）确定安全生产主体责任。生产经营单位的主要负责人是本单位安全生产第一责任人，对本单位的安全生产工作全面负责。其他负责人对职责范围内的安全生产工作负责。

（2）确立全员安全生产责任。生产经营单位必须遵守本法和其他有关安全生产的法律、法规，加强安全生产管理，建立健全全员安全生产责任制和安全生产规章制度，加大对安全生产资金、物资、技术、人员的投入保障力度，改善安全生产条件，加强安全生产标准化、信息化建设，构建安全风险分级管控和隐患排查治理双重预防机制，健全风险防范化解机制，提高安全生产水平，确保安全生产。

（3）确保设备安全。安全设备的设计、制造、安装、使用、检测、维修、改造和报废，应当符合国家标准或者行业标准。生产经营单位必须对安全设备进行经常性维护、保养，并定期检测，保证正常运转。维护、保养、检测应当作好记录，并由有关人员签字。

（4）建立安全风险分级管控制度。生产经营单位应当建立健全并落实生产安全事故隐患排查治理制度，采取技术、管理措施，及时发现并消除事故隐患。事故隐患排查治理情况应当如实记录，并通过职工大会或者职工代表大会、信息公示栏等方式向从业人员通报。其中，重大事故隐患排查治理情况应当及时向负有安全生产监督管理职责的部门和职工大会或者职工代表大会报告。

（5）关注员工心理、行为习惯。生产经营单位应当教育和督促从业人员严格执行本单位的安全生产规章制度和安全操作规程；并向从业人员如实告知作业场所和工作岗位存在的危险因素、防范措施以及事故应急措施。

生产经营单位应当关注从业人员的身体、心理状况和行为习惯，加强对从业人员的心理疏导、精神慰藉，严格落实岗位安全生产责任，防范从业人员行为异常导致事故发生。

（6）落实从业人员安全生产责任。从业人员在作业过程中，应当严格落实岗位安全责任，遵守本单位的安全生产规章制度和操作规程，服从管理，正确佩戴和使用劳动防护用品。

生产经营单位的从业人员不落实岗位安全责任，不服从管理，违反安全生产规章制度或者操作规程的，由生产经营单位给予批评教育，依照有关规章制度给予处分；构成犯罪的，依照刑法有关规定追究刑事责任。

3.《安全生产法》对政府部门的要求

（1）安全生产规划衔接。国务院和县级以上地方各级人民政府应当根据国民经济和社会发展规划制定安全生产规划，并组织实施。安全生产规划应当与国土空间规划等相关规划相衔接。

各级人民政府应当加强安全生产基础设施建设和安全生产监管能力建设，所需经费列入本级预算。

县级以上地方各级人民政府应当组织有关部门建立完善安全风险评估与论证机制，按照安全风险管控要求，进行产业规划和空间布局，并对位置相邻、行业相近、业态相似的生产经营单位实施重大安全风险联防联控。

（2）建立协调机制。国务院和县级以上地方各级人民政府应当加强对安全生产工作的领导，建立健全安全生产工作协调机制，支持、督促各有关部门依法履行安全生产监督管理职责，及时协调、解决安全生产监督管理中存在的重大问题。

乡镇人民政府和街道办事处，以及开发区、工业园区、港区、风景区等应当明确负责安全生产监督管理的有关工作机构及其职责，加强安全生产监管力量建设，按照职责对本行政区域或者管理区域内生产经营单位安全生产状况进行监督检查，协助人民政府有关部门或者按照授权依法履行安全生产监督管理职责。

（3）提出强制性国家标准。国务院有关部门按照职责分工负责安全生产强制性国家标准的项目提出、组织起草、征求意见、技术审查。国务院应急管理部门统筹提出安全生产强制性国家标准的立项计划。国务院标准化行政主管部门负责安全生产强制性国家标准的立项、编号、对外通报和授权批准发布工作。国务院标准化行政主管部门、有关部门依据法定职责对安全生产强制性国家标准的实施进行监督检查。

（4）建立举报制度。负有安全生产监督管理职责的部门应当建立举报制度，公开举报电话、信箱或者电子邮件地址等网络举报平台，受理有关安全生产的举报；受理的举报事项经调查核实后，应当形成书面材料；需要落实整改措施的，报经有关负责人签字并督促落实。对不属于本部门职责，需要由其他有关部门进行调查处理的，转交其他有关部门处理。

（5）建立安全生产违法行为信息库。负有安全生产监督管理职责的部门应当建立安全生产违法行为信息库，如实记录生产经营单位及其有关从业人员的安全生产违法行为信息；对违法行为情节严重的生产经营单位及其有关从业人员，应当及时向社会公告，并通报行业主管部门、投资主管部门、自然资源主管部门、生态环境主管部门、证券监督管理机构以及有关金融机构。有关部门和机构应当对存在失信行为的生产经营单位及其有关从业人员采取加大执法检查频次、暂停项目审批、上调有关保险费率、行业或者职业禁入等联合惩戒措施，并向社会公示。

负有安全生产监督管理职责的部门应当加强对生产经营单位行政处罚信息的及时归集、共享、应用和公开，对生产经营单位作出处罚决定后7个工作日内在监督管理部门公示系统予以公开曝光，强化对违法失信生产经营单位及其有关从业人员的社会监督，提高全社会安全生产诚信水平。

案例 8 未对安全设备进行经常性维护、保养和定期检测案

基本情况：2022年2月14日，某市邮政管理局执法人员在对该市某快递公司进行事故调查时，发现该公司存在人车分流标志标线褪色、老化，隔离桩破损严重，隔离装置与2021年专项验收时情况不符等情况。2月15日，对该公司相关负责人进行了询问调查。经查，该公司未按规定对安全设备进行经常性维护、保养和定期检测。市邮政管理局于2月16日向该公司下达了限期整改通知书。

处理结果：市邮政管理局依据《安全生产法》第三十六条和第九十九条第三项的规定，向该公司下达行政处罚决定书，处人民币20000元罚款。

案例 9 未采取措施消除事故隐患案

基本情况：2023年2月21日，某市邮政管理局执法人员通过邮政业视频监控巡查发现问题核查单，对某快递公司进行了实地核查。执法人员在随机调看的视频监控中发现，该公司处理场所分拣工作人员在多个正常作业时间段内多次倚靠在流水设备上，现场安全管理人员未及时制止，存在事故隐患。经调查，该公司存在未采取措施消除事故隐患的情况，违反了《中华人民共和国安全生产法》第四十一条第二款的规定。

处理结果：该公司未采取措施消除事故隐患的行为，违反《安全生产法》第四十一条第二款的规定，依据《安全生产法》第一百零二条的规定，责令该公司立即改正，并处罚款人民币20000元。

案例 10 未按规定对从业人员进行安全生产教育和培训案

基本情况：2022年8月11日至12日，某市邮政管理局执法检查发现，该市某快递公司安全生产教育培训记录不齐全，对新开设末端网点及上岗员工无安全生产教育及岗前培训记录。此外，还存在部分网点的员工不了解邮政快递业安全生产知识，个别员工称公司未对其进行培训等问题。8月24日，市邮政管理局对该公司相关负责人进行询问，该负责人承认公司未按规定对从业人员进行安全生产教育和培训。该公司未按规定对从业人员进行安全生产教育和培训，违反了《安全生产法》第二十八条的规定。

处理结果：依据《安全生产法》第九十七条第（三）项的规定，市邮政管理局责令该公司改正，并处人民币20000元罚款。

案例 ⑪ 主要负责人未履行安全生产管理职责案

　　基本情况：2022年1月，某市邮政管理局在开展企业主要负责人依法履责的谈心谈话工作后，对该市某快递公司进行了检查，发现张某某作为该公司的主要负责人，对自身安全生产管理职责缺乏认识，公司未建立健全全员安全生产责任制，未制订安全生产规章制度和操作规程，无安全生产教育和培训计划等方面的履职材料。张某某承认其作为企业主要负责人未履行法定的安全生产管理职责。执法人员根据现场笔录、张某某的询问笔录等证据，认定该公司存在主要负责人未履行《安全生产法》规定的安全生产管理职责的违法事实。处理结果：市邮政管理局依据《安全生产法》第九十四条规定，在责令整改的同时，对该公司处人民币30000元罚款。

四　《中华人民共和国个人信息保护法》的有关规定

　　当前，邮政快递业的快速发展，海量的个人信息带来的安全风险日益突出，广大用户的个人信息安全受到严重威胁。当前行业的数据信息安全意识不强，缺乏专业管理人员和有效防护措施，在用户寄递数据管理和个人信息保护等方面还存在着很大的风险漏洞。个人信息保护法坚持和贯彻以人民为中心的法治理念，牢牢把握保护人民群众个人信息权益的立法定位，聚焦个人信息保护领域的突出问题和人民群众重大关切。

　　2021年8月20日十三届全国人大常委会第三十次会议表决通过了《中华人民共和国个人信息保护法》，于2021年11月1日起施行。该法律共8章74条，在有关法律的基础上，进一步细化、完善个人信息保护应遵循的原则和个人信息处理规则，明确个人信息处理活动中的权利义务边界，健全个人信息保护工作体制机制。

1. 确立个人信息保护原则

　　（1）处理个人信息应当遵循合法、正当、必要和诚信原则，不得通过误导、欺诈、胁迫等方式处理个人信息。

　　（2）处理个人信息应当具有明确、合理的目的，并应当与处理目的直接相关，采取对个人权益影响最小的方式。收集个人信息，应当限于实现处理目的的最小范围，不得过度收集个人信息。

　　（3）处理个人信息应当遵循公开、透明原则，公开个人信息处理规则，明示处理的目的、方式和范围。

　　（4）国家建立健全个人信息保护制度，预防和惩治侵害个人信息权益的行为，加强个人信息保护宣传教育，推动形成政府、企业、相关社会组织、公众共同参与个人信息保护的良好环境。

2. 明确个人信息处理者的权利与义务

（1）权利。

①个人对其个人信息的处理享有知情权、决定权，有权限制或者拒绝他人对其个人信息进行处理；法律、行政法规另有规定的除外。

②个人有权向个人信息处理者查阅、复制其个人信息。

③个人发现其个人信息不准确或者不完整的，有权请求个人信息处理者更正、补充。个人请求更正、补充其个人信息的，个人信息处理者应当对其个人信息予以核实，并及时更正、补充。

（2）义务。

①处理个人信息达到国家网信部门规定数量的个人信息处理者应当指定个人信息保护负责人，负责对个人信息处理活动以及采取的保护措施等进行监督。个人信息处理者应当公开个人信息保护负责人的联系方式，并将个人信息保护负责人的姓名、联系方式等报送履行个人信息保护职责的部门。

②个人信息处理者应当定期对其处理个人信息遵守法律、行政 法规的情况进行合规审计。

③发生或者可能发生个人信息泄露、篡改、丢失的，个人信息处理者应当立即采取补救措施，并通知履行个人信息保护职责的部门和个人。

④接受委托处理个人信息的受托人，应当依照本法和有关法律、行政法规的规定，采取必要措施保障所处理的个人信息的安全，并协助个人信息处理者履行本法规定的义务。

3. 健全个人信息保护工作机制

（1）国家网信部门负责统筹协调个人信息保护工作和相关监督管理工作。国务院有关部门依照本法和有关法律、行政法规的规定，在各自职责范围内负责个人信息保护和监督管理工作。县级以上地方人民政府有关部门的个人信息保护和监督管理职责，按照国家有关规定确定。

（2）履行个人信息保护职责的部门在履行职责中，发现个人信息处理活动存在较大风险或者发生个人信息安全事件的，可以按照规定的权限和程序对该个人信息处理者的法定代表人或者主要负责人进行约谈，或者要求个人信息处理者委托专业机构对其个人信息处理活动进行合规审计。个人信息处理者应当按照要求采取措施，进行整改，消除隐患。履行个人信息保护职责的部门在履行职责中，发现违法处理个人信息涉嫌 犯罪的，应当及时移送公安机关依法处理。

（3）任何组织、个人有权对违法个人信息处理活动向履行个人信息保护职责的部门进行投诉、举报。收到投诉、举报的部门应当依法及时处理，并将处理结果告知投诉、举报人。履行个人信息保护职责的部门应当公布接受投诉、举报的联系方式。

PART 02

第二编

工作要求

第八章

安检设备使用与维护

第一节　安检设备使用

安全检查是人们生产生活安全的根本保障，而安检设备则是保证安全检查能够顺利实施的基础条件，无论是在机场、火车站、地铁站等交通枢纽，还是大型活动现场、学校、医院等公共场所，以及货物运输过程中，对安检设备都有切实需求。

安检设备通常包括安检机、智能安检设备、痕量爆炸物/毒品探测仪、手持金属探测器、安检门、防爆罐、防爆毯、防爆围栏、鞋底探测器等。这些设备通过先进的科技手段，对人员、物品进行安全检查，以预防潜在的安全隐患。正确使用安检设备，不仅要求操作人员熟练掌握设备的基本操作，还需要他们了解设备的工作原理、安检标准以及可能遇到的各种情况。只有这样，才能确保安检工作的高效、准确，并做好设备的日常维护。

本节将主要介绍安检机、邮件快件智能X射线安检设备以及痕量爆炸物/毒品探测仪的使用知识，通过本节的学习，希望读者能够掌握安检设备的操作和维护技能。

一　安检机

在《邮件快件安检员职业培训（技能等级认定）教材》中级部分中，我们已经对X射线、安检机工作原理及安检机的分类做了详细的介绍。以下我们继续对安检机做更深入的了解，学习更深层次的知识。

（一）安检机基本参数、相关指标、提示信息含义

1. 基本参数

安检机是一种重要的安全设备，用于检查行李、包裹和邮件等物品，以确保其中不含有违禁物品、危险品或其他非法物品。安检机通过使用低剂量的X射线，能够生成被检查物品内部的图像，便于安全人员进行检查和鉴别。

以下是一些常见的安检机参数：

（1）通道尺寸和载重量。

因使用场所对通道尺寸的需要不同，安检机有多种型号，这些型号以通道尺寸大小而命名，通道规格通常可以分为5030、6550、8065、10080、100100。不同尺寸的安检机的最大载重量一般不同。

（2）最大透射物体尺寸。

通常，一个标准的安检机能够检查最大尺寸为100cm×100cm×100cm的物体，这包括行李箱、大型包裹等。

（3）透射分辨率。

透射分辨率是指安检机能够识别物体内部较小细节的能力。这一参数通常由安检机的像素数来描述，常见的像素数为1024×1280或者1600×1280。像素越高，透射分辨率越好，能够更清晰地显示物体内部的细节。

（4）X射线源功率。

X射线源功率表示了安检机产生X射线的能力。通常，一个标准的安检机的X射线源功率为100～200W。源功率越高，产生的X射线质量越高，能够提供更好的透射图像。

（5）透射图像帧率。

透射图像帧率指的是X射线安检仪每秒钟能够生成多少张透射图像。这一参数通常为30fps/s，足以提供流畅的透射图像显示，使安检员能够准确快速地检查物体。

（6）X射线剂量。

X射线剂量表示了安检机对被检查物体和人员的辐射剂量。通常，安检机对人体辐射剂量应该控制在安全范围内。一个标准的安检机的X射线剂量通常在国家和国际标准的规定范围内，不会对人体构成危害。

（7）速度。

速度是指安检机处理被检查物品的速度。由于需要对大量行李、包裹和邮件等物品进行快速检查，因此X射线安检机的速度应该足够快，以提高工作效率。一般来说，安检机的速度可达到每分钟60～120个物品。

（8）图像质量。

图像质量是指安检机生成的X射线图像的清晰度和准确性。高质量的图像可以提供更详细的信息，并帮助安检员进行准确的判断。图像质量可以通过分辨率、对比度、亮度、噪声等参数来评估。

（9）操作控制系统。

安检机配备了先进的操作控制系统，包括触摸屏界面、控制器、数据存储等。这些系统可以方便安检员操作和控制机器，记录和保存检查数据，并能够快速响应操作指令。

2. X射线安检机相关指标

（1）线分辨力（wire resolution）：设备分辨单根实芯镀锡铜线的能力，一般用线的标称直径（mm）和线号（AWG）表示。

（2）有用穿透分辨力 （useful penetration resolution）：设备分辨在规定厚度合金铝阶梯下最细单根实芯镀锡铜线的能力，一般用线的标称直径（mm）和线号（AWG）表示。

（3）穿透力（penetration capability）：射线能穿透被照射物体的能力，一般用钢板的厚度（mm）表示。

（4）通过率（throughput rate）：设备在 1 h 内能够检查长度为 1 m 的被检物的数量。

（5）材料分辨力（organic/inorganic differentiation）：设备分辨有机物和无机物的能力。

（6）灰度分辨力（gray level differentiation）：设备分辨同种材料、不同厚度被检物品的能力，一般用合金铝阶梯的阶梯数表示。

（7）有用有机物分辨力（useful organic material differentiation）：设备在射线穿过钢阶梯后，区分具有不同等效原子序数的有机物的能力。

（8）空间分辨力（spatial resolution）：设备能分辨金属线对的能力，一般用线的标称直径（mm）表示。

（9）单次检查吸收剂量（absorption dose）：被辐照物质接受一次辐照所吸收的 X 射线能量。吸收剂量单位是 Gy（Gy=J/kg）。

（10）泄漏射线量率（leakage radiation rate）：单位时间内穿过辐射屏蔽防护，泄漏到设备外部的电离辐射量率。泄漏射线量率单位是 Gy/h。

（11）薄有机物分辨力（thin organic material differentiation）：设备显示薄有机物图像的能力。

（12）X 射线安全检查设备（X-ray security inspection system）：通过检测穿过被检物品的或被散射的 X 射线的强度分布或能谱分布，生成被检物品的 X 射线机图像，并据此对被检物品进行判识的安全检查设备。

3. 安检机的性能指标

（1）设备的线分辨力应符合表8-1的规定。

各设备对应线分辨能力   表8-1

设备类别	线分辨力
手提行李微剂量	应能分辨测试箱线号为 38AWG 的单根实芯镀锡铜线（适用邮件、快件安全检查）
托运行李微剂量 X 射线安全检查设备	应能分测试箱线号为 36AWG 的单根实芯镀锡铜线
货物微剂量 X 射线安全检查设备	应能分测试箱线号为 36AWG 的单根实芯镀锡铜线

（2）设备的穿透分辨力应符合表8-2的规定。

各设备对应穿透分辨能力   表8-2

设备类别	穿透分辨力
手提行李 X 射线安全检查设备	应能分辨测试箱所有铝阶梯下线号为 30AWG 的单根实芯镀锡铜线

续上表

设备类别	穿透分辨力
托运行李 X 射线安全检查设备	应能分辨测试箱所有铝阶梯下线号为 30AWG 的单根实芯镀锡铜线
货物 X 射线安全检查设备	应能分辨测试箱所有铝阶梯下线号为 24AWG 的单根实芯镀锡铜线

（3）设备的空间分辨力应符合表8-3的规定。

各设备对应空间分辨能力　　　　表8-3

设备类别	空间分辨力
手提行李 X 射线安全检查设备	应能分辨测试箱 1.3 的线对
托运行李 X 射线安全检查设备	应能分辨测试箱 1.6 的线对
货物 X 射线安全检查设备	应能分辨测试箱 1.6 的线对

（4）设备的穿透力应符合表8-4的规定。

各设备对应穿透力　　　　表8-4

设备类别	穿透力
手提行李 X 射线安全检查设备	应能分辨测试箱不小于 30mm 厚的钢板
托运行李 X 射线安全检查设备	应能分辨测试箱不小于 30mm 厚的钢板
货物 X 射线安全检查设备	应能分辨测试箱不小于 30mm 厚的钢板

（5）设备的单次检查吸收剂量不应大于 5μGy。

（6）泄漏射线剂量率：在距设备外表面 5cm 的任意处（包括设备的端口处），X 射线泄漏剂量应小于 5μGy/h。

（7）设备噪声：在距设备外表面 1m 的任意处，设备噪声不应大于 65dB。

（8）设备的检查通过率应符合表8-5的规定。

各设备对应通过率　　　　表8-5

设备类别	通过率
手提行李 X 射线安全检查设备	每小时应能通过不少于 700 件行李
托运行李 X 射线安全检查设备	每小时应能通过不少于 500 件行李
货物 X 射线安全检查设备	每小时应能通过不少于 400 件行李

（二）安装调试方法及要求

安检机的安装与调试是确保其正常运行和准确检测的关键步骤，以下是安装调试的方法及要求：

1. 选址与环境准备

选择平整、坚固的地面放置安检机，确保设备稳定不摇晃。确保设备周围没有障碍物，方便操作和维护。考虑环境因素，如温度、湿度和电磁干扰等，确保设备在适宜的环境中工作。

2. 电气连接与接地

根据设备手册的指示，正确连接电源线、控制线和数据线。确保设备接地良好，以防止电气故障和静电干扰。

3. 硬件安装

按照说明书的要求，正确安装X射线发射器、探测器和其他附件。调整发射器和探测器的位置，确保X射线束正确对准探测器，并获得清晰的图像。

4. 软件配置与校准

安装并配置设备控制软件，确保与设备的硬件相匹配。进行设备的初始校准，包括能量校准、几何校准和图像质量校准等，以获得准确的检测结果。

5. 功能测试与验收

对设备进行全面的功能测试，包括X射线的发射与接收、图像的显示与保存、异常情况的提示与处理等。确保设备满足验收标准，如图像分辨率、对比度、扫描速度等指标符合要求。

在安装调试过程中，需要特别注意安全问题。X射线对人体有一定的辐射风险，因此操作人员应佩戴个人防护用品，并遵循辐射安全操作规程。此外，设备的电气连接和接地也应符合相关安全标准，以防止电气事故和静电危害。

完成安装调试后，还应定期进行设备的维护和校准工作，以确保其长期稳定运行和准确检测。

（三）使用日志填写规范

为了确保安检机的正常运行，并对其使用情况进行有效追踪，建议操作人员按照以下规范填写使用日志：

1. 日志内容（图8-1）

（1）使用日期与时间：每次使用设备的具体日期和时间。

（2）操作人员：进行设备操作的人员姓名或编号。

（3）设备状态：描述设备的运行状况，如正常、故障、维修中等。

（4）使用目的：说明当天使用设备的目的或任务，如日常检测、特殊检测等。

（5）异常情况：记录在使用过程中遇到的任何异常或故障情况。

（6）处理措施：对异常情况的处理方法或建议。

（7）其他备注：其他与设备使用相关的信息或注意事项。

使用日期与时间：2023-09-25　16:52　　　操作人员：张三

设备状态：正常　　　　　　　　　　　使用目的：日常检测包裹

异常情况：无　　　　　　　　　　　　处理措施：无

其他备注：设备运行稳定，图像质量良好

图8-1　日志示例

2. 填写规范

（1）准确记录：确保所填信息真实、准确，不遗漏重要细节。

（2）及时填写：每次使用设备后，应立即填写日志，避免遗忘。

（3）字迹清晰：保持书写整洁，易于阅读。

（4）妥善保存：将使用日志保存在干燥、不易丢失的地方。

3. 目的与作用

（1）设备维护：通过日志，可以追踪设备的运行状况，为定期维护和校准提供依据。

（2）问题诊断：当设备出现故障时，可以通过查看日志迅速定位问题原因。

（3）工作交接：方便操作人员的岗位交接，提供设备使用的完整信息。

（4）安全监管：确保设备的使用符合相关安全规定和操作规程。

（四）常见异常情况及处理方法

安检机常见异常情况、可能原因分析及排查方法见表8-6。

安检机常见异常情况及排查方法　　　　表8-6

一级分类	二级分类	可能原因分析	排查方法
电源故障	系统无法上电	1. 本地电源是否正确； 2. 无钥匙开关或者未将钥匙开关置于接通； 3. 熔断器熔断； 4. 断路器位于断开位置； 5. 紧急停止开关处于锁定状态； 6. 交流接触器损坏； 7. 端子接线松脱	1. 检查本地电源是否在 220VAC (+10%～15% 内，即 187~242 VAC)，50Hz ± 3Hz 的范围； 2. 插上钥匙开关，顺时针旋转至接通位置； 3. 更换新的熔断器； 4. 合上断路器； 5. 顺时针旋转紧急停止按钮进行复位； 6. 更换交流接触器； 7. 检查接线并重新连接
	电源指示灯不亮	1. 设备没有启动； 2. 指示灯电缆未连接； 3. 端子接线松脱； 4. 指示灯损坏	1. 启动设备； 2. 将指示灯电缆连接起来； 3. 检查接线并重新连接； 4. 更换指示灯

续上表

一级分类	二级分类	可能原因分析	排查方法
电源故障	系统可通电，但无其他功能	1.电子控制器或射线源控制器电源没有插在插座里； 2.接触器KM2损坏； 3.开关电源损坏； 4.网口线没有连接； 5.和工控机相连的串口线未连接	1.将电子控制器或射线源控制器插头插入相应的插座里； 2.更换接触器； 3.更换开关电源； 4.连接网口线到工控机； 5.连接串口线到工控机
系统控制	输送带不能向前运行	1.RS232线未连接； 2.电子控制器损坏； 3.启动电容损坏； 4.电缆连接松脱； 5.电动滚筒损坏； 6.输送带被卡住	1.正确连接RS232线； 2.更换电子控制器； 3.更换启动电容； 4.检查电缆连接，重新紧固电缆； 5.更换电动滚筒； 6.调整输送带
	输送带不停	1.电子控制器损坏； 2.CPU板问题	1.更换电子控制器； 2.重新启动工控机
X射线控制	X射线源不发射	1.通道中没有物品或者物品未挡住光障； 2.安装联锁开关位置的盖板被打开； 3.射线源控制器电源插头没插； 4.交流接触器损坏； 5.X射线源损坏； 6.射线源控制器损坏； 7.X射线源电缆未正确连接； 8.光障未正确连接； 9.光障损坏； 10.电动滚筒没有运转； 11.电子控制器损坏	1.在通道中放置足够大且不透光的物品； 2.盖好联锁开关位置的盖板； 3.插上射线源控制器电源插头； 4.更换交流接触器KM2； 5.更换X射线源； 6.更换射线源控制器； 7.重新连接X射线源电缆； 8.检查光障电缆并正确连接； 9.更换光障； 10.起动电动滚筒； 11.更换电子控制器
	X射线发射指示灯不亮	1.X射线未发射； 2.电子控制板损坏； 3.电缆未正确连接； 4.射线指示灯损坏	1.在输送带上放置物品后起动滚筒，使射线发射； 2.更换电子控制板； 3.检查电缆并正确连接； 4.更换指示灯
图像显示	系统上电后显示器屏幕不亮	1.显示器电源未接通； 2.显示器信号线未连接	1.接通显示器电源； 2.连接显示器信号线
	工控机运行后，应用程序运行，显示器上显示竖直条纹	1.信号处理板问题； 2.连接线问题	1.替换信号处理板； 2.替换连接线
	行李检查期间无图像	1.控制板与工控机串口连接线问题； 2.控制板问题； 3.光障问题	1.替换串口线； 2.替换控制板； 3.替换光障
	在行李检查期间出现水平线	探测器或探测板问题	替换探测器或相应探测板

二 邮件快件智能X射线安检设备

新时代以来，我国快递业持续保持高速发展态势，年快递业务量实现从十亿级到千亿级的跨越。2024年，人均快递使用量首次超过100件，平均每秒产生5400多件快件，最高日业务量超7.29亿件，月均业务量逾130亿件。与此同时，行业快速发展也面临着复杂严峻的安全形势。各类安全风险隐患明显增多，行业安全事故（事件）呈易发多发趋势。特别是寄递渠道具有量大面广、点多线长、人货分离、隐蔽性强等特点，容易被不法分子利用从事各种违法犯罪活动，危及国家安全、公共安全的事件屡禁不止。

为防止禁止寄递物品进入寄递渠道,妥善处置进入寄递渠道的违禁物品,维护寄递渠道安全畅通,国家邮政局等部门提出实行寄递安全"三项制度"。其中过机安检是其中至关重要的一项制度。当前，安检工作使用的常规安检机图像识别主要依赖工作人员通过颜色、形状和个人经验目视辨别，再报告相关部门进行开箱检测，可以提高邮件快件安检的精准度。搭建了AI智能识别系统的智能X射线安检设备（图8-2），可以协助安检员更准确地识别包裹中的危险物品，缩短了安检时间并提高了安检员工作效率。智能X射线安检设备作为一种先进的无损检测技术，以其高效、准确的特点在邮件快件安全检查中发挥着越来越重要的作用。在《邮件快件安检员职业培训（技能等级认定）教材》中级部分中已经对邮件快件智能X射线安检设备的工作原理做过详细的介绍，本节将详细介绍邮件快件智能X射线安检设备的基本参数、性能指标以及提示信息的含义等，旨在帮助读者更好地理解并有效使用这类设备，以提高邮件快件的安全性和处理效率。本节还将提供一些实用的操作指南和维护技巧，以帮助读者更好地管理和维护设备，确保其长期稳定运行。

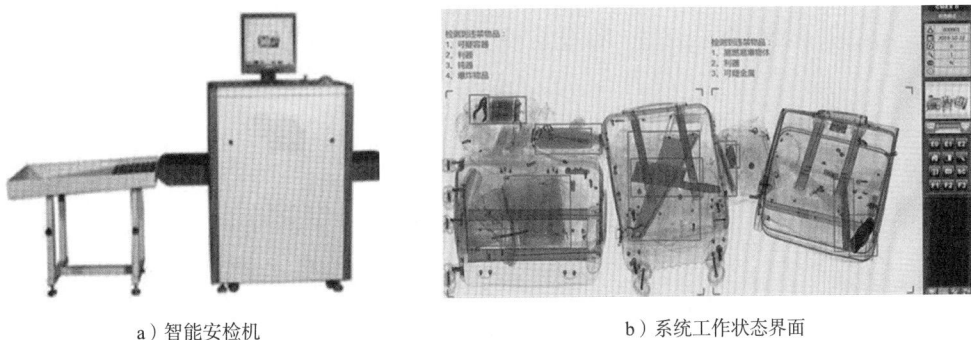

a）智能安检机　　　　　　　　b）系统工作状态界面

图8-2　邮件快件智能安检系统

（一）邮件快件智能X射线安检设备基本参数、指标和提示信息含义

在选择和使用邮件快件智能X射线安检设备时，了解其基本参数、指标和提示信息含义至关重要。以下是对这些关键要素的详细解释：

1. 基本参数

（1）型号与规格：不同型号的设备适用于不同的邮件快件处理量和应用场景。了解设备的规格有助于选择适合需求的设备。

（2）尺寸与重量：设备的尺寸和重量决定了其安装空间和移动性。合适的尺寸和重量可以确保设备方便地集成到现有设施中。

（3）X射线技术参数：这包括X射线的能量范围、穿透能力和分辨率等。这些参数直接影响检测效果和图像质量。

（4）输送带速度与容量：输送带的速度决定了检测效率，而容量则决定了单次通过的邮件快件数量。

2. 性能指标

（1）检测准确性：设备准确识别危险品的能力是关键性能指标。厂商通常会提供检测准确率的参考数据。

（2）图像质量：清晰的图像有助于更准确地识别物品。设备应具备高分辨率和低噪声的图像输出能力。

（3）无损检测：设备应能在不损坏邮件快件的情况下进行检测，确保物品完整性。

（4）可靠性：设备的平均故障间隔时间和稳定性是其可靠性的体现，直接影响运行成本和生产效率。

3. 提示信息含义

（1）正常：当邮件快件被确认为安全时，设备会显示"正常"或类似的提示信息。这表示物品没有检测到危险品或异常。

（2）异常：当设备检测到潜在危险品或异常时，会显示"异常"提示信息。操作人员需要对这些物品进行进一步检查或处理。

（3）需进一步检查：有时，设备可能不确定某些物品的安全性或质量，此时会提示"需进一步检查"。这要求操作人员采取进一步措施，如手动开包检查或使用其他检测手段。

（4）其他特定信息：根据设备型号和功能，还可能提供其他特定提示信息，如"内有液体""有金属"等。这些信息有助于操作人员更准确地判断物品的安全性或合规性。

（二）邮件快件智能X射线安检设备安装调试方法及要求

为确保邮件快件智能X射线安检设备的正常运行，正确地安装和调试安检设备至关重要。以下是一些关键的安装调试步骤和要求：

1. 场地准备

（1）空间需求：根据设备尺寸和重量，预留足够的空间，并确保地面承重能力满足设备要求。

（2）电源与网络：提供稳定的电源和高速网络连接，以满足设备运行和数据传输的需求。

（3）安全与通风：确保场地安全，有良好的通风系统以防止可能的空气污染。

2. 开箱与初检

（1）设备开箱：按照装箱单核对所有部件，确保没有缺失。

（2）初步检查：检查设备外观是否有损坏，并确保所有附件和工具齐全。

3. 基础安装

（1）按图施工：根据设备制造商提供的安装图进行基础结构的搭建。

（2）电气连接：正确连接电源线和网络线，确保牢固且不暴露在外。

4. 设备组装与定位

（1）按步骤组装：按照设备手册逐步组装设备。

（2）精确定位：调整设备至最佳位置，确保输送带平整且无障碍。

5. 调试步骤

（1）开机自检：启动设备，进行初步自检，检查是否有异常提示。

（2）参数设置：根据实际情况，调整设备参数，如输送带速度、X射线源电压等。

（3）图像测试：发送已知物品进行测试，检查图像质量和识别准确性。

（4）性能优化：根据测试结果，对设备性能进行优化。

6. 安全注意事项

（1）辐射安全：确保操作人员接受辐射安全培训，并佩戴必要的防护装备。

（2）设备警示标志：设置明显的警示标志，提醒操作人员注意安全。

7. 验证与验收

（1）性能验证：进行一系列测试以确保设备性能达标。

（2）文档整理：整理所有安装、调试和验证的文档，以备后续维护和管理。

（3）签署验收单：操作人员和供应商共同签署验收单，确认设备状态。

8. 后续操作与培训

（1）操作手册：提供详细的操作手册和培训材料给操作人员。

（2）定期培训：定期进行操作和维护培训，提高操作人员的技能。

9. 软件安装与配置

（1）软件获取：从设备制造商处获取最新版本的软件安装包。

（2）系统兼容性：确保软件与现有的操作系统和硬件环境兼容。

（3）安装步骤：按照软件安装向导逐步完成软件的安装。

（4）配置设置：根据设备参数和实际需求，进行软件的配置设置，如数据库连接、用户权限等。

10. 网络集成与远程监控

（1）网络配置：确保设备正确接入局域网或广域网，并分配适当的IP地址。

（2）远程访问：配置远程访问功能，以便技术支持人员能够远程登录设备进行故障诊断和修复。

（3）数据传输：测试设备与上级管理系统之间的数据传输功能，确保数据准确性和实时性。

11. 应急处理与故障恢复

（1）应急预案：制订设备安装调试过程中的应急预案，包括电源故障、网络中断、设备故障等情况的处理措施。

（2）故障排查：在设备出现故障时，迅速进行故障排查，定位问题所在。

（3）快速恢复：采取必要的措施，如更换故障部件、重启设备等，以尽快恢复设备的正常运行。

12. 文档整理与资料移交

（1）文档整理：对安装调试过程中产生的所有文档进行整理，包括设备清单、安装图纸、调试记录、测试报告等。

（2）资料移交：将整理好的文档移交给使用单位，确保后续维护和管理工作的顺利进行。

13. 持续改进与升级计划

（1）性能监测：定期对设备进行性能监测和评估，了解设备的运行状况和性能瓶颈。

（2）技术升级：根据实际需求和技术发展趋势，制定设备的技术升级计划，包括硬件升级和软件更新等。

（3）持续改进：在设备使用过程中，不断收集用户反馈和意见，进行持续改进和优化，提高设备的整体性能和用户体验。

综上所述，邮件快件智能X射线安检设备的安装和调试是一个复杂且需要精细操作的过程，应遵循正确的步骤和要求。通过正确的安装、调试及后续的优化升级，可以确保设备的正常运行和高效性能，为邮件快件的安全检查提供有力保障。

（三）邮件快件智能X射线安检设备使用日志填写规范

为了确保邮件快件智能X射线安检设备的正确使用和及时维护，填写设备使用日志至关重要。以下是一些关键的填写规范和要求：

1. 日志格式

（1）日期与时间：记录每次使用设备的具体日期和时间。

（2）操作人员：注明负责操作设备的人员姓名或编号。

（3）设备状态：描述设备在开始工作时的运行状态。

2. 工作内容

（1）检查项目：记录邮件快件的检查项目，如尺寸、重量、物质成分等。

（2）异常情况描述：详细描述在检查过程中发现的异常情况，包括可疑物品、破损、缺失等。

（3）处理措施：记录对异常情况采取的处理措施，如开包检查、拍照记录等。

3. 设备参数与设置

（1）X射线技术参数：记录使用的X射线参数，如能量、穿透能力和分辨率等。

（2）图像处理参数：记录图像处理的相关参数，如对比度、亮度等。

（3）设备设置：记录设备的其他设置，如输送带速度、工作模式等。

4. 故障与维护

（1）故障记录：如有设备故障或异常情况，记录故障现象和发生时间。

（2）处理措施：描述对故障采取的处理措施和结果。

（3）维护记录：记录设备的日常维护和保养情况，如清洁、检查和更换部件等。

5. 数据统计与分析

（1）检查结果统计：统计一定时间段内邮件快件的检查结果，包括正常和异常数量。

（2）数据趋势分析：分析检查结果的变化趋势，识别潜在问题或改进方向。

6. 定期审查与改进

（1）日志审查：定期审查设备使用日志，以识别潜在问题和改进方向。

（2）反馈机制：建立有效的反馈机制，收集操作人员对日志填写的意见和建议，持续优化和完善填写规范。

7. 数据安全与保密

（1）隐私保护：确保在填写日志时，对邮件快件的信息进行适当的匿名化处理，以保护客户隐私。

（2）数据安全存储：采取适当的数据存储和备份措施，确保设备使用日志的安全性和完整性。

8. 格式统一与标准化

（1）统一格式：确保设备使用日志的格式统一，方便数据的汇总和分析。

（2）标准化流程：制订标准化的填写流程，指导操作人员正确填写日志，提高数据的准确性和可读性。

9. 其他注意事项

（1）日志的保管：确保日志的妥善保管，以便后续查阅和分析。

（2）及时更新：确保日志的及时填写和更新，特别是在设备故障或异常时。

（3）培训与指导：为操作人员提供培训和指导，确保他们能够正确填写使用日志。

通过遵循上述规范和要求，可以确保邮件快件智能X射线安检设备使用日志的准确性和完整性，为设备的正常运行和维护提供有力的支持。同时，这些规范也有助于提高操作人员的责任意识，促进设备的有效利用和管理。

（四）邮件快件智能X射线安检设备常见异常情况及处理方法

在使用邮件快件智能X射线安检设备的过程中，可能会遇到各种异常情况。表8-7列出了一些常见的异常情况及相应的处理方法。

智能X射线安检设备常见异常情况及处理方法　　　　表8-7

异常情况	问题描述	处理方法	异常情况	问题描述	处理方法
设备启动异常	设备无法正常启动或启动速度缓慢	检查电源连接是否正常，确保设备没有短路或断路；检查设备内部组件是否正常，必要时进行更换	电源故障	设备突然断电或电压不稳定	配置UPS（不间断电源）以提供备用电源；检查电源线是否完好，并确保没有过载；检查电源插座是否牢固
图像质量不佳	获取的图像模糊、对比度低或分辨率不足	调整X射线技术参数，如能量和穿透能力；调整图像处理参数，如对比度和亮度；清洁或更换图像采集部件	人为因素导致的异常情况	操作人员误操作或非法干预导致设备异常	提供操作培训和安全指导，确保操作人员熟悉设备的正确操作流程；加强监控和管理，防止未经授权的干预和破坏行为
检测结果误报	设备对正常物品产生误判或对异常物品漏检	检查设备设置和参数是否正确；对设备进行校准，确保准确性；更新软件版本，以提高检测算法的准确性	设备老化与磨损	设备长时间使用后，出现性能下降或故障率增加	定期进行设备维护和保养，如清洁、润滑和更换磨损部件；根据实际情况，制订设备更新或升级计划
输送带异常	输送带速度不稳定、停止或跑偏	检查输送带驱动装置，确保没有障碍物或过载；调整输送带张力，确保正常运行；检查输送带电机和传感器是否正常工作	数据安全与隐私保护	设备存储的数据泄露或被非法访问	加强设备网络安全防护，设置访问权限和加密措施；定期备份数据，以防止数据丢失；对敏感数据进行适当的匿名化处理
软件故障	软件运行不稳定、崩溃或与硬件不兼容	重新启动软件或设备；更新软件至最新版本；联系软件供应商寻求技术支持和解决方案	环境因素影响	外部环境条件，如温度、湿度和灰尘等，对设备性能产生不良影响	确保设备运行环境符合制造商的要求，保持室内清洁、干燥和恒温；定期清理设备内部和外部的灰尘
网络连接问题	设备无法连接到网络或数据传输受阻	检查网络连接是否正常，包括网线、路由器和交换机等；重新启动网络设备和设备本身，以排除故障；联系网络管理员进行故障排查和修复	机械故障与振动问题	设备机械部分出现故障或振动异常	检查设备机械部件的紧固情况，确保无松动；检查并更换磨损或损坏的机械部件；对设备进行平衡和校准，以减少振动

续上表

异常情况	问题描述	处理方法	异常情况	问题描述	处理方法
设备过热	设备温度过高，可能导致性能下降或损坏	检查设备散热装置是否正常工作，如风扇和散热器；确保设备运行环境良好，无遮挡物和灰尘积聚；在必要时，采取适当的降温措施，如使用空调或风扇	软件兼容性与更新问题	软件与新操作系统或硬件不兼容，或更新后出现故障	确保软件与当前操作系统和硬件环境兼容；在软件更新后，及时测试设备的各项功能，确保正常运行

三 痕量爆炸物/毒品探测仪

随着社会的快速发展和国际交往的日益频繁，爆炸物和毒品成为威胁公共安全的重要因素。痕量爆炸物/毒品探测仪作为一种高科技安全检查设备，在机场、火车站、大型活动等场所发挥着至关重要的作用。它能够快速准确地检测出物品中微量的爆炸物或毒品成分，为保障人民生命财产安全提供有力支持。

在《邮件快件安检员职业培训（技能等级认定）教材》中级部分中已经对痕量爆炸物/毒品探测仪（图8-3）的工作原理做了具体的介绍，以下将深入讲解痕量爆炸物/毒品探测仪的工作原理、使用和维护方法，掌握这些知识对于每一位从业人员来说都是十分必要的。

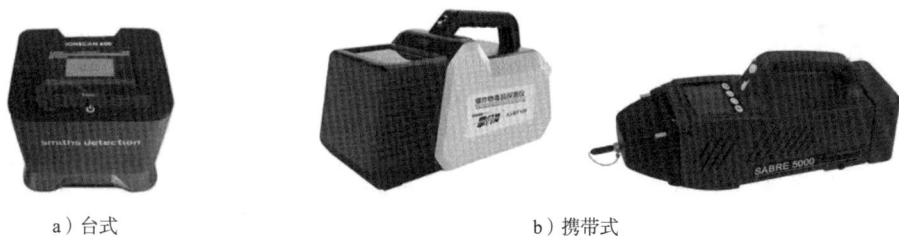

a）台式　　　　　　　　　　　　　　b）携带式

图8-3　痕量爆炸物/毒品探测仪

（一）基本参数、指标和提示信息含义

为了确保痕量爆炸物/毒品探测仪能够提供准确可靠的结果，了解其基本参数、指标和提示信息含义至关重要。以下是对这些内容的进一步丰富和完善：

1. 基本参数

（1）工作频率：指探测仪的检测频率，通常根据所检测物质的分子振动频率来确定。

（2）检测范围：指探测仪能够检测的物质种类和浓度范围，例如某些探测仪可以检测TNT炸药浓度在$0.1 \times 10^{-6} \sim 100 \times 10^{-6}$之间。

（3）检测下限：指探测仪能够检测到的最低浓度，是衡量探测仪性能的重要指标。

（4）交叉敏感性：指探测仪对其他物质的敏感程度，低的交叉敏感性意味着探测仪对其他物质的干扰较小。

2. 相关指标

（1）准确性：指探测仪给出的结果与实际值的一致程度。

（2）重复性：指探测仪多次检测同一物质时，结果的一致性。

（3）稳定性：指探测仪在长时间运行过程中，性能参数的变化程度。

（4）响应时间：指从探测仪开始检测到给出结果所需的时间。

3. 提示信息含义

（1）绿灯亮：表示通过检测，物品中不含爆炸物或毒品。

（2）红灯亮：表示物品中含有爆炸物或毒品，应立即采取相应措施。

（3）黄灯亮：表示物品中含有不确定物质，需要进一步确认和处理。

（4）异常提示音：当探测仪出现异常情况或需要维护时，会发出特定的提示音，应立即检查并进行相应处理。

（二）痕量爆炸物/毒品探测仪的安装调试方法及要求

为了确保痕量爆炸物/毒品探测仪能够正常、准确地运行，正确的安装和调试至关重要。以下是对这一部分的进一步丰富和完善：

1. 安装环境

选择一个干净、干燥、通风良好且无强烈振动和电磁干扰的环境进行安装确保探测仪安装在平坦、稳定的表面上，避免任何可能导致探测仪移动或摇晃的因素。

2. 电源与电缆

根据探测仪的电源要求，使用合适的电源和电缆进行连接。遵循当地的电气安全规定，确保电源接地，并使用合适的断路器以防止过载。

3. 基础配置

根据使用目的和需求，为探测仪配置适当的参数，如检测物质类型、灵敏度等。确保所有连接牢固，没有松动或损坏的电缆或部件。

4. 预热与校准

在进行安装后，让探测仪至少预热30min，以确保其达到稳定的工作状态。根据制造商的说明书进行必要的校准，确保探测仪处于最佳工作状态。

5. 调试步骤

验证探测仪是否正常启动，检查所有指示器是否正常工作。进行基本的性能测试，如检测已知的爆炸物或毒品样本，验证探测结果是否符合预期。逐步调整探测仪的参数，如灵敏度、扫描速度等，以达到最佳性能。

注意事项：在调试过程中，应遵循所有安全规定，避免接触可能的有害物质或气体。确保断开与探测仪连接的所有外部设备，以防止意外启动或短路。

6. 文档与记录

创建详细的安装和调试文档，记录所有配置参数、校准数据和测试结果。定期更新和维护这些文档，以便于日后的维护和故障排查。

7. 验证与认证

在完成安装和调试后，应邀请专业人员进行验证和认证，以确保探测仪的性能和准确性符合预期要求。这可以确保探测仪在关键应用中能够提供可靠的结果。

8. 维护与保养

定期对痕量爆炸物/毒品探测仪进行维护和保养是确保其长期稳定运行的关键。这包括清洁表面、检查电缆和连接、定期校准等。确保遵循制造商提供的维护指南，并定期更新相关部件。

9. 技术支持与培训

若遇到任何安装、调试或使用问题，应寻求制造商或专业技术人员的技术支持。此外，为操作人员提供适当的培训也是必要的，以确保他们能够正确、安全地使用和维护探测仪。

10. 更新与升级

随着技术的不断发展，痕量爆炸物/毒品探测仪可能会推出新版本或改进型号。为保证设备的性能和竞争力，应定期关注制造商的最新动态，并根据需要更新或升级设备。

通过以上步骤和注意事项可以确保痕量爆炸物/毒品探测仪的正确安装、调试和使用，从而提高其在保障公共安全方面的效能。

（三）痕量爆炸物/毒品探测仪的使用日志填写规范

为了确保痕量爆炸物/毒品探测仪在使用过程中的性能和安全性，应按要求的规范格式来填写使用日志。以下是仪器的使用日志填写规范：

1. 日志内容

（1）日期和时间：记录每次使用探测仪的具体日期和时间。

（2）地点：记录探测仪使用的地点，如机场、火车站等。

（3）被检测物品信息：记录被检测物品的种类、数量、来源等信息。

（4）探测结果：详细记录探测结果，包括绿灯、红灯或黄灯的次数和具体物品。

（5）使用人：记录每次使用探测仪的负责人或操作人员姓名。

2. 填写要求

（1）使用日志应由负责操作探测仪的人员填写，确保内容真实、准确。

（2）日志应定期提交给上级或管理人员，以便进行审查和跟踪。

3. 审查与跟踪

管理人员应对使用日志进行定期审查，跟踪探测仪的使用情况、性能和安全性。通过分析日志数据，可以发现潜在的问题、改进探测仪的性能并采取必要的措施来提高安全性。

4. 异常情况处理

在日志审查过程中，若发现任何异常情况，如探测仪性能下降、误报或漏报等，应立即采取措施进行调查和解决。同时，应通知相关人员并记录在日志中，以便后续追踪和改进。

5. 培训与指导

为确保使用日志的准确性和完整性，应对操作人员进行培训和指导。让他们了解填写规范、日志的重要性以及如何准确记录相关信息。此外，定期组织培训和更新指导材料也是必要的，以适应新的要求和技术发展。

6. 数据保护与保密

由于使用日志可能包含敏感信息，如被检测物品的信息和探测结果等，因此必须采取适当的数据保护措施。确保日志数据存储在安全的环境中，避免未经授权的访问和泄露。同时，应遵守相关法律法规和隐私政策，确保个人隐私和数据安全。

7. 持续改进与优化

通过对使用日志的分析和审查，可以发现潜在的改进空间和优化目标。持续关注探测仪的性能表现，采取措施提高其准确性、可靠性和安全性。同时，根据实际需求和技术发展，不断更新和完善使用日志的填写规范和管理制度。

通过以上规范，可以确保痕量爆炸物/毒品探测仪在使用过程中得到有效的记录和管理，提高其在保障公共安全方面的效能。同时，也有助于发现潜在问题、改进探测仪性能并采取必要措施来提高安全性。

（四）痕量爆炸物/毒品探测仪的常见异常情况及处理方法

在使用痕量爆炸物/毒品探测仪的过程中，可能会遇到各种异常情况。了解并熟悉这些异常情况的处理方法对于确保探测仪的正常运行和探测准确性至关重要。以下是一些常见的引起异常情况的原因及处理方法：

1. 红灯误报

原因：可能由于探测仪的灵敏度设置过高，导致对某些常见物质产生误判。

处理方法：调整探测仪的灵敏度设置，以减少误报。同时，定期进行校准，确保探测仪处于最佳工作状态。

2. 黄灯闪烁

原因：可能探测到某些不确定物质，需要进一步确认。

处理方法：对被检测物品进行更深入的分析或使用其他检测方法进行验证。同时，检查探测仪的设置和校准情况，确保其正常工作。

3. 仪器无响应

原因：可能是由于电源故障、硬件故障或软件故障导致。

处理方法：检查电源连接和电压是否正常。如可能，重启探测仪或更新软件。如问题持续存在，可能需要联系制造商进行维修或更换。

4. 数据异常波动

原因：可能是由于环境干扰、设备故障或使用不当导致。

处理方法：检查探测仪周围的环境是否存在可能的干扰源，如电磁干扰、振动等。同时，检查探测仪的使用方法是否正确，确保按照操作指南进行操作。

5. 连续误报

原因：可能是由于探测仪长时间未进行校准或内部组件老化导致。

处理方法：立即停止使用，并进行全面的检查和维修。同时，对探测仪进行校准，确保其准确性。如问题持续存在，可能需要考虑更换内部组件或整个设备。

6. 软件故障

原因：可能是由于软件缺陷、病毒攻击或系统崩溃导致。

处理方法：更新软件至最新版本，或使用防病毒软件进行扫描和清除病毒。如问题持续存在，可能需要联系制造商获取技术支持。

7. 通信故障

原因：可能是由于通信模块故障、信号干扰或距离过远导致。

处理方法：检查通信模块是否正常工作，调整通信参数或更换通信模块。如问题持续存在，可能需要考虑增加中继设备或缩短通信距离。

8. 设备过热

原因：可能是由于长时间连续工作、通风不良或环境温度过高导致。

处理方法：停止使用设备，让其自然冷却。检查通风口是否畅通，确保设备放置在通风良好的环境中。同时，遵循制造商的建议，合理安排设备的工作时间，避免长时间连续工作。

9. 电源故障

原因：可能是由于电源线损坏、电压不稳定或电源适配器故障导致。

处理方法：检查电源线和适配器是否正常工作，如有需要，更换损坏的部件。同时，确保使用稳定的电压和适当的电源插头。如问题持续存在，可能需要联系制造商进行维修或更换。

第二节　安检设备维护

安检设备需长期稳定运行，如果缺乏定期的维护，可能会导致故障，影响其正常使用。为此，安检设备的维护工作要求维护人员不仅要有专业的知识和技能，还应持有严谨负责的工作态度。本节内容将详细介绍安检设备的维护知识，希望读者通过学习能够熟练掌握安检设备的维护技能，确保设备始终保持最佳运行状态，从而在日常安全检查中发挥其重要作用。

一 安检机的维护

1. 日常清理

使用无纺布蘸取适量电子清洁液，轻轻擦拭设备表面，避免使用含有化学物质的清洁剂。定期清理输送带，使用软毛刷清除积累的尘埃和杂物。检查X射线窗口的清洁度，如有必要，使用专用清洁布擦拭。

2. 定期维护

定期对设备内部电子元件进行老化测试和校准，确保其工作稳定。每月对X射线管进行至少一次的性能测试，记录测试结果，确保射线输出符合标准。每季度对图像处理系统进行校准，包括亮度、对比度和分辨率等参数。

3. 运行环境要求

设备运行环境温度应保持在10~35℃之间，相对湿度不超过85%。避免设备暴露在强电磁场和直接阳光下，以减少对图像质量和设备性能的影响。

4. 安全隐患及消除

定期检查设备的安全防护装置，如急停按钮、射线泄漏报警器等，确保其有效性。定期对操作人员进行安全教育培训，包括辐射防护知识、设备安全操作等，提高安全意识。

二 邮件快件智能X射线安检设备的维护

1. 日常清理

使用专用清洁布擦拭设备外壳，避免使用含酒精或化学物质的清洁剂。定期清理进、出口输送带，防止邮件快件滞留。

2. 定期维护

定期对智能识别系统进行软件更新和校准，以提高识别准确性和稳定性。定期检查射线屏蔽装置的有效性，确保对操作人员和周围环境的安全。

3. 运行环境要求

设备应安装在通风良好的环境中，避免高温和潮湿对设备性能的影响。设备周围应无强电磁干扰源，如大型电机、高频设备等，以保证智能识别系统的正常运行。

4. 安全隐患及消除

定期对设备进行射线泄漏检测，确保射线泄漏在安全范围内。定期对操作人员进行安全教育培训，包括辐射防护知识、设备安全操作等，提高安全意识。

三 痕量爆炸物/毒品探测仪的维护

1. 日常清理

使用专用清洁布擦拭设备表面，避免使用含有化学物质的清洁剂。定期检查采样探头，确保其清洁无污染。

2. 定期维护

定期对探测仪进行校准，包括灵敏度、特异性等参数，确保其准确性和稳定性。定期检查探测仪的电池和充电系统，确保其正常运行，避免电池过充或过放。

3. 运行环境要求

设备运行环境温度应保持在10～35℃之间，相对湿度不超过85%。避免设备暴露在强电磁场和直接阳光下，以减少对探测性能和设备稳定性的影响。

4. 安全隐患及消除

定期检查设备的防护装置和安全性能，如防爆膜、过流保护等，确保其正常工作。操作人员应接受专业培训，包括设备安全操作、应急处理等知识，确保正确操作设备，避免误操作导致的安全事故。

通过以上专业性的日常清理、维护保养、运行环境要求以及安全隐患的消除，可以确保安检设备的稳定运行和人员安全，为安检工作的高效开展提供有力保障。

第九章

邮件快件安全检查

第一节　安检准备

一　常用安全防护装备及要求

（一）个人防护装备

1. 安全帽

配置要求：必要时工作人员需佩戴安全帽。安全帽应符合国家标准，具有抗冲击、阻燃等功能。

2. 防护眼镜

配置要求：在有可能接触飞溅物等时，必须佩戴防护眼镜。防护眼镜应具备抗冲击、防雾、防紫外线等功能。

3. 防护手套

配置要求：在接触腐蚀性物质、高温、尖锐物等情况下，应佩戴防护手套。手套应具备抗化学腐蚀、防切割等功能。

4. 防尘口罩

配置要求：在有粉尘、烟尘等空气污染的环境中，必须佩戴防尘口罩。口罩应具备过滤粉尘、阻隔有害气体的功能。

5. 防护服

配置要求：在接触污染物、腐蚀性物质、高温等情况下，应穿着防护服。防护服应具备抗化学腐蚀、阻燃、防静电等功能。

（二）消防安全装备

1. 灭火器

配置要求：各工作区域应配备足够数量的灭火器，并定期进行检查和更换灭火器内的灭火剂。

2. 灭火器箱

配置要求：灭火器箱应安装在显眼、易取用的位置，箱门应保持常开状态。

3. 消防栓

配置要求：消防栓应安装在易于取用的位置，并配备足够的消防水带和水枪。消防栓应保持清洁，不得堆放杂物。

4. 消防水带

配置要求：消防水带应定期进行检查和维护，如有破损应及时更换。水带应卷好放在消防箱内，不得随意丢弃。

5. 消防器材包

配置要求：消防器材包内应包含毛巾、手套、手电筒等辅助工具，以便在紧急情况下使用。器材包应存放在固定位置，便于取用。

（三）日常安全要求

（1）确保安检场所的安全设施齐全且完好无损，如安全出口、消防器材等。

（2）定期对安检部门的防护工作进行监督和检查，发现问题及时整改，并对违规行为进行严肃处理。

（3）制订应急救援预案，配备必要的急救设备和专业人员，确保安检员在发生意外时能得到及时救治。

二 安检设备工作状态核验方法

确保安检设备的正常运行对于维护安全环境至关重要通过核检安检设备以确保其性能达标，保障安全检查的有效性。核检安检设备的要点如下：

1. 设备运行状态

在开始核检之前，首先检查设备的运行状态，包括显示屏、指示灯、开关等是否正常工作。若有异常，应立即停止使用并进行修复。

2. 检测精度和准确性

使用已知的测试物品对设备进行测试，以验证其检测精度和准确性。例如，使用不同厚度的物品测试设备的检测阈值，确保其工作正常。

3. 设备自检功能

启动设备的自检功能，观察其是否能正常完成自检并提示自检结果。设备应能自动检测故障并进行相应提示。

4. 报警系统有效性

人为制造一些可能导致报警的情况，验证设备的报警系统是否正常工作。例如，将禁止的物品放在安检设备上，观察是否触发报警。

5. 数据记录与存储

检查设备的数据记录与存储功能是否正常。设备应能正确记录和存储检测数据，以便后续查看和分析。

6. 设备维护与保养

检查设备的维护与保养记录，确保已按照要求进行定期维护和保养。与设备供应商保持良好沟通，确保获得及时的维护和保养支持。

7. 使用日志检查

核查设备的使用日志，包括运行时间、异常事件、维修记录等。分析日志数据，评估设备的运行状况和潜在问题。

8. 人员操作规范

检查操作人员的操作是否符合规范，包括设备操作流程、安全注意事项等。对不符合规范的行为进行纠正，并加强相关培训。

9. 定期专业检测

联系专业的检测机构，定期对安检设备进行全面检测。确保设备性能达标，符合相关标准和规定。

第二节 图像识别及可疑件查找

一 X射线安检机图像主要判别方法

对于X射线机所呈现的物品图片判断，除了经常用到的整体判读法、颜色分析法、形状分析法、功能键分析法、重点分析法，还应掌握对称分析法、共性分析法、特征分析法、联想分析法、角度分析法等图像判别方法，多种方法综合运用，以减少漏判、误判的情况，提高识别物品准确度。

1. 对称分析法

对称分析法就是根据图像中箱包结构特点，找对称点，主要针对箱包结构中不对称的点状物或线状物进行分析比较，发现可疑物品。如手铐的两个圆环部分是对称的，看到其中之一就要寻找是否有另一部分，见表9-1。

对称分析示例 　　　　　　　　　　　　　　　　表9-1

实物图	正放	直放	斜放

2. 共性分析法

共性分析法，即举一反三，抓住某一个物品的结构特征来推断其他同类物品。如图9-1所示，普通充气打火机，都可通过其点火装置的特征来判断。

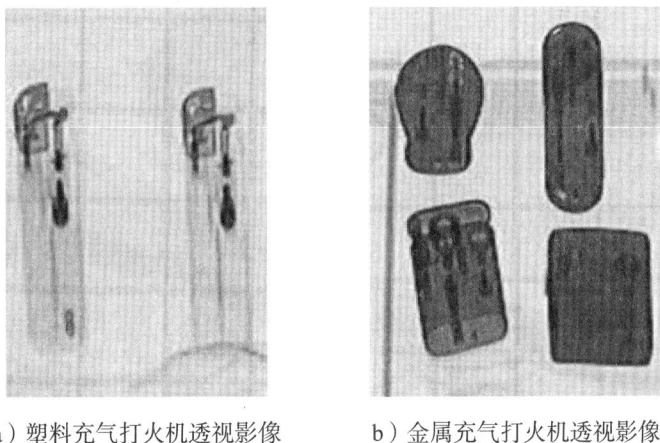

a）塑料充气打火机透视影像　　　　b）金属充气打火机透视影像

图9-1　共性分析示例

3. 特征分析法

特征分析法，即结构分析法，抓住某个物品结构中的一些特征来判断。如图9-2所示，电击器由电池、升压装置、电击点等部分组成。

图9-2　特征分析示例

4. 联想分析法

联想分析法，即通过图像中一个可辨明的物体来推断另一个物品。如图像中识别出水果，其旁边可能会有水果刀等利器类物品。

5. 常规分析法

常规分析法，即图像中显示的物品是否有违反常规的现象。如图像中形状、颜色与常见物品图像有较大区别的物品。如图9-3所示，看似开瓶器的物品，内部有着打火机的结构。

6. 排除分析法

排除分析法，即排除已经判断的物品，对其他物品需要重点分析检查。如图9-4所示，将图像中已经确认的安全物品（生活物品）排除，剩下的图像进行重点分析。

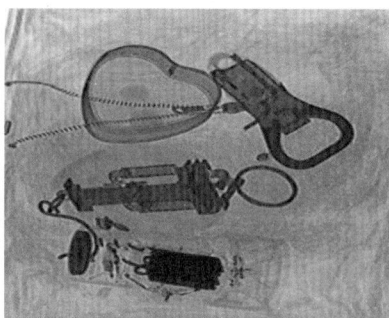

图9-3　常规分析示例

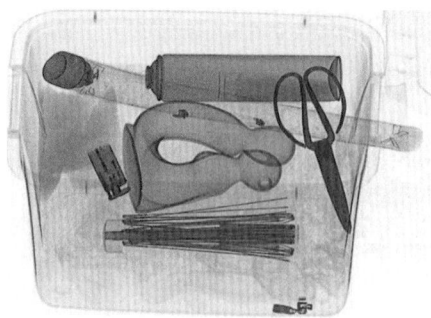

图9-4　排除分析示例

7. 角度分析法

角度分析法，即联想物品各种角度的图像特征加以分析判断。如图9-5所示刀具图像正放角度（成像角度参照表9-1）特征比较明显，而直放角度（相对物品本身全貌）相对不明显。

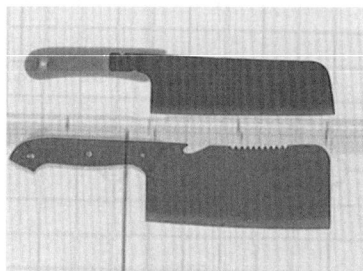

a）刀具正放角度成像　　　　　　　　b）刀具直放角度成像

图9-5　角度分析示例

8. 综合分析法

综合分析法，即利用上述方法中的几种情况对图像进行判读。如识别手提电脑时，可使用重点分析法、联想分析法、特征分析法等进行识别。

注意事项：在本教材中级部分中介绍了5种图像主要判别方法，现在又介绍了8种，共计13种X射线安检机图像主要判别方法。在实际的安检机检查工作中，可单独或综合利用这13种识别安检机图像方法，来帮助安检机操作人员识别图像。这些方法并非完全独立，而是互相关联、互为补充的，识别图像时应灵活运用。

二　不同属性邮件快件X射线图像特点

1. 密度、厚度和灰度

相同的物质在X射线图像中会呈现出深浅不同的灰度。同样密度时，越厚的物质在图像中呈现的颜色就越深，越薄的物质呈现的颜色就越浅。同样厚度的前提下，不同密度的物质在X射线图像中呈现的灰度也会不同，密度越高在图像中呈现的颜色就越深，密度越低呈现的颜色就越浅。

2. 形状和轮廓

不同的物品在X射线图像中呈现出不同的形状和轮廓。例如，书籍、纸张和包装材料等物品呈现出较为规则的形状和清晰的轮廓，而液体、粉末和不规则物品则呈现出较为模糊的轮廓或特殊的形状。

3. 物质和颜色

通过X射线图像所显示的颜色，可以大致判断出邮件快件中物质的类型。例如，有机物、无机物、混合物等在X射线图像中会呈现出不同的颜色。

4. 内部结构

对于X射线可穿透的物品，X射线图像可以清晰地显示出其内部结构。而对于一些密度或者厚度达到一定程度，X射线无法穿透的物品，或者内部结构非常复杂的物品，则无法看清其内部结构。

5. 方向和尺寸

邮件快件的摆放方向也会影响X射线图像的形态，可参考角度分析法进行分析判别。不同尺寸和形状的物品在X射线图像中呈现出不同的形态。大型物品可能呈现出较大的阴影，而小型物品的阴影则可能较小或不明显。同时，不规则形状的物品可能会在图像中显示出独特的形态特征。

6. 异常特征

若邮件快件中含有禁限寄物品、危险品或违禁品等异常物质，X射线图像会显示出相应的异常特征。例如，金属刀具可能会显示出锐利的边缘，爆炸装置可能会显示出特定的形状或特征。

不同属性的邮件快件在X射线图像中呈现出不同的特点，这些特点可以为识别物品的性质、状态和内部结构提供有价值的线索。在实际应用中，结合这些特点可以对邮件快件的物质属性进行判别，并根据判别结果采取相应的处理措施。同时，对于存在异常特征的邮件快件按规定报告相关部门进行检测或妥善处置，以确保安全。

三 高铁、航空寄递相关规定

在高铁和航空运输中，保障乘客和货物的安全是至关重要的。因此，对于禁限寄物品，邮件快件安检员必须掌握严格的标准和程序。本部分将介绍高铁、航空禁限寄物品的相关要求，旨在帮助邮件快件安检员更加专业、高效地执行安检任务。

（一）高铁邮件快件寄递规定

1. 寄递范围

高铁邮件快件寄递服务范围主要包括全国各大城市之间的高铁线路，以及与高铁线路相连的铁路沿线地区（具体寄递区域以高铁车站的覆盖范围为准）。寄递物品范围包括法律规定范围内的各类物品，如个人物品（衣物、书籍、食品、药品等日常生活所需物品），办公物品（文件、资料、办公设备等），样品、礼品（各种形式的样品、礼品等），其他物品（符合国家法律法规规定的各类物品）。

2. 高铁禁限寄物品

为确保高铁邮件快件的安全性，以下物品禁止寄递：

（1）禁运物品。

①枪支类，包括各类型枪支、仿真枪、枪支主要零部件等。

②管制刀具和器械，如匕首、弹簧刀、三棱刀等。

③爆炸类物品，如各种子弹、炸药、炸弹等。

④烟花爆竹类。

⑤易燃液体，如汽油、煤油等。

⑥易燃固体、自燃物质、遇水释放易燃气体的物质。

⑦危险化学品，包括毒性物质和感染性物质、放射性物质、腐蚀性物质等。

⑧氧化剂和有机过氧化物。

⑨侵权物品，如盗版书籍、光盘、仿冒品牌等。

⑩食品和药品，非正规渠道购买的食品和药品。

⑪其他禁寄物品，如毒品、淫秽物品、反动标语或者书籍等。

对于以上禁运物品，一旦发现，应立即报告相关部门，并按照应急预案进行处理。

（2）限运物品。

①危险物品。

虽然一些危险物品可能不属于禁运范畴，但为了保证乘客和列车的安全，铁路部门仍然会对这类物品的运输进行限制。例如，指甲油、染发剂等化学物品，虽然日常生活中常见，但由于其易燃、易爆等特性，高铁列车上通常不允许大量携带和运输。

②活体动物。

与航空运输类似，高铁列车对活体动物的运输有一定的限制，例如蛇、蝎子等，能够主动攻击伤害人的活体动物不能通过高铁寄递或托运。

除了上述几类物品外，高铁列车还可能对其他一些特殊物品进行限制运输，如易碎物品、贵重物品等。这些物品的运输需要符合高铁列车的相关规定和标准。

（3）包装要求。

寄递高铁邮件快件时，必须按照以下要求进行包装：

①包装应结实、牢固，能够承受运输过程中的振动和压力。

②包装应具有良好的防振、防潮、防水等性能，以确保物品在运输过程中不受损坏。

③对于易碎物品，应使用专门的防振材料进行包装，并注明"易碎"字样。

④液体物品应密封包装，以防泄漏。

⑤电池、磁铁等特殊物品应分别包装，并注明"小心轻放""请勿倒置"等字样。

⑥包装完好的物品应尽量放入指定的快递箱或快递袋中，并封好封口。

（4）重量尺寸限制。

单件物品重量不得超过50kg。

单件物品尺寸（长+宽+高）总和不得超过150cm。

如果单件物品超过上述重量或尺寸限制，需分批寄送或与快递公司协商处理。

（5）保价与保险。

高铁邮件快件提供保价和保险服务，具体规定如下：

保价：寄件人可以根据物品的价值选择保价服务，并支付相应的保价费用。如发生物品损坏或丢失等情况，快递公司会根据保价金额进行赔偿。

保险：寄件人可以选择为邮件快件投保，支付一定的保险费用。投保后，如发生意外情况导致物品损坏或丢失，快递公司将按照保险合同约定进行赔偿。

（6）验视制度。

高铁车站将对所有邮件快件进行严格的验视，以确保寄送物品的安全性和合法性。在收件时，快递员要对每件物品进行检查验视，确保符合国家法律法规和铁路部门的相关规定。如有任何违规或可疑物品，快递员有权拒绝收寄。对于疑似存在危险品、违禁品等异常情况的邮件快件，高铁车站将进行开箱验视。在验视过程中，如发现禁止寄递的物品或违规行为，高铁车站有权拒绝寄递或采取相应措施。

（7）赔偿责任。

如果由于邮政企业、快递企业的过失或故意行为导致物品损坏或丢失等情况发生，企业应承担相应的赔偿责任。

如果物品因不可抗力因素（如自然灾害、意外事故等）导致损坏或丢失，邮政企业、快递企业可以免责。但快递企业应积极协助寄件人处理相关事宜，减少损失。

（8）派送时限。

高铁车站将在收到邮件快件后的24h内进行派送。在特殊情况下，如遇到恶劣天气或其他不可抗力因素影响，派送时间可能会延长。

（二）航空邮件寄递规定和要求

1. 航空邮件尺寸、重量及禁限寄规定

（1）尺寸要求。

航空邮件的尺寸应当符合航空公司的规定。一般来说，标准尺寸为长不得超过50cm，宽和高不得超过40cm。如需寄送大型物品，需提前与航空公司确认是否符合尺寸要求。

（2）重量要求。

航空邮件的重量限制因航空公司和航线而异。一般来说，普通航空邮件的限重为50g，特殊情况下可能会有所不同，因此在寄送前应查询和确认具体的尺寸要求。

（3）禁限寄规定。

航空邮件中禁止寄送易燃、易爆、易腐蚀、放射性等危险品，枪支、弹药、管制刀具等也是禁止寄送的。此外，涉及国家安全和机密的物品也禁止通过航空邮件寄送。同时，某些特定物品也可能受到限制，如液体、粉末等。寄送前应了解和遵守航空公司的禁限寄规定，以保障邮件的安全顺利运输。

2. 航空禁限寄物品

（1）禁运物品。

①爆炸品：包括各类炸药、雷管、导火索等，这些物品具有极高的危险性，一旦在运输过程中发生意外，后果极其严重。

②气体：包括易燃气体、非易燃无毒气体、有毒气体等。这些气体在密闭、高压的环境下可能引发爆炸或中毒事件。

③易燃液体：如汽油、煤油、酒精等，这些液体极易燃烧，且燃烧速度快，难以控制。

④易燃固体、自燃物质、遇水释放易燃气体的物质：如红磷、黄磷、镁粉等，这些物品在一定条件下能够自燃或与水反应产生易燃气体。

⑤氧化剂和有机过氧化物：如高锰酸钾、氯酸钾等，这些物品具有强烈的氧化性，能够加速其他物质的燃烧。

⑥毒性物质和感染性物质：如氰化物、砒霜等，这些物品具有极高的毒性，一旦泄漏或被人误食，将造成严重的后果。

⑦放射性物质：这类物质能够放出射线，对人体和环境造成长期伤害。

⑧腐蚀性物质：如硫酸、盐酸等，这些物品具有强烈的腐蚀性，能够破坏其他物质的结构。

⑨杂项危险物质和物品：包括危害环境物质、高温物质、经过基因修改的微生物或组织等。

对于以上禁运物品，一旦发现，应立即报告相关部门，并按照应急预案进行处理。

（2）限运物品。

①精密仪器、电器等贵重物品。

这类物品通常具有较高的价值，且结构复杂、易受损。在航空运输过程中，由于振动、气压变化等因素，可能会对这些物品造成损坏。因此，航空公司通常会对这类物品的运输进行限制，要求发货方采取额外的保护措施，如使用专门的包装材料、加固木架等。同时，部分航空公司可能会要求发货方为这类物品购买额外的保险。

②活体动物。

活体动物的运输需要特别小心，因为它们可能会受到惊吓、受伤或逃逸。航空公司通常会对活体动物的运输进行严格的限制和监管，要求发货方提供相关的证明文件，如动物检疫证明、疫苗接种证明等。同时，航空公司也会对运输容器、饲料和水等方面进行规定，以确保动物的健康和安全。需要注意的是，一些特殊品种的动物可能无法通过航空运输，发货方在运输前应提前咨询航空公司的相关规定。

③锂电池。

锂电池是一种常见的电源设备，广泛应用于电子产品中。然而，由于锂电池具有易燃、易爆等安全隐患，航空公司通常会对锂电池的运输进行限制。根据国际民航组织的规定，锂电池必须作为手提行李携带，并且每人限带一定数量的锂电池。同时，锂电池的额定能量也受到限制，超过规定限额的锂电池需经航空公司批准后方可运输。在运输过程中，锂电池应防止短路、过热等情况的发生。

除了上述几类物品外，还有一些其他物品也可能受到航空运输的限制，如磁性物质、液体物品等。这些物品的运输需要符合航空公司的相关规定和标准。

3. 航空邮件包装要求

（1）包装材料。

航空邮件的包装应使用质地坚固、不易破损的材料。如木架、泡沫填充物等都是常用的包装材料。

（2）标识要求。

航空邮件需要明显标识收件人地址和联系电话，以便于派送。同时，根据航空公司的要求，应粘贴相应的航空标签，包括目的地、始发地、航班号等信息，以便航空公司识别。

（3）稳定性要求。

为确保航空邮件在运输过程中不易破损，寄件人应确保物品的稳定性，合理安排填充物，避免物品在运输过程中相互碰撞或产生位移。

4. 航空邮件寄送方式

（1）寄送方式。

航空邮件可以通过普通寄送或快递方式寄送。如选择快递方式，收件人需在收到邮件时签收。

（2）提供证明。

寄送航空邮件时，需提供相关证明文件。如寄送的是贵重物品或易碎物品，应提供相关价值证明或包装证明。

（3）追踪查询。

航空邮件可通过航空公司提供的网站或客服电话进行追踪查询，以便及时了解邮件的运输状态和预计到达时间。

5. 航空邮件运输要求

（1）航班时间。

航空邮件必须在规定的航班时间内寄送，以确保顺利运输。寄件人应了解航班时间，合理安排寄送计划。

（2）提前到达机场。

为确保航空邮件顺利登机，寄件人应提前将邮件送到机场指定的邮寄柜台或邮政企业、快递企业营业点。

（3）航班状态。

在寄送航空邮件前，寄件人应了解目的地的天气状况和航班状态，以便预测运输过程中可能出现的风险并提前采取措施。

第三节 检后处理

一 安检工作登记簿填写规范要点

安检工作登记簿是记录安检工作的重要文档，对于追溯安全检查历史、分析安全隐患以及评估安检效果具有重要意义。为确保安检工作登记簿的准确性和完整性，注意以下填写规范要点：

1. 登记时间

准确记录每次安检的时间，包括年、月、日、时、分。

确保时间记录清晰、完整，无涂改。

2. 检查物品

详细记录检查的包裹数量、规格等信息。

如包裹较多、较复杂，可另附清单进行详细说明。

3. 安检员

明确记录参与安检工作的员工姓名、工作内容等信息。

确保安检员信息准确无误。

4. 安检结果

根据检查结果，如实填写"合格""不合格"或"异常"等标识。

对不合格或异常包裹，需注明原因和处理建议。

5. 处理措施

根据安检结果，针对不合格或异常包裹制定相应的处理措施。

措施应明确、具体，可操作性强。

6. 备注信息

如有需要，可添加其他与安检工作相关的备注信息，如特殊情况说明等。

备注信息应简明扼要，便于查阅。

7. 签名确认

安检员完成登记后，需在相应位置签名确认，以示责任归属。

签名应清晰可辨，不得涂改。

8. 保存备查

将《安检工作登记簿》妥善保管，确保长期保存、备查。

采用适当的存档方式，以防损坏、丢失。

二 过机安检信息登记制度

（一）过机安检制度

寄递安全"三项制度"是指实名收寄、收寄验视和过机安检。其中，过机安检是指使用X射线安检机等设备对邮件快件进行安全检查，以确保邮件快件中不含有任何危险品、违禁品等。规范邮件快件过机安检信息登记工作，确保邮件快件安全顺利地送达收件人。

（二）过机安检登记流程

1. 信息录入

寄件人在寄送邮件快件时，应当提供完整的寄件人信息，包括姓名、地址、联系方式等，并确保信息的真实性。收件人信息也应当完整、真实。相关工作人员应当对寄件人信息进行核对，确保无误后进行信息录入。

2. 安全检查

所有邮件快件在派送前必须经过安全检查。安全检查应当全面、细致，确保邮件快件中不含有任何危险品、违禁品等。安检结果应当如实记录，如有异常应当立即采取相应措施。

3. 信息存储

过机安检信息登记应当存储在专门的数据库中，以便后续查询和管理。存储的数据应当包括寄件人信息、收件人信息、邮件内容、安检结果等。存储的数据应当严格保密，防止泄露和滥用。

以上规定适用于所有邮件快件过机安检信息登记工作，包括但不限于寄件人信息、收件人信息、邮件快件物品、安检结果等方面的登记。如有未尽事宜，由邮政管理部门负责解释并制定补充规定。

（三）注意事项

（1）登记人员应当遵守相关法律法规和制度的规定，确保邮件快件过机安检信息登记工作的合法合规。

（2）登记人员应当对登记的信息进行严格审核，确保信息的真实性和准确性。如有疑问或发现问题，应当及时核实和处理。

（3）登记人员应当严格遵守保密规定，不得泄露登记的信息，防止信息泄露和滥用。

（4）对于发现的异常邮件，登记人员应当及时上报并采取相应措施，确保寄递渠道安全畅通。

第十章

可疑件管理

第一节　禁寄物品处理

一　禁寄物品转移与交接

（一）禁寄物品开箱检查

1. 重点对象

在禁寄物品开箱检查的过程中，确定重点对象是至关重要的第一步。这不仅关系到检查的效率，更直接关系到国家安全、公共安全。

（1）疑似危险物品。

疑似危险物品是开箱检查的首要重点对象。这类物品通常在外观、标识、包装或运输方式等方面表现出异常，从而引起安检员的注意。疑似危险物品的识别主要依赖于安检员的经验和警觉性，以及先进安检设备的辅助。

外观异常：包裹的外观可能提供有关其内容的线索。例如，形状不规则、尺寸过大或过小、重量异常等都可能是内部藏有危险物品的迹象。此外，包裹的外部如果有破损、渗漏、污渍等也可能表明其内部物品的性质或状态发生了改变。

标识模糊或缺失：正规渠道运输的物品通常会有清晰的标识，包括发货人、收货人、物品名称、数量、重量等信息。如果包裹上的标识模糊、缺失或被故意篡改，那么这很可能是一个危险的信号。安检员应对此类包裹进行进一步的调查。

包装异常：危险物品通常需要特殊的包装来确保其安全运输。如果包裹的包装不符合规范，如使用不适当的材料、缺少必要的防护措施等，那么其内部物品的安全性就无法得到保障。此外，过度包装也可能是一个信号，有可能以此掩盖内部物品的真实性质。

运输方式异常：某些危险物品可能需要特殊的运输方式和条件。例如，一些化学品需要在低温条件下运输，而一些生物样品则需要在特定的环境中保存。如果包裹的运输方式与其内部物品的性质不符，那么这也可能是一个危险的信号。

对于疑似危险物品，安检员应保持高度警惕，并采取相应的措施进行进一步的调查和确认。包括使用更先进的安检设备、及时报告上级部门、请求专业人员的协助、按规定要求进行开箱检查等。

（2）未明确标识的物品。

未明确标识的物品是另一个需要重点关注的对象。这类物品由于缺乏明确的标识或标签，使得安检员无法准确判断其性质和内容。这可能是由于发货人的疏忽、故意隐瞒或其他原因造成的。

对于未明确标识的物品，安检员应采取以下措施：

要求发货人提供详细信息：安检员可以与发货人联系，要求其提供有关物品的详细信息，包括名称、数量、重量、性质等。这有助于安检员对物品进行初步的判断和分类。

使用安检设备进行初步筛查：安检员可以使用X射线安检机、金属探测器等安检设备对物品进行初步筛查。这些设备可以提供有关物品内部结构和组成的信息，从而帮助安检员判断其是否存在危险。

进行开箱检查：如果经以上措施仍无法确定物品的性质和内容，那么安检员可以根据程序向相关部门报告，协助做好开箱检查。在开箱检查过程中，安检员应注意观察物品的外观、气味、颜色等特征，并使用适当的工具和设备进行进一步的检测和分析。

（3）来自高风险地区的邮件快件。

根据情报分析和历史数据，来自某些地区的邮件快件可能存在更高的安全隐患。这些地区可能是由于政治、经济、社会等原因而成为恐怖分子或犯罪分子的目标。因此，来自这些地区的邮件快件应接受更为严格的检查。

对于来自高风险地区的邮件快件，安检员应采取以下措施：

加强情报收集和分析：邮政企业、快递企业安检部门应与相关部门密切合作，加强情报收集和分析工作。通过了解高风险地区的政治、经济、社会等情况，以及恐怖分子或犯罪分子的活动动态，可以及时发现和防范潜在的威胁。

提高开箱检查的比例和频率：对于来自高风险地区的邮件快件，安检员应提高过机安检的比例和频率。通过增加检查的力度和密度，可以更有效地发现和拦截危险物品。

使用先进的安检设备和技术：邮政企业、快递企业安检部门应积极引进和使用先进的安检设备和技术。这些设备和技术可以提供更准确、更全面的信息，从而帮助安检员更好地识别和判断危险物品。

（4）与禁寄物品清单相符的物品。

根据国际和国内法规，某些物品被明确禁止寄递和运输。这些物品通常具有极高的危险性，如易燃易爆物品、腐蚀性物质、放射性材料等。一旦发现与禁寄物品清单相符的物品，应立即向上级部门报告，协助进行开箱检查，并采取相应的处置措施。

对于与禁寄物品清单相符的物品，安检员应做到以下几点：

熟悉禁寄物品清单：安检员应熟悉并掌握相关的禁寄物品清单。通过了解这些物品的名称、性质、危害等信息，可以更好地识别和判断其是否存在危险。

严格执行开箱检查程序：一旦发现与禁寄物品清单相符的物品，安检员应立即进行开箱检查。在检查过程中，应严格按照既定的程序进行操作，确保检查的全面性和准确性。

及时报告和处理：如果确认物品属于禁寄物品清单中的危险物品，安检员应立即向上级报告，并采取扣留物品、通知相关部门、进行销毁等相应的处置措施。

2. 注意事项

在进行禁寄物品开箱检查时，为了确保过程的安全、有效以及检查人员的安全，应严格遵守以下注意事项。这些注意事项不仅体现了专业的操作流程，也体现了保障公共安全和人身安全的责任。

（1）安全防护措施。

检查人员必须始终佩戴个人防护装备，包括但不限于手套、口罩、护目镜、防护服等。这些防护装备能够有效隔离检查人员与潜在危险物品的直接接触，减少意外伤害的发生。

手套应选择耐化学腐蚀、防刺穿的材质，以应对可能存在的有毒有害化学物质或尖锐物品。口罩应选择能够过滤有害气体和粉尘的型号，确保呼吸安全。护目镜能够防止飞溅或喷溅的液体、固体颗粒进入眼睛，造成损伤。防护服则能够提供全身的防护，避免皮肤与危险物品直接接触。

此外，根据具体情况，检查人员还可能需要佩戴防爆头盔、防火服等其他专业防护装备，应根据实际情况和风险评估结果来选择和使用相应的装备。

（2）环境控制与安全距离。

在进行开箱检查时，必须确保检查区域通风良好，且远离火源和其他潜在危险源。这是为了防止危险物品在特定环境下发生化学反应或引发火灾等事故。

检查区域应设置明显的警示标识，禁止无关人员进入。同时，应保持安全距离，确保在发生意外情况时能够及时撤离。安全距离的设置应根据危险物品的性质、数量以及可能的事故后果来评估确定。

对于易燃易爆物品、放射性物质等特殊危险物品，还需要采取额外的环境控制措施。例如，使用防爆设备、设置隔离区域、进行辐射监测等。

（3）遵循既定程序与规范操作。

开箱检查过程中，检查人员必须严格按照既定的程序和规范进行操作。这包括开箱前的准备、开箱过程中的操作步骤以及开箱后的处理措施等。

在开箱前，应对包裹进行初步评估，确定是否存在潜在危险。然后，根据包裹的特性和风险评估结果，选择合适的开箱工具和设备。在开箱过程中，应保持谨慎和专注，避免误操作或遗漏重要信息。如果发现异常或可疑情况，应立即停止操作并报告上级。

此外，对于不同类型的危险物品，还需要遵循特定的处理规范和操作指南。例如，对于易燃易爆物品，应避免产生静电或明火；对于腐蚀性物质，应避免与皮肤或眼睛接触；对于放射性物质，应使用专门的辐射防护设备和监测仪器等。

（4）详细记录与及时报告。

开箱检查过程中，每一步操作都应进行详细记录。这包括包裹的外观、标识、包装情况、开箱时间、地点、参与人员、操作步骤、发现的问题以及处理措施等。这些记录不仅有助于事后追溯和分析，也是对工作过程的一种监督和保障。

如果发现异常或可疑情况，检查人员应立即向上级报告。报告内容应包括发现的异常情况、初步判断、可能的风险以及建议的处理措施等。上级在接到报告后，应及时向相关部门报告，并根据规定采取相应的处置措施。

此外，对于某些特殊危险物品的发现或处理情况，还需要按照相关规定进行报告和备案。这有助于相关部门及时掌握危险物品的动态信息，加强监管和防范工作。

（5）保持警惕与持续学习。

禁寄物品开箱检查是一项需要高度警惕和持续学习的工作。检查人员必须时刻保持警惕，对于任何异常或可疑情况都要保持高度敏感。同时，检查人员还需要不断学习和掌握新的安检技术和方法，提高自身的专业素养和解决问题的能力。

为了保持警惕性，检查人员可以通过定期参加培训、演练和考核等活动来提高自己的技能水平。此外，他们还可以通过阅读相关书籍、文章或参加专业研讨会等方式来不断拓宽自己的知识面和视野。

持续学习是禁寄物品开箱检查工作的关键。随着科技的发展和社会的进步，新的危险物品和犯罪手段不断涌现。检查人员必须不断更新自己的知识和技能，以适应不断变化的形势和需求。可以通过参加在职教育、进修课程或在线学习等方式来不断提升自己的专业素养和综合能力。

总之，禁寄物品开箱检查是一项严谨而重要的工作。检查人员必须严格遵守相关注意事项，确保过程的安全、有效和高效。只有这样，才能有效防范和打击恐怖主义、犯罪活动等威胁公共安全的行为，保障人民群众的生命财产安全和社会稳定。

3. 程序

禁寄物品开箱检查的程序是确保检查过程有序、规范、高效的关键环节。以下将详细阐述这一过程，包括前期准备、检查实施、问题处理以及后续工作等步骤。

（1）前期准备。

人员配置与培训：根据开箱检查任务的需求，合理配置检查人员，并确保他们具备相应的专业知识和技能。对于新员工应进行系统的培训，培训内容包括理论知识学习、实际操作演练以及安全知识教育等，以确保他们能够胜任检查工作。

设备准备与检查：检查所需的设备、工具以及防护用品是否齐全、完好。具备包括X射线安检机、金属探测器、开箱刀、手套、口罩等。对于关键设备，应进行定期维护和校准，以确保其性能稳定、可靠。

场地布置与安全保障：确保检查场地符合安全要求，远离火源、电磁干扰等潜在危险源。同时，应设置明显的安全警示标识，配备相应的消防器材和安全设施，以应对可能发生的紧急情况。

（2）检查实施。

初步筛查：首先，通过X射线安检机对包裹进行初步筛查，观察其内部结构和物品形态，判断是否存在异常或可疑情况。对于疑似危险物品或未明确标识的物品，应进行进一步的检查。

开箱检查：在初步筛查的基础上，对需要开箱检查的包裹进行逐一处理。开箱时，应使用专业的开箱工具，避免破坏包裹内物品。同时，保持谨慎和专注，遵循由上至下、由左至右、由外至内的顺序进行检查，确保不遗漏任何细节。

识别与判断：在开箱检查过程中，根据物品的外观、标识、气味等特征进行识别与判断。对于疑似危险物品，应使用相应的检测试剂或仪器进行进一步确认。同时，结合情报信息和历史数据进行分析研判，以提高识别的准确性和效率。

（3）问题处理。

发现禁寄物品：一旦发现禁寄物品，应立即停止检查并向上级报告。同时，采取隔离措施，确保危险物品处于安全可控状态。根据上级指示和相关规定进行处置，包括扣留物品、通知相关部门、填写处理记录等。

发现其他异常情况：除了禁寄物品外，还可能遇到其他异常情况，如包裹破损、标识不清等。对于这些情况，应及时记录并向上级汇报。根据上级指示和实际情况采取相应的处理措施，如重新包装、补充标识等。

处理争议与纠纷：在检查过程中，可能会遇到发货人或收货人对检查结果提出异议的情况。此时，应保持冷静和客观，听取双方陈述并核实相关证据。如无法当场解决争议，应向上级汇报并寻求进一步处理方案。

（4）后续工作。

记录与归档：对检查过程进行详细记录，包括检查时间、地点、人员、物品信息、检查结果以及处理措施等。这些记录应妥善保存并定期归档，以备后续查询和分析使用。

总结与反馈：定期对开箱检查工作进行总结和反馈，分析检查过程中的问题和不足，提出改进意见和建议。同时，将总结结果向上级汇报并与相关部门共享，以促进整体工作水平的提升。

培训与提升：根据总结反馈结果和实际需求，制订针对性的培训计划和提升方案。通过定期组织培训、演练和考核等活动，不断提高检查人员的专业技能和综合素质，以适应不断变化的检查需求。

总之，禁寄物品开箱检查的程序是一个严谨、规范、高效的过程。通过前期准备、检查实施、问题处理以及后续工作等环节的紧密配合和有序衔接，可以确保检查工作的顺利进行和有效完成。同时，这一程序也为保障公共安全、打击违法犯罪活动提供了有力支持。

4.方法

在进行禁寄物品开箱检查时，采用科学、合理的方法是确保检查准确性和效率的关键。以下将详细介绍几种常用的开箱检查方法，并对其原理、操作步骤、优缺点以及适用范围进行分析和比较。

（1）目视检查法。

目视检查法是最基本、最常用的开箱检查方法之一。它主要依靠检查人员的视觉观察，对包裹的外观、标识、包装情况等进行初步判断。

原理：目视检查法基于人的视觉感知能力，通过观察包裹的形状、颜色、标签、封口等特征，发现异常或可疑情况。

操作步骤：将包裹放置在明亮、平整的检查台上；按照由上至下、由左至右的顺序进行观察；注意观察包裹的完整性、标签的清晰度、封口的严密性等；如有异常或可疑情况，进行进一步检查。

优点：操作简单、快速，无须特殊设备。

缺点：受检查人员主观因素影响较大，对于内部结构的判断有限。

适用范围：适用于对外观明显异常或标识不清的包裹的初步筛查。

（2）X射线安检机检查法。

X射线安检机检查法是一种利用X射线穿透物体并成像的检查方法，广泛应用于安全检查领域。

原理：X射线具有较强的穿透力，能够穿透一定厚度的物体并呈现出内部结构。通过观察X射线图像，可以发现包裹内部的异常或可疑物品。

操作步骤：将包裹放置在X射线安检机的输送带上；启动X射线安检机，观察屏幕上的X射线图像；根据图像中的颜色、形状、密度等特征判断包裹内部物品的性质；如有异常或可疑情况，进行开箱检查。

优点：非侵入式检查，对包裹无损伤；能够清晰显示包裹内部结构。

缺点：对于部分材料（如金属、液体）的成像效果有限；无法确定物品的具体性质。

适用范围：适用于对包裹内部结构的初步筛查和疑似危险物品的进一步确认。

（3）金属探测器检查法。

金属探测器检查法是一种利用电磁感应原理检测金属物品的检查方法。

原理：金属探测器通过发射交变电磁场，当金属物品进入电磁场时会产生涡流效应，从而改变电磁场的分布。通过检测这种变化，可以确定金属物品的存在。

操作步骤：将金属探测器放置在包裹附近；开启金属探测器，观察指示灯或听音器的反应；如有金属物品存在，金属探测器会发出警报；根据警报位置进行开箱检查。

优点：对金属物品的检测灵敏度高；操作简单、快速。

缺点：只能检测金属物品，对于非金属物品无法检测；受环境因素（如电磁干扰）影响较大。

适用范围：适用于对金属危险物品的筛查和定位。

（4）化学试剂检测法。

化学试剂检测法是一种利用化学试剂与特定物质发生反应并产生明显现象的检查方法。

原理：根据物质的化学性质，选择适当的化学试剂与之反应。通过观察反应产生的颜色变化、气体释放等现象，可以判断物质的存在和性质。

操作步骤：选择适当的化学试剂；将少量试剂滴在疑似物品上；观察反应现象并进行判断；如有必要，进行进一步的化学分析。

优点：对于特定物质的检测准确度高；可以提供物质性质的更多信息。

缺点：需要选择合适的化学试剂；部分试剂可能具有腐蚀性或毒性，需注意安全使用；对于未知物质的检测有限。

适用范围：适用于对特定化学危险物品的检测和确认。

在实际操作中，各种检查方法并非孤立存在，而是相互补充、相互印证的。根据包裹的实际情况和检查需求，可以灵活选择一种或多种方法进行检查。同时，为了提高检查的准确性和效率，还可以结合使用自动化检查设备和人工智能技术，实现快速、智能的开箱检查。

（5）先进技术应用。

随着科技的飞速发展，越来越多的先进技术被应用于禁寄物品开箱检查领域，极大地提高了检查的准确性、效率和安全性。以下介绍几种目前较为前沿的开箱检查技术。

①三维成像技术。

三维成像技术是一种通过捕捉物体表面的三维信息来生成三维模型的技术。在开箱检查中，利用三维成像技术可以获取包裹内部物品的三维形状、尺寸等信息，有助于更加准确地判断物品的性质和是否存在异常。

技术原理：三维成像技术基于光学、计算机视觉等原理，通过投射特定模式的光并捕捉反射回来的光信息，从而计算出物体的三维形状。

应用优势：三维成像技术可以提供包裹内部物品的详细三维信息，有助于检查人员更加直观地了解物品的形状、结构等特征，提高判断的准确性。

挑战与限制：三维成像技术对于部分具有反光性、透明性或复杂结构的物品可能存在成像困难的问题。此外，该技术对于包裹的摆放位置和角度也有一定要求。

②太赫兹波扫描技术。

太赫兹波是一种介于微波和红外线之间的电磁波，具有穿透性强、安全性高等特点。太赫兹波扫描技术利用太赫兹波对包裹进行扫描，可以获取包裹内部物品的太赫兹波谱信息，从而判断物品的性质。

技术原理：不同物质对于太赫兹波的吸收和反射特性不同，通过捕捉和分析反射回来的太赫兹波信号，可以推断出物质的性质。

应用优势：太赫兹波扫描技术具有非侵入式、无损伤、穿透性强等优点，可以检测出隐藏在包裹内部的爆炸物、毒品等禁寄物品。

挑战与限制：太赫兹波扫描技术的设备成本较高，且对于部分材料的检测灵敏度有待提高。此外，该技术对于环境因素的干扰（如温度、湿度）也较为敏感。

③人工智能与机器学习技术。

人工智能与机器学习技术在开箱检查领域的应用主要体现在自动化识别、智能判断等方面。通过训练大量的样本数据，机器学习算法可以学习到识别禁寄物品的特征和规律，从而实现对包裹的自动识别和分类。

技术原理：人工智能与机器学习技术基于数据驱动的方法，通过训练和学习大量样本数据中的特征和规律，实现对未知数据的预测和判断。

应用优势：人工智能与机器学习技术可以大幅提高开箱检查的自动化程度和效率，减轻检查人员的工作负担。同时，该技术还可以根据不断更新的样本数据进行持续学习和优化，提高识别的准确性和泛化能力。

挑战与限制：人工智能与机器学习技术的应用需要大量的样本数据进行训练和学习，对于部分罕见或新型禁寄物品的识别可能存在困难。此外，该技术的可解释性相对较弱，难以提供详细的判断依据和解释。

总之，禁寄物品开箱检查的方法多种多样，各有特点。在实际应用中，应根据实际情况和需求进行选择和组合，以确保检查工作的顺利进行和有效完成。随着科技的不断发展和进步，越来越多的先进技术被应用于禁寄物品开箱检查领域，为检查工作提供了更加准确、高效、安全的手段和方法。然而，这些技术也面临着一些挑战和限制，需要在实际应用中不断探索和完善。

（二）禁寄物品转移与交接

在邮政快递业中，禁寄物品的转移与交接是一项极为重要且敏感的工作。这不仅涉及物品的安全处置，还关联到保障公共安全、遵守法律法规以及明确各方的责任界限。因此，制定一套严谨、专业的操作流程和规范显得尤为重要。

1. 爆炸物品类违禁品的检查、转移与交接

在邮件快件安检领域，爆炸物品类违禁品的检查、转移与交接是一项至关重要的工作。这些物品具有极高的危险性和破坏性，一旦处理不当，就可能引发严重的后果。因此，安检员必须掌握相关的专业知识和操作技能，以确保工作的安全和有效。

（1）检查流程。

外观识别：对货物进行外观识别。这包括观察货物的包装是否异常，是否有不规则的凸起、凹陷或破损等情况。同时，还要留意货物标签上的信息，如品名、重量、产地等，以判断是否存在隐瞒或伪报的情况。

X射线或太赫兹波扫描：使用X射线安检机或太赫兹波扫描仪对货物进行透视扫描。这些设备能够穿透货物的外包装，显示出内部的结构和物品的形状。通过观察扫描图像，可以判断货物内部是否存在管状结构、电线、电池等疑似爆炸物品的特征。

开箱细查：如果扫描图像显示货物内部存在疑似爆炸物品，就需要安检员进行开箱细查。在开箱过程中，要保持高度警惕，确保周围环境的安全。同时，要使用专业工具，如拆箱刀、钳子等，避免直接用手接触疑似物品。在细查过程中，安检员要仔细观察疑似物品的外观、颜色、气味等特征，并结合专业知识进行判断。

仪器检测：除了上述程序外，还可以使用爆炸物检测仪等专用仪器对货物进行检测。这些仪器能够通过采集货物的气味、挥发性物质等信息，判断是否存在爆炸物品。仪器检测具有快速、准确的特点，是安检工作中的重要辅助手段。

（2）转移与交接规范。

转移前准备：在转移爆炸物品类违禁品之前，需要做好充分的准备工作。首先，要选择合适的转移路线和工具，确保路线畅通无阻，工具符合安全要求。同时，还要对转移人员进行安全教育和培训，提高他们的安全意识和操作技能。此外，还要准备好防爆毯、灭火器、急救箱等必要的防护用品和应急设备。

转移过程：在转移过程中，要保持高度警惕，确保人员和环境的安全。首先，要遵循"轻拿轻放"的原则，避免剧烈振动和摩擦。同时，要保持适当的距离和速度，防止发生意外情况。在搬运过程中，还要注意观察货物的状态变化，如温度、气味等，及时发现并处理异常情况。

交接记录：在交接爆炸物品类违禁品时，要做好详细的交接记录。记录内容包括货物的名称、数量、来源地、目的地等信息，以及交接双方的姓名、职务、时间等信息。交接记录要准确无误，双方签字确认后方可生效。此外，还要将交接记录妥善保存，以备后续查询和追溯。

（3）注意事项。

遵守法律法规：在处理爆炸物品类违禁品时，应严格遵守相关的法律法规和规章制度。这包括《民用爆炸物品安全管理条例》《安检工作规范》等。只有依法行事，才能确保工作的合法性和有效性。

加强沟通与协作：安检工作是一项团队合作的任务，需要各个环节之间的密切配合和沟通。在处理爆炸物品类违禁品时，要注意加强与相关部门和人员的沟通与协作，共同制订工作方案，明确各自职责，确保工作的顺利进行。

持续学习与提高：安检工作涉及的知识和技能不断更新和发展。安检员要保持持续学习的态度，关注行业动态和技术发展，不断提高自身专业素养和操作技能。只有这样，才能更好地应对各种挑战和风险，保障公共安全和社会稳定。

以上是关于爆炸物品类违禁品的检查、转移与交接的主要操作要点，希望安检员认真学习实践，更好地掌握相关知识和技能，并时刻保持警惕和敬畏之心，以严谨、专业的态度对待安检工作，为保障公共安全和社会稳定贡献力量。

2. 易燃物品类违禁品的转移与交接

在邮件快件安检领域，易燃物品类违禁品的转移与交接是一项至关重要的任务。由于这类物品具有高度的易燃性和潜在的危险性，因此在转移和交接过程中必须采取严格的安全措施，以确保人员和环境的安全。以下详细介绍易燃物品类违禁品的转移与交接过程中应注意的防火措施、专用容器的使用、搬运过程的注意事项以及交接前的安全检查等内容。

（1）防火措施。

在易燃物品类违禁品的转移与交接过程中，防火措施是首要考虑的因素，防火措施有以下几种：

消除火源：在易燃物品附近严禁吸烟、使用明火或易产生火花的工具。所有电气设备应符合防爆要求，并定期进行检查和维护。

控制温度：对于易燃液体和气体，应控制其环境温度，避免高温引发自燃或爆炸。在必要时，应使用冷却设备对物品进行降温。

隔离与分类存放：不同种类的易燃物品应分开存放，避免相互反应引发火灾。同时，应将易燃物品与其他非易燃物品隔离，以减少火灾蔓延的风险。

使用防火材料：在易燃物品的包装和存放地点应使用防火板、防火涂料等防火材料，以提高物品的耐火性能。

配备消防器材：在易燃物品附近应配备足够数量和种类的消防器材，如灭火器、消防栓、泡沫灭火系统等，以便在火灾发生时及时扑救。

（2）专用容器。

在转移易燃物品类违禁品时，使用专用容器是至关重要的。专用容器应满足以下要求：

材质安全：容器材质应具有良好的耐火性、耐腐蚀性和机械强度，以确保在火灾等极端情况下不会破裂或泄漏。

密封性能：容器应具有良好的密封性能，防止易燃物品挥发或泄漏，从而减少火灾和爆炸的风险。

标识明确：容器上应贴有清晰的标签和警示标识，标明易燃物品的名称、危险性、存放要求等信息，以便相关人员了解和处理。

防静电设计：对于易燃液体和气体，容器应具有防静电设计，避免静电火花引发火灾或爆炸。

符合法规标准：专用容器的设计、制造和使用应符合国家和行业的相关法规和标准，以确保其安全性和合规性。

（3）搬运过程。

在搬运易燃物品类违禁品时，需要特别注意以下事项：

人员培训：搬运人员应接受专业培训，了解易燃物品的性质、危险性和搬运要求，掌握正确的搬运方法和应急处理措施。

使用防爆工具：在搬运过程中应使用防爆工具，避免工具与易燃物品发生碰撞产生火花。

轻拿轻放：搬运时应轻拿轻放，避免剧烈振动、摩擦或撞击，以减少火灾和爆炸的风险。

严禁抛掷：严禁抛掷、拖拽或翻滚易燃物品，以免造成容器破裂、泄漏或引发火灾。

保持通道畅通：在搬运过程中应保持通道畅通，避免物品堵塞通道或影响人员疏散。

（4）交接前安全检查。

在易燃物品类违禁品交接前，应进行全面的安全检查，以确保物品的安全性和完整性。安全检查应包括以下内容：

外观检查：检查易燃物品的包装是否完好、无破损、无泄漏等现象。如发现异常情况，应及时处理并报告。

数量核对：核对易燃物品的数量是否与清单一致，如有差异应及时查明原因并处理。

标识确认：确认易燃物品上的标识是否清晰、完整，是否符合相关法规和标准的要求。

安全检查仪器检测：使用安全检查仪器对易燃物品进行检测，如易燃气体检测仪、易燃液体检测仪等，以确保物品不含有其他违禁品或危险品。

记录与报告：对安全检查的结果进行记录，并生成检查报告。如发现安全问题或隐患，应及时向上级主管部门报告，并采取相应的处理措施。

3. 毒品及精神药物类违禁品的转移与交接

在邮件快件安检领域，毒品及精神药物类违禁品的转移与交接是一项极为重要且敏感的任务。由于这类物品具有高度的危害性和非法性，因此在转移和交接过程中必须采取严格的安全措施和保密制度，以确保人员和环境的安全，同时防止信息泄露。以下将详细介绍毒品及精神药物类违禁品的转移与交接过程中应注意的保密制度、专用包装的使用、专人监督、与公安部门的联动以及信息存档等内容。

（1）保密制度。

在毒品及精神药物类违禁品的转移与交接过程中，保密制度是至关重要的。以下是一些关键的保密措施：

严格限制信息传播：确保只有经过授权的人员才能接触到相关信息。对于未授权人员，应严格禁止其获取、传播或使用任何与毒品及精神药物类违禁品相关的信息。

加密通信：在涉及毒品及精神药物类违禁品转移与交接的通信中，应使用加密技术来保护信息的机密性。这包括使用加密电子邮件、加密电话等通信方式。

保密协议：所有参与毒品及精神药物类违禁品转移与交接的人员都应签署保密协议，承诺对相关信息保密，并承担因泄露信息而产生的法律责任。

定期培训：定期对参与保密工作的人员进行保密知识培训，提高他们的保密意识和技能。

（2）专用包装。

在转移毒品及精神药物类违禁品时，使用专用包装是至关重要的。专用包装应满足以下要求：

安全性：包装材料应具有足够的强度和稳定性，以确保在运输过程中不会发生破裂、泄漏或损坏等情况。同时，包装应能够防止外部因素对内部物品的影响，如防潮、防振等。

标识明确：包装上应贴有清晰的标签和警示标志，标明物品的名称、危险性、运输要求等信息。这有助于提醒相关人员注意物品的特殊性质，并采取相应的安全措施。

符合法规标准：专用包装的设计、制造和使用应符合国家和行业的相关法规和标准，以确保其合规性和安全性。

一次性使用：为了避免被篡改或重复使用，专用包装最好采用一次性使用的设计。一旦打开，就无法再次完好地封闭，这样可以有效地防止物品被替换或污染。

（3）专人监督。

在毒品及精神药物类违禁品的转移与交接过程中，专人监督是必不可少的。以下是一些关键的监督措施：

指定负责人：明确指定一名负责人全程监督毒品及精神药物类违禁品的转移与交接过程。该负责人应具备丰富的专业知识和经验，能够处理各种突发情况。

实时监控：使用监控设备对毒品及精神药物类违禁品的转移与交接过程进行实时监控，确保整个过程的安全和可控。同时，监控录像应保存一段时间以备后续查询和追溯。

检查与核对：在转移与交接过程中，应对毒品及精神药物类违禁品进行多次检查和核对，确保其数量、种类和标识等信息与清单一致。如发现异常情况，应立即停止转移与交接，并及时报告相关部门处理。

记录与报告：对整个转移与交接过程进行详细记录，并生成报告。报告中应包括物品的名称、数量、来源地、目的地等信息，以及转移与交接过程中的各种操作、检查和异常情况等信息。这些记录可以作为后续查询和追溯的依据。

（4）与公安部门联动。

在毒品及精神药物类违禁品的转移与交接过程中，与公安部门的联动是非常重要的。以下是一些关键的联动措施：

信息共享：与公安部门建立信息共享机制，及时将毒品及精神药物类违禁品的相关信息传递给公安部门。这有助于公安部门及时掌握相关情况，并采取相应的措施进行打击和防范。

协助调查：在必要时，应协助公安部门对毒品及精神药物类违禁品的来源、去向和涉案人员等进行调查。提供必要的线索和证据，帮助公安部门破案和追缴违禁品。

联合行动：与公安部门联合开展打击毒品及精神药物类违禁品的行动。通过联合行动，可以加强协作、提高效率，形成对毒品及精神药物类违禁品的有效打击和震慑。

（5）信息存档。

对毒品及精神药物类违禁品的转移与交接过程中的所有信息进行存档是至关重要的。以下是一些关键的信息存档措施：

建立档案：为每一次毒品及精神药物类违禁品的转移与交接建立档案。档案中应包括物品的名称、数量、来源地、目的地等信息，以及转移与交接过程中的各种操作、检查和异常情况等信息。

保存期限：根据国家和行业的相关规定，确定档案的保存期限。在保存期限内，应妥善保管档案，确保其完整性和可读性。

查询与追溯：建立档案的目的是方便后续的查询和追溯。当需要查询或追溯相关信息时，可以通过档案迅速找到相关记录和数据。

电子化存档：为了提高存档效率和查询便捷性，可以将相关信息进行电子化存档。使用电子档案管理系统对档案进行管理和维护，确保电子档案的安全性和可靠性。

4. 生物制剂与危险化学品类违禁品的转移与交接

在邮件快件安检领域，生物制剂与危险化学品类违禁品的转移与交接是一项极具挑战性和风险性的任务。由于这类物品具有潜在的生物危害和化学危险，因此在转移和交接过程中必须严格遵守相关法律法规，采取专业的防护措施，并与专业机构紧密合作，以确保人员和环境的安全。以下将详细介绍生物制剂与危险化学品类违禁品的转移与交接过程中应注意的法律法规规定、转移用专用防护设备、与专业机构联动以及注意事项等内容。

（1）法律法规规定。

在生物制剂与危险化学品类违禁品的转移与交接过程中，遵守相关法律法规是至关重要的。以下是一些关键的法律法规规定：

国家法律法规：转移与交接生物制剂与危险化学品类违禁品时，应遵守《中华人民共和国安全生产法》《危险化学品安全管理条例》等相关法律法规的要求。这些法律法规对危险化学品的生产、储存、运输、使用等环节都有明确的规定，必须严格遵守。

国际法规与标准：对于涉及跨国转移与交接的情况，还需遵守相关国际法规和标准，如《联合国危险货物运输建议书》《国际海运危险货物规则》等。这些国际法规和标准对危险货物的包装、标识、运输等方面提出了具体要求，有助于确保跨国转移与交接的顺利进行。

行业规范与标准：除了国家和国际法律法规外，还应遵守邮件快件安检领域的行业规范与标准。这些规范与标准通常对生物制剂与危险化学品类违禁品的识别、分类、处理等方面进行了详细规定，为实际操作提供了有力指导。

（2）转移用专用防护设备。

在转移生物制剂与危险化学品类违禁品时，使用专用防护设备是必不可少的。以下是一些关键的防护设备：

防护服：根据生物制剂与危险化学品的性质和危害程度，选择穿戴适当的防护服。防护服应具有防化、防生物、防辐射等功能，以确保操作人员的安全。

呼吸器：对于有毒有害或易挥发的生物制剂与危险化学品，应佩戴适当的呼吸器，如防毒面具、正压式空气呼吸器等，以避免吸入有害物质。

手套与鞋套：选择具有防化、防生物等功能的手套和鞋套，确保操作人员的四肢和脚部得到有效保护。

眼部与面部防护：根据实际需要，佩戴护目镜、面罩等眼部与面部防护设备，防止有害物质溅入眼睛或伤害面部。

泄漏应急处理设备：准备泄漏应急处理设备，如吸附材料、堵漏工具等，以便在发生泄漏时及时采取措施，防止事态扩大。

（3）与专业机构联动。

在生物制剂与危险化学品类违禁品的转移与交接过程中，与专业机构的紧密合作至关重要。以下是一些关键的合作方面：

与公安、海关等部门的联动：在发现生物制剂与危险化学品类违禁品时，应立即报告公安、海关等部门，并协助其进行调查和处理。同时，与这些部门保持密切沟通，及时了解相关法律法规和政策动态，以便更好地履行职责。

与医疗卫生机构的联动：对于涉及生物制剂的违禁品，应与医疗卫生机构保持紧密联系。在发生生物危害事件时，及时请求医疗卫生机构的协助和支持，为受害人员提供及时的救治和防护措施。

与危险废物处理机构的联动：对于无法回收或处理的生物制剂与危险化学品类违禁品，应委托具有相应资质的危险废物处理机构进行处理。与处理机构保持紧密联系，确保危险废物得到及时、安全、无害化的处理。

与科研机构或专家的联动：对于某些特殊或未知的生物制剂与危险化学品类违禁品，可以寻求科研机构或专家的帮助。他们可以提供专业的鉴定意见、处理建议和技术支持，为实际操作提供有力保障。

（4）注意事项。

在生物制剂与危险化学品类违禁品的转移与交接过程中，还需要注意以下事项：

严格遵守操作规程：在转移与交接过程中，应严格遵守相关操作规程和安全制度。对于每一步操作都要认真执行，确保整个过程的顺利进行。

保持沟通畅通：在转移与交接过程中，应保持与各相关方的沟通畅通。及时传递信息、协调行动，确保整个过程的协同和高效。

注意个人防护：操作人员应时刻注意个人防护，确保自身安全。在操作过程中如出现身体不适或异常情况，应立即停止操作并及时报告。

做好记录与报告：对整个转移与交接过程进行详细记录，并生成报告。报告中应包括物品的名称、数量、来源地、目的地等信息，以及转移与交接过程中的各种操作、检查和异常情况等信息。这些记录可以作为后续查询和追溯的依据。

持续学习与培训：由于生物制剂与危险化学品类违禁品的种类繁多、性质各异，因此操作人员应持续学习和培训，不断提高自身的专业知识和技能水平，以更好地应对各种挑战和风险。

5. 管制刀具与武器类违禁品的转移与交接

在邮件快件安检过程中，管制刀具与武器类违禁品的发现、处理、转移及交接是一项重要且敏感的任务。这些物品因其潜在的危险性，必须受到严格的监管和控制。以下将详细介绍管制刀具与武器类违禁品的转移与交接流程，包括转移规定、转移用专用包装、专人操作、多部门联动以及存档等方面的内容，旨在为安检员提供实用的操作指南。

（1）转移规定。

管制刀具与武器类违禁品的转移需遵循严格的法律法规和行业标准。以下是一些关键的转移规定：

法律依据：转移活动必须遵守《中华人民共和国治安管理处罚法》《中华人民共和国枪支管理法》等相关法律法规，确保整个过程的合法性。

许可制度：在转移管制刀具与武器类违禁品前，需获得相关部门的许可或批准。通常，这一过程涉及申请、审查和批准等步骤，确保转移的正当性和必要性。

安全原则：转移过程中应始终遵循安全原则，确保人员、物品和环境的安全。如使用适当的包装、标识和运输工具，以及采取必要的安全措施。

（2）转移用专用包装。

为确保管制刀具与武器类违禁品在转移过程中的安全性，应使用专用包装进行封装。这些包装应满足以下要求：

坚固耐用：包装材料应具有足够的强度和耐用性，能够承受运输过程中的颠簸、挤压和冲击。

防拆封设计：包装应采用防拆封设计，确保在转移过程中不会被非法打开或破坏。这有助于维护物品的完整性和安全性。

清晰标识：包装上应贴有清晰的标识，包括物品名称、数量、危险性等级、转移单位及联系方式等信息。这有助于识别和管理违禁品。

符合规范：包装应符合国家和行业相关标准，如《危险货物包装标志》（GB 190—2009）、《包装储运图示标志》（GB/T 191—2008）等，确保整个转移过程的规范性和安全性。

（3）专人操作。

管制刀具与武器类违禁品的转移应由专任人员进行操作。这些人员应具备以下素质和能力：

专业培训：人员应接受全面的专业培训，包括法律法规、危险品知识、安全操作规程等方面的内容。这有助于确保他们具备专业知识和技能，能够胜任转移任务。

严格筛选：对人员进行严格的筛选和考核，确保他们具备良好的职业道德和责任心。这有助于降低人为因素导致的安全风险。

安全防护：在操作过程中，人员应佩戴适当的个人防护装备，如手套、防护眼镜等。同时，他们应遵守安全操作规程，确保自身和他人的安全。

应急处理：人员应具备应急处理能力，能够在遇到突发事件时迅速做出反应并妥善处理。这有助于减少事故损失和保障转移过程的顺利进行。

（4）多部门联动。

管制刀具与武器类违禁品的转移涉及多个部门和单位的协作与配合。以下是一些关键部门的职责与协作方式：

安检部门：负责在邮件快件安检过程中发现、识别和拦截管制刀具与武器类违禁品。一旦发现这些物品，应立即通知相关部门并采取安全措施。

公安部门：负责处理涉及管制刀具与武器类违禁品的违法犯罪行为。他们应协助安检部门进行调查、取证和处理工作，确保整个过程的顺利进行。

交通运输部门：负责协调和管理管制刀具与武器类违禁品的运输工作。他们应确保运输工具的安全性和适用性，并监督运输过程的规范性和安全性。

仓储管理部门：负责在转移过程中提供安全的仓储设施和管理服务。他们应确保仓储环境的安全性、整洁性和有序性，并采取必要的防火、防盗等措施。

各部门之间应建立有效的沟通机制和协作流程，确保信息的及时传递和处理的协同高效。同时，各部门应明确各自的职责和权限，避免推诿扯皮现象的发生。

（5）存档。

管制刀具与武器类违禁品的转移与交接过程应建立完善的存档制度。以下是一些关键的存档要求：

详细记录：对每一次转移与交接活动都应进行详细记录，包括时间、地点、参与人员、物品信息、操作过程等内容。这些记录应真实、准确、完整，能够反映整个过程的实际情况。

分类归档：按照时间顺序或物品类别对记录进行分类归档，方便后续查询和追溯。同时，应建立电子档案备份系统，确保数据的安全性和可访问性。

定期审查：定期对存档记录进行审查和分析，总结经验教训，提出改进措施。这有助于优化转移与交接流程，提高工作效率和安全性。

保密原则：存档记录涉及敏感信息和隐私内容，应遵循保密原则进行管理。未经授权人员不得随意查阅、复制或泄露相关信息。

6.腐蚀性物质类违禁品的转移与交接

在邮件快件安检领域，腐蚀性物质类违禁品的处理是一项至关重要的任务。

这些物质因其强烈的腐蚀性，对人员、设备和环境构成严重威胁。因此，在转移和交接过程中，必须遵循严格的规定和操作要求，确保安全、高效地处理这些违禁品。

（1）转移规定。

腐蚀性物质类违禁品的转移应遵循以下规定：

法律法规遵守：转移活动必须严格遵守国家及地方有关腐蚀性物质的法律法规，包括但不限于《危险化学品安全管理条例》等，确保整个过程的合法性。

许可与审批：在转移前，应获得相关部门的许可或审批，包括转移计划的审核、运输路线的确认等，确保转移的合规性。

安全优先：转移过程中应始终将安全放在首位，采取一切必要措施防止腐蚀性物质泄漏、溅出或发生其他安全事故。

（2）转移用专用容器。

为确保腐蚀性物质类违禁品在转移过程中的安全性，应使用专用容器进行封装和运输。这些容器应满足以下要求：

耐腐蚀材料：容器应采用能够抵抗腐蚀性物质侵蚀的材料制成，如聚乙烯、不锈钢等，确保容器的完整性和安全性。

密封性能：容器应具有良好的密封性能，能够有效防止腐蚀性物质泄漏或挥发，确保转移过程的安全可控。

标识明确：容器上应贴有清晰的标识，包括腐蚀性物质的名称、性质、危险等级以及应急处理措施等信息，方便操作人员识别和管理。

符合规范：容器的设计、制造和使用应符合国家和行业相关标准，如《危险货物包装标志》（GB 190—2009）、《危险化学品包装物、容器定点生产管理办法》等。

（3）操作要求。

在腐蚀性物质类违禁品的转移与交接过程中，操作人员应遵循以下要求：

专业培训：操作人员应接受全面的专业培训，包括腐蚀性物质的性质、危害、安全操作规程以及应急处理措施等内容，确保他们具备专业知识和技能。

个人防护：操作人员应佩戴适当的个人防护装备，如防腐蚀手套、防护眼镜、防护服等，确保自身安全。

规范操作：在转移过程中，操作人员应遵循安全操作规程，轻拿轻放，避免碰撞和摩擦，防止腐蚀性物质泄漏或发生其他安全事故。

现场监管：在交接现场，应有专人进行监管，确保整个过程的规范性和安全性。同时，应做好现场记录，包括交接时间、地点、参与人员以及物品信息等。

（4）多部门联动。

腐蚀性物质类违禁品的转移与交接涉及多个部门的协作与配合。以下是一些关键部门的职责与协作方式：

安检部门：负责在邮件快件安检过程中发现、识别和拦截腐蚀性物质类违禁品。

一旦发现这些物品，应立即通知相关部门并采取安全措施。

应急管理部门：负责制订和完善应急预案，提供紧急处理措施和救援支持，并应与安检部门保持紧密沟通，确保在紧急情况下能够迅速响应并妥善处理。

交通运输部门：负责协调和管理腐蚀性物质类违禁品的运输工作，并应确保运输工具的安全性和适用性，并监督运输过程的规范性和安全性。

仓储管理部门：负责在转移过程中提供安全的仓储设施和管理服务，并应确保仓储环境的安全性、整洁性和有序性，并采取必要的防火、防泄漏等措施。

各部门之间应建立有效的沟通机制和协作流程，确保信息的及时传递和处理的协同高效。同时，各部门应明确各自的职责和权限，避免推诿扯皮现象的发生。

（5）紧急处理措施。

在腐蚀性物质类违禁品的转移与交接过程中，可能会发生泄漏、溅出或其他安全事故。为应对这些紧急情况，应采取以下措施：

应急预案启动：一旦发生紧急情况，应立即启动应急预案，组织相关人员进行紧急处理。应急预案应包括现场处置、人员疏散、医疗救援等内容。

现场处置：在紧急情况下，操作人员应迅速采取措施防止腐蚀性物质扩散或进一步危害，如使用吸附材料、中和剂等对泄漏物进行处理，以及使用适当的工具进行堵漏或修补等。

人员疏散与隔离：在紧急情况下，应迅速疏散现场人员，并设置警戒线或隔离区域，防止无关人员进入危险区域。同时，应做好现场通风和排气工作，降低空气中腐蚀性物质的浓度。

医疗救援与支持：在紧急情况下，如有人员受伤或中毒，应立即进行医疗救援和支持，如现场急救、送医治疗以及提供必要的药品和器材等。

事后处理与总结：在紧急情况处理完毕后，应对现场进行清理和恢复，并对整个过程进行总结和评估。同时，应完善应急预案和操作流程，提高应对类似情况的能力。

7. 放射性物质类违禁品的转移与交接

在邮件快件安检领域，放射性物质类违禁品的处理是一项至关重要的任务。这些物质因其放射性特性，对人员、环境和公共安全构成严重威胁。因此，在转移和交接过程中，必须遵循严格的原则和操作要求，确保安全、高效地处理这些违禁品。

（1）防辐射原则。

放射性物质类违禁品的转移与交接应遵循以下防辐射原则：

时间防护：尽量减少与放射性物质的接触时间。在转移和交接过程中，应迅速、准确地完成操作，避免不必要的延误。

距离防护：尽量增加与放射性物质的距离。在操作过程中，应保持安全距离，减少辐射暴露。

屏蔽防护：使用适当的屏蔽材料（如铅板、混凝土等）来减少辐射。在转移过程中，应确保放射性物质被妥善封装在屏蔽容器中。

遵循以上原则可以显著降低辐射风险，保护操作人员和公共安全。

（2）专用辐射监测设备。

为确保放射性物质类违禁品在转移与交接过程中的安全性，必须使用专用辐射监测设备进行实时监测。这些设备应满足以下要求：

高灵敏度：能够准确监测到微弱的放射性信号，及时发现潜在风险。

宽量程：能够适应不同强度和类型的放射性物质监测需求。

稳定性好：能够在各种环境条件下保持稳定工作，确保监测数据的准确性。

便携性强：方便携带和操作，适应现场快速监测的需求。

常用的辐射检测设备包括辐射剂量仪、表面污染监测仪、个人剂量报警器等。在操作过程中，操作人员应熟练掌握这些设备的使用方法，并根据实际情况选择合适的监测设备进行监测。

（3）专业人员操作与监督。

放射性物质类违禁品的转移与交接必须由经过专业培训的操作人员来执行。这些人员应具备以下素质和能力：

专业知识：熟悉放射性物质的性质、危害和防护措施，了解相关法律法规和标准。

操作技能：熟练掌握辐射监测设备的使用方法和操作规程，能够迅速、准确地完成监测任务。

安全意识：具备高度的安全意识和责任心，能够严格遵守安全操作规程和防护措施。

在操作过程中，应设置专人进行现场监督，确保操作人员遵守相关规定和要求。同时，应建立完善的培训机制和考核机制，不断提高操作人员的专业素质和技能水平。

（4）记录与报告。

在放射性物质类违禁品的转移与交接过程中，应做好详细的记录和报告工作。这些记录和报告应包括以下内容：

基本信息：包括放射性物质的名称、数量、来源和去向等基本信息。

监测数据：记录辐射监测设备的监测数据和结果，包括剂量率、污染水平等。

操作过程：详细描述转移和交接的操作过程，包括时间、地点、参与人员等信息。

异常情况：记录在操作过程中出现的异常情况和处理措施。

这些记录和报告应妥善保存，方便后续查询和分析。同时，应定期向上级主管部门汇报工作进展和存在的问题，以便及时得到指导和支持。

（5）与公安部门联动。

放射性物质类违禁品的转移与交接涉及公共安全，因此必须与公安部门保持紧密联动。具体包括以下方面：

信息共享：与公安部门建立信息共享机制，及时通报放射性物质的发现、转移和交接情况。

协助调查：在公安部门的指导下，协助开展相关调查工作，提供必要的支持和协助。

应急处置：在紧急情况下，与公安部门协同应对，采取必要的措施保障公共安全和社会稳定。

通过与公安部门的紧密联动，可以确保放射性物质类违禁品的转移与交接工作在法律框架内进行，有效维护公共安全和社会稳定。

8.电磁干扰设备类违禁品的转移与交接

在邮件快件安检过程中，电磁干扰设备类违禁品的处理显得尤为关键。这类设备因其潜在的电磁干扰能力，可能对航空、航海及其他重要通信系统造成严重影响，甚至威胁到公共安全。因此，在转移和交接此类违禁品时，必须遵循严格的操作规程和安全标准。

（1）防意外启动。

电磁干扰设备一旦意外启动，可能引发不可预知的电磁干扰，对周围环境造成严重影响。因此，在转移和交接过程中，电磁干扰设备防意外启动是首要考虑的安全措施。

设备关机与断电：在转移前，必须确保电磁干扰设备已完全关机，并断开电源。对于内置电池的设备，应确保电池已取出或设备处于无法启动的状态。

启动开关保护：对设备的启动开关应采取额外的保护措施，如使用绝缘胶带进行封贴，以防止在转移过程中意外触碰导致启动。

设备固定：在转移过程中，应使用适当的固定装置将设备稳固地固定在运输工具上，以防止设备在运输过程中因颠簸或振动而意外启动。

（2）防静电包装。

电磁干扰设备往往对静电非常敏感，静电放电可能导致设备损坏或性能下降。因此，在转移和交接过程中，防静电包装是必不可少的。

防静电系统：应使用防静电系统和防静电工作台面进行包装操作，以确保整个包装过程处于防静电环境中。

防静电材料：选择符合防静电标准的包装材料，如防静电袋、防静电泡沫等，对设备进行全方位的保护。

包装标识：在防静电包装外，应贴上明显的防静电标识，以提醒操作人员注意防静电处理。

（3）操作要求。

在电磁干扰设备类违禁品的转移与交接过程中，操作人员应遵循以下要求：

专业培训：操作人员应接受全面的专业培训，包括电磁干扰设备的性质、危害、安全操作规程以及应急处理措施等内容。

个人防护：操作人员应穿戴适当的防静电服装和鞋袜，佩戴防静电手环等个人防护装备，确保自身安全。

规范操作：在转移过程中，操作人员应遵循安全操作规程，轻拿轻放，避免剧烈振动和碰撞。

现场监管：在交接现场，应有专人进行监管，确保整个过程的规范性和安全性。

（4）交接时注意事项。

在电磁干扰设备类违禁品的交接环节，以下事项需要特别注意：

信息核对：交接双方应仔细核对设备的型号、数量、外观等信息，确保与实际转移的设备完全一致。

文件齐全：交接时应提供完整的设备清单、转移记录等文件资料，以便后续追溯和查询。

安全交接：交接应在安全的环境中进行，避免在电磁场强、易产生静电的场所进行交接。

双方签字确认：交接完成后，交接双方应在相关文件上签字确认，以示责任转移。

9. 非法出版物及宣传品类违禁品的转移与交接

在邮件快件安检中，非法出版物及宣传品类违禁品的转移与交接是一项重要且敏感的任务。这些物品可能涉及违法内容，对社会稳定和公共安全构成潜在威胁。因此，在处理这类违禁品时，必须遵循严格的程序和规定，确保安全、合规地进行转移和交接。

（1）严格审查内容。

在转移与交接非法出版物及宣传品类违禁品之前，首要任务是进行严格的内容审查。这一环节至关重要，旨在识别并过滤掉含有违法、有害或误导性信息的物品。

审查标准：依据国家法律法规、行业规定以及社会道德标准，制订明确的审查标准。这些标准应涵盖政治敏感性、暴力色情内容、虚假宣传等方面。

审查流程：建立规范的审查流程，确保每件物品都经过专业人员的仔细审查。审查过程应包括初步筛选、详细阅读和最终判定等环节。

审查团队：组建专业的审查团队，成员应具备相关法律知识、行业经验和良好的职业道德。团队应定期进行培训和交流，提高审查能力和水平。

通过严格的内容审查，可以从源头上防止非法出版物及宣传品类违禁品进入转移与交接环节，降低潜在风险。

（2）密封包装与标识。

经过内容审查后，非法出版物及宣传品类违禁品应进行密封包装和标识，以确保在转移和交接过程中的安全性和可追溯性。

密封包装：采用符合安全标准的密封包装材料，确保包装完好无损且不易被篡改。包装过程中应避免物品受到挤压、摩擦等损坏。

标识明确：在包装上贴上醒目的标识，包括违禁品名称、数量、来源地、目的地等信息。同时，应标注"违禁品"字样，以提醒操作人员注意。

防篡改措施：在包装过程中采取防篡改措施，如使用一次性封条、防伪标签等，确保物品在转移和交接过程中不被非法打开或替换。

（3）建立清单与追溯机制。

为确保非法出版物及宣传品类违禁品的转移与交接过程可追溯、可管理，必须建立完善的清单与追溯机制。

清单记录：在转移与交接过程中，应详细记录每件物品的信息，包括名称、数量、来源地、目的地、经手人员等。这些信息应整理成清单，并妥善保存。

追溯系统：借助现代化信息技术手段，建立追溯系统。通过扫描包装上的标识码或输入物品信息，可以追溯到物品在整个转移与交接过程中的详细记录。

定期核查：定期对清单和追溯系统进行核查，确保信息的准确性和完整性。同时，应定期对转移与交接过程进行回顾和总结，不断完善相关制度和流程。

（4）保密与责任追究。

由于非法出版物及宣传品类违禁品涉及敏感信息，因此在转移与交接过程中必须严格保密，并明确责任追究机制。

保密措施：参与转移与交接工作的人员应签署保密协议，严格遵守保密规定。同时，应采取技术手段对相关信息进行加密处理，防止信息泄露。

责任划分：明确各级管理人员和操作人员的职责和权限，确保每个环节都有人负责。对于违反规定的行为，应依法依规进行处理。

追究机制：建立完善的责任追究机制，对于在转移与交接过程中出现的失误、遗漏或违规行为，应依法追究相关人员的责任。同时，应鼓励工作人员积极举报违规行为，共同维护公共安全和社会稳定。

（5）协助公安处理。

在处理非法出版物及宣传品类违禁品时，邮政企业、快递企业安检部门应积极与公安部门协作配合，共同打击违法行为。

信息共享：与公安部门建立信息共享机制，及时通报发现的非法出版物及宣传品类违禁品情况。同时，应向公安部门提供必要的技术支持和协助。

联合行动：在公安部门的指导下，参与联合行动，对涉嫌违法的物品进行查封、扣押等处理。在行动中应严格遵守法律法规和程序规定。

后续处理：协助公安部门对查扣的非法出版物及宣传品类违禁品进行后续处理，包括鉴定、销毁等环节。同时，应关注相关案件的进展情况，提供必要的支持和协助。

通过以上措施的实施，可以确保非法出版物及宣传品类违禁品在转移与交接过程中的安全性、合规性和可追溯性。同时，也能够提高安检员的专业素养和责任意识，为维护公共安全和社会稳定作出积极贡献。在未来的工作中，还应持续关注非法出版物及宣传品类违禁品转移与交接过程中可能出现的新问题和新挑战，并积极寻求解决方案。通过不断完善相关制度和流程，提高安检工作的专业性和效率性，为社会的和谐稳定提供有力保障。

二 检查异常情况处置

在邮件快件安检过程中，检查异常情况处置是一项至关重要的任务。安检员必须掌握专业的处置方法，以应对各种潜在的安全威胁。以下将详细介绍常见危险物品的处置方法、爆炸物的处置、化学品事故的处置以及相关的注意事项。

（一）常见危险物品的处置方法

在邮件快件安检中，对于常见危险物品的处置是一项至关重要的任务。安检员必须具备扎实的专业知识和丰富的实践经验，以应对各种潜在的安全威胁。以下将从识别危险物品、处置流程与规范以及实例分析与应对策略三个方面进行详细阐述。

1. 识别危险物品

在邮件快件安检中，对危险物品能够迅速、准确地判断物品的性质和潜在风险是至关重要的。这要求安检员应具备以下专业知识：

（1）危险物品分类。

危险物品根据其物理、化学性质以及可能造成的危害，通常分为以下八大类：

爆炸品：包括各种炸药、雷管、导火索等。这类物品在受到撞击、摩擦、高温等外界刺激时，极易发生爆炸，造成人员伤亡和财产损失。

压缩气体和液化气体：如氢气、氧气、氮气等。这类气体在高压下储存，一旦泄漏或遇到火源，可能引发爆炸或火灾。

易燃液体：如汽油、煤油、酒精等。这类液体易燃易爆，且挥发出的气体与空气混合后，形成爆炸性混合物，遇明火或高温极易燃烧。

易燃固体、自燃物品和遇湿易燃物品：如红磷、硫黄、金属钠等。这类物品在特定条件下（如受热、遇湿）易发生自燃或爆炸。

氧化剂和有机过氧化物：如高锰酸钾、过氧化氢等。这类物品具有强烈的氧化性，与可燃物接触后易引发燃烧或爆炸。

毒害品和感染性物品：如农药、毒药、细菌病毒等。这类物品对人体和环境具有极大的危害性，接触或误食后可能导致严重的中毒反应或疾病传播。

放射性物品：如铀、钍等放射性元素及其化合物。这类物品能放出射线，对人体和环境造成长期危害，严重时可导致癌症、基因突变等后果。

腐蚀品：如硫酸、盐酸、氢氧化钠等。这类物品具有强烈的腐蚀性，能对人体组织、金属等造成损害，接触时没有采取适当的防护措施，可能导致皮肤灼伤、眼睛刺激等伤害。

除了以上八大类，还有一些其他危险物品，如磁性物品、麻醉药品、精神药品等，也需要特别注意。

（2）识别方法。

识别危险物品需要综合运用多种方法，包括但不限于以下几种：

外观检查：通过观察货物的外观、包装、标签等信息，初步判断物品的性质。例如，易燃易爆物品通常贴有易燃、易爆等警示标志；腐蚀性物品的包装往往较为严密，且有腐蚀性标志。同时，注意检查货物是否有破损、泄漏等异常情况。

仪器检测：使用专业的检测设备，如X射线安检机、金属探测器、液体检测仪、化学分析仪等，对货物进行扫描和分析。这些设备能够穿透货物的包装，检测出内部物品的形状、密度、化学成分等信息，从而判断物品的性质和是否存在潜在风险。例如，X射线安检机可以检测出货物中是否藏有枪支、刀具等违禁品；液体检测仪可以识别出易燃易爆液体和腐蚀性液体等。

询问和检查单据：在必要时，可以向发货人或收货人询问货物的性质、用途等信息，并检查相关的运输单据、合同、发票等文件。这些信息可以作为判断货物性质的辅助依据。但需要注意的是，询问法只能作为辅助手段，不能完全依赖发货人或收货人的陈述，因为有时他们可能并不了解货物的真实性质或存在隐瞒情况的可能性。

在识别危险物品时，需要特别注意以下几点：

保持警惕性，对任何可疑情况都要进行仔细检查；

遵循先仪器检测、后人工判断的原则，确保识别的准确性和可靠性；

对于无法确定性质的物品，应及时向上级主管部门和相关部门报告，并采取必要的措施进行处置。

（3）特性与危害。

各类危险物品都有其独特的特性和危害，了解这些特性和危害对于采取有效的处置措施至关重要，以下是对各类危险物品特性和危害的简要概述：

爆炸品：具有极强的爆炸性和破坏力，一旦发生爆炸，将造成严重的人员伤亡和财产损失。同时，爆炸产生的冲击波、高温和有毒气体也会对周围环境造成严重影响。

压缩气体和液化气体：在高压下储存，具有较大的能量和潜在危险性。一旦泄漏或遇到火源，可能引发爆炸或火灾。此外，部分气体还具有毒性或腐蚀性，对人体和环境造成危害。

易燃液体：易挥发、易燃易爆，且挥发出的气体与空气混合后形成爆炸性混合物。遇到明火或高温极易燃烧，造成火灾和爆炸事故。同时，部分易燃液体还具有毒性或腐蚀性，对人体和环境造成危害。

易燃固体、自燃物品和遇湿易燃物品：在特定条件下易发生自燃或爆炸，造成火灾和人员伤亡。部分物品还具有毒性或放射性，对人体和环境造成长期危害。

氧化剂和有机过氧化物：具有强烈的氧化性，与可燃物接触后易引发燃烧或爆炸。同时，部分氧化剂还具有毒性或腐蚀性，对人体和环境造成危害。

毒害品和感染性物品：对人体和环境具有极大的危害性。接触或误食后可能导致严重的中毒反应、疾病传播甚至死亡。部分毒害品还具有腐蚀性或放射性，对人体和环境造成长期危害。

放射性物品：能放出射线，对人体和环境造成长期危害。长期接触放射性物品可能导致辐射病、癌症等严重后果。同时，放射性物品还具有易燃易爆、腐蚀性等特性，增加了其潜在危险性。

腐蚀品：具有强烈的腐蚀性，能对人体组织、金属等造成损害。接触时没有采取适当的防护措施，可能导致皮肤灼伤、眼睛刺激等伤害。部分腐蚀品还具有毒性或易燃易爆等特性，增加了其潜在危险性。

2. 处置流程与规范

危险物品的处置流程与规范是确保危险物品得到安全有效处置的关键。以下将对处置流程与规范进行详细阐述。

（1）基本流程。

危险物品处置的基本流程包括以下几个步骤：

初步识别与评估：根据货物的外观、标签等信息，初步判断物品的性质和危害程度。对于疑似危险物品，应立即采取隔离措施，并进行进一步检测。同时，评估现场环境和人员安全状况，确定是否需要疏散人员或采取其他紧急措施。

现场处置：根据初步识别结果和现场情况，采取适当的措施对危险物品进行初步处理。例如，对于易燃易爆物品，应立即关闭电源、疏散人员、使用防爆设备进行处理；对于腐蚀性物品，应穿戴防护服、手套等个人防护措施，并使用中和剂进行处理。在处理过程中，应确保人员安全和环境保护，避免次生事故的发生。

隔离封存与报告上报：将危险物品与其他物品隔离开来，并进行封存处理。封存时应选择安全、可靠的场所，并采取必要的措施防止物品泄漏、损坏或被盗。同时，将危险物品的情况及时向上级主管部门和相关部门报告。报告内容应包括物品的名称、性质、数量、危害程度以及已采取的处置措施等信息。在报告过程中，应保持通信畅通，随时准备接受进一步的指示和调度。

（2）现场处置规范。

现场处置是危险物品处置过程中的重要环节，它要求安检员具备快速反应和正确处置的能力。以下是一些常见的现场处置规范：

人员安全优先：在现场处置过程中，应始终将人员安全放在首位。在确保自身安全的前提下，尽快采取措施保护周围人员的生命安全。例如，在发现易燃易爆物品时，应立即疏散人员并设置警戒线；在发现有毒有害物品时，应迅速组织人员撤离并提供必要的医疗救助。

遵循处置原则：根据危险物品的性质和危害程度，采取相应的处置措施。例如，对于易燃易爆物品，应遵循"先控制火源、后消除危险"的原则；对于腐蚀性物品，应遵循"先中和、后处理"的原则。同时，应注意避免使用不当的处置方法导致次生事故的发生。

使用专业工具与设备：在必要时，使用专业的工具或设备对危险物品进行处理。例如，使用防爆设备处理易燃易爆物品；使用泄漏应急处理工具对泄漏的液体进行收集和处理。这些专业工具和设备能够提高处置效率和安全性，降低事故风险。

注意环境保护：在处置危险物品时，应注意保护环境，避免对周围环境造成污染或破坏。例如，在处理有毒有害物品时，应采取措施防止有毒物质泄漏或扩散；在处理腐蚀性物品时，应注意避免对土壤和水源造成污染。

（3）隔离封存与报告上报规范。

隔离封存和报告上报是危险物品处置的后续环节，它们对于防止危险物品的进一步扩散和危害具有重要意义。以下是一些常见的隔离封存与报告上报规范：

选择合适的封存场所：将危险物品与其他物品隔离开来，并选择安全、可靠的场所进行封存处理。封存场所应具备防火、防盗、防潮等条件，并确保通风良好、无明火等安全隐患。同时，应对封存场所进行定期检查和维护，确保其有效性。

采取必要的封存措施：根据危险物品的性质和危害程度，采取必要的封存措施防止物品泄漏、损坏或被盗。例如，对于易燃易爆物品，可以使用防爆柜封存；对于腐蚀性物品，可以使用耐腐蚀的容器封存。同时，应在封存场所设置明显的警示标志和安全提示，提醒人员注意安全。

及时报告并更新信息：将危险物品的情况及时向上级主管部门和相关部门报告，并保持通信畅通，随时准备接受进一步的指示和调度。报告内容应包括物品的名称、性质、数量、危害程度以及其他需要说明的事项。

3. 实例分析与应对策略

以下是一个真实的快递物流企业危险物品处置案例，通过对此案例的分析，我们可以总结出一些切实可行的应对策略。

案例 1

某快递公司在分拣过程中，发现一件包裹内传出异响，且包裹外观有破损。工作人员立即将包裹移至安全区域，并使用X射线安检机进行检测。检测结果显示，包裹内装有疑似易燃易爆物品。

分析与启示：针对上述案例，以下是一些切实可行的应对策略。

（1）立即疏散人员：首先，应确保现场人员的安全，立即疏散周围人员，并设置警戒线，防止无关人员接近。

（2）关闭电源和火源：为防止火灾或爆炸事故的发生，应关闭现场附近的电源和火源，包括电器设备、明火等。

（3）使用专业设备检测：利用专业的X射线安检机、液体检测仪等设备，对快件进行进一步的检测和分析，以确定物品的性质和危害程度。

（4）隔离封存：将疑似易燃易爆物品的快件与其他快件隔离开来，并进行封存处理。同时，对已经破损的包裹进行妥善处理，防止其继续泄漏或引发其他事故。

（5）报告上报：立即向上级主管部门和相关部门报告此次事件，并提供详细的包裹信息和现场情况。根据上级指示，采取进一步的处置措施，如联系专业机构进行处置、重新安排运输等。

在此案例中，快递公司的工作人员及时发现了疑似易燃易爆物品的包裹，并采取了有效的应对措施，避免了可能发生的火灾或爆炸事故。这得益于工作人员的专业素养和应对能力，以及公司完善的应急预案和处置流程。然而，这也提醒我们在日常工作中应更加注重对邮件快件的安全检查和对员工的培训教育，以提高整体的安全防范意识。同时，应定期对安检设备进行维护和更新，确保其正常运行和准确性。

作为安检员，必须掌握常见危险物品的处置方法，包括识别危险物品、处置流程与规范以及实例分析与应对策略等方面内容。通过不断学习和实践，提高自身的专业素养和应对能力，为确保邮件快件安检工作的安全顺利进行贡献力量。

（二）爆炸物的处置

1. 爆炸物的识别与分类

（1）爆炸物的识别。

①人工检查法：一般通过眼、耳、鼻、手等感官的感觉和借助简单工具，检疑似违禁品和可疑部位有无暗藏的爆炸物。

②技术检查法：X射线安检机检查法、痕量爆炸物探测仪检查法、核探测系统技术检查法、化学喷显法和电子听诊器（钟控定时装置探测器）检查法。

利用X射线安检机、爆炸物探测仪对可疑爆炸物进行检查。

射线对材质不同、密度不同的托寄物穿透能力不同，在显示器上会呈现颜色、明暗不同的影像，对暗藏爆炸物的物品进行X射线安检机检查时，由于爆炸装置外壳、引信、雷管、电池、导线等部件的材质、形状、结构、作用与生活物品不同，在显示器上会呈现与实际托寄物不同的图像特征，可运用X射线安检机的功能键对可疑物品进行分析并根据物品图像的颜色、形状、明暗度和它们的相互位置关系，查明爆炸装置的种类、构造及在物品内的位置。

利用爆炸物探测仪检测到可疑物时，仪器会发出报警声音（可选择将报警声音关掉），同时在屏幕上显示报警结果。

（2）爆炸物的分类。

①起爆药。起爆药是起爆猛炸药的药剂，主要用于制作起爆器材。这类炸药的特点是敏感度高，在比较小的外界作用（如加热、摩擦、撞击等）下就能引起爆炸，如雷汞、斯蒂酚酸铅。

②猛炸药。猛炸药爆炸时，对周围介质有强烈的机械作用，爆炸威力大，与起爆药相比，多数猛炸药的感度较低，只有在较大的外界作用下才能发生爆炸，如TNT、黑索金、奥克托今。

③火药。火药又称发射药，其特点是对火焰的感度高，遇火能迅速燃烧，转为爆轰，主要用来做发射药、制造导火索和延期药等，如黑火药、无烟火药。

④烟火剂：是指具有不同烟火效应的各种药剂，如燃烧剂、曳光剂、信号剂。

（3）爆炸性混合物类。

爆炸性混合物是指由可燃气体、蒸气或粉尘与空气混合后形成的混合物。这类混合物在一定的浓度范围内，遇到明火、高温或静电等点火源时，可能发生爆炸。常见的爆炸性混合物有煤气、面粉粉尘等。在处理这类物品时，需要特别注意通风和防火措施，避免形成爆炸性混合物并引发事故。

为了准确识别爆炸物并确定其类别，安检员需要掌握各种爆炸物的性质和特点，熟悉其外观、包装和标识等特征。同时，还需要借助专业的检测设备和技术手段进行辅助检查。例如，X射线检查设备可以用于透视货物的内部结构，帮助发现隐藏的爆炸物；金属探测器可以用于检测货物中是否含有金属部件或导线等可疑物品；化学试剂检测可以用于检测货物中是否含有易燃易爆物质等。

在实际工作中，安检员还需要不断学习和更新知识，了解新型爆炸物的特点和识别方法。同时，要保持高度警惕和责任心，对每一件邮件快件都进行认真细致的检查，确保不漏检、不误判。只有这样，才能有效保障公共安全和社会稳定。

2. 爆炸物处置原则与程序

在邮件快件安检过程中，一旦发现疑似爆炸物，必须立即采取科学、合理的处置措施，以确保人员安全和财产安全。以下是爆炸物处置的基本原则与方法：

（1）基本原则。

①处置爆炸物要慎重。爆炸物是具有较大杀伤力的装置，万一爆炸，将引起严重的后果。

②尽量减少损失。尽可能不让爆炸物在人员密集、快件作业场地内、自动化设备周围等位置爆炸，万一爆炸应最大限度地减少爆炸破坏的程度，应千方百计保障人员的安全。

③专职人员排爆。发现爆炸物（包括可疑爆炸物）后，应禁止无关人员触动，只有经过专门训练的专职排爆人员才可以实施排爆。

（2）处置程序。

对爆炸物的判断：

①真假的判断。

②威力的判断。

③是否有定时装置的判断。

④是否有水平装置的判断。

⑤是否有松、压、拉等机械装置的判断。

⑥是否有其他反拆卸装置的判断。

对爆炸物进行处置：处置爆炸物的首要条件是查清爆炸物的结构，根据其结构特点和爆炸物所处的地域，灵活运用不同的方法。爆炸物的处置通常由专业人员实施，处置的方法有三种：

①就地销毁法。如确定爆炸物不可移动，采用就地引爆的方法进行销毁。为减少损失，销毁时可将爆炸物用沙袋围起来。

②人工失效法。人工失效法是首先使处于危险状态的延期或触发式爆炸物的引信失去功能，再对整个爆炸物进行拆卸，使引信和弹体（炸药）分开的方法。

③转移法。当爆炸物位于快件作业场地内、人员较多等重要场所，并装有反拆卸装置且无把握进行人工失效并能移动时，将爆炸物转移到安全地方进行处理。

3. 爆炸事故应急处理

尽管我们采取了各种预防措施，但爆炸事故仍有可能发生。一旦发生爆炸事故，安检员需要迅速采取应急处理措施，最大限度地减少人员伤亡和财产损失。以下是一些切实可行的应急处理举措：

（1）立即启动应急预案。

一旦发现爆炸事故，需要立即启动应急预案。组织人员撤离现场，封锁事故区域，防止无关人员进入。同时，迅速向上级主管部门和公安机关报告情况，请求支援和指导。应急预案应包括现场指挥、通信联络、现场处置、医疗救护、消防灭火、交通管制、后勤保障等方面的内容，确保各项工作有序进行。

（2）开展现场救援。

在爆炸事故发生后，要迅速开展现场救援工作。对于受伤人员要及时进行救治和转移，确保他们得到及时有效的医疗救治。对于被困人员要积极进行搜救和营救，尽一切可能减少人员伤亡。在救援过程中要注意自身安全，避免发生次生事故。同时，要做好现场秩序维护工作，防止混乱和恐慌情绪蔓延。

（3）疏散周围人员。

在爆炸事故发生后，要迅速疏散周围人员。通过设置警戒线、发布疏散指令等方式，引导人员有序撤离现场。在疏散过程中要注意维持秩序和安抚情绪，确保人员安全有序地撤离。同时要做好人员安置工作，为疏散人员提供必要的临时住所和生活保障。

（4）配合相关部门进行调查处理。

在爆炸事故发生后，要积极配合相关部门进行调查处理。提供事故现场的相关信息和线索，协助调查人员查明事故原因和责任。同时要按照相关部门的要求对事故现场进行清理和恢复工作。在调查处理过程中要保持客观公正的态度，积极配合相关部门的工作，为事故处理提供有力支持。

为了更好地应对爆炸事故应急处理，安检员需要定期进行应急演练和培训。通过模拟演练和实际操作，提高应对突发事件的能力和水平。同时要保持与相关部门的沟通和联系，确保在紧急情况下能够及时请求支援和指导。此外，还要加强对应急预案的更新和完善工作，确保预案的针对性和实用性。

4. 常用防爆设备的类型、原理及使用方法

在现代邮件快件安检体系中，防爆设备是不可或缺的重要组成部分。它们的设计和使用，都是基于严谨的科学原理，以确保在处理潜在爆炸性物品时能够最大限度地保障人员安全和财产安全。以下将详细阐述几种核心防爆设备的类型及其工作原理，这些内容对于安检员而言，是提升专业能力和应对复杂情况的关键。

1）常用防爆设备的类型及原理

（1）防爆罐的类型及原理。

防爆罐（图10-1），作为一种专门用于隔离和处置爆炸性物品的容器，可防范及减弱爆炸物品爆炸时对周边人员及物品造成的损伤。防爆罐具有多种类型和规格，根据不同的应用场景和处理物品的性质，防爆罐可以分为便携式、固定式和车载式等；按形状来分可分为桶型与球型两种，也称为防爆桶和防爆球。它们通常由高强度金属（如钢或铝合金）制成，内壁大多衬有防爆材料以减少爆炸冲击。

防爆罐能实现防爆功能主要得益于它出色的抗爆性能和密封性，其工作原理是：当可疑物品被放入防爆罐内时，防爆罐的密封设计能够有效隔绝外界氧气和触发源，从而大幅降低了爆炸发生的可能性。即便罐内物品发生爆炸，防爆罐的坚固结构也能吸收和分散大部分爆

图10-1　防爆罐

炸能量，减少碎片和冲击波的扩散范围，保护周边区域免受严重破坏。此外，防爆罐通常配备有泄压装置，如安全阀或爆破片。这些装置能够在罐内压力达到危险水平时自动释放压力，防止罐体破裂造成更严重的后果。同时，防爆罐还可能配备有温度、压力等传感器，用于实时监测罐内环境，确保在任何情况下都能及时发现并应对潜在的风险。

防爆罐一般为上开口的圆桶状。由内外两层钢板和中间防弹缓冲材料组成，内径50～100cm，能盛装小件物品。防爆罐能够起到减弱冲击波和弹片杀伤力的作用，抗爆能力为1.5～3.5kg TNT当量。防爆罐通常布置在交通、寄递安检口和行李寄存处等有防护需求的重要场所，用于应急、临时存放危险爆炸物。安检员在检查中发现爆炸物或可疑物，可将其轻轻放入防爆罐，等待专业人员赶来处置。

（2）防爆毯的类型及原理。

防爆毯（图10-2）是用高强度防弹纤维材料，经过特殊工艺加工制成的一种毯子形状的防爆器材。防爆毯是一种轻便且易于部署的防爆设备，广泛应用于公共安全领域。它能够有效阻挡爆炸物产生的冲击波和碎片，设计抗爆能力一般不超过1kg TNT当量，可以避免或减轻爆炸对周围

图10-2　防爆毯

人员、贵重设备、公共场所等所造成的损害。

根据不同的制造材料和应用需求，防爆毯可分为一次性使用和可重复使用两种类型，通常由多层高强度纤维材料（如凯夫拉或聚酯纤维）编织而成，这些材料具有出色的抗拉强度和耐冲击性能。

防爆毯的工作原理主要是通过其多层纤维结构来吸收和分散爆炸产生的能量。当爆炸发生时，防爆毯的纤维层能够有效捕获并固定爆炸碎片，防止其以高速飞散造成伤害。同时，纤维材料本身的柔韧性和延展性能够吸收冲击波的能量，减少其对周围环境的破坏。

值得注意的是，防爆毯并非安全上的绝对保障，它主要用于减少爆炸的次生伤害。在使用防爆毯时，必须遵循正确的操作步骤和安全距离要求，以确保人员安全。

（3）防爆探测器的类型及原理。

防爆探测器是邮件快件安检中的"眼睛"，它能够快速准确地识别出潜在的爆炸性物品。根据不同的探测原理和应用场景，防爆探测器可分为多种类型，如X射线探测器、金属探测器、化学探测器等。

X射线探测器通过发射X射线并接收其穿过物体后的衰减信号来形成物体的内部结构图像。这种探测器特别适用于检测隐藏在货物内部的爆炸物或其他违禁品。金属探测器则利用金属物体对电磁场的干扰来检测其存在，常用于检测携带金属部件的爆炸装置。化学探测器则通过分析空气中的化学物质成分来识别特定的爆炸性物质。

防爆探测器的工作原理基于物理学和化学原理的结合。它们通过高灵敏度的传感器捕捉微小的物理或化学变化，并将这些变化转化为可识别的信号。随着技术的进步，现代防爆探测器已经能够实现多模态检测，即同时结合多种探测原理来提高检测的准确性和可靠性。

（4）其他常用防爆设备的类型及原理。

排爆服（图10-3）是能够防护爆炸后产生的超压、碎片、冲击波，对排爆人员进行全方位的保护的特殊服饰。其头盔里装有智能型电池驱动电源系统和排风系统，还有智能式声音放大器及巨响防护装置。

频率干扰仪（图10-4）是通过发射大功率多频段无线电波进行无线电信号屏蔽、覆盖，可以在排爆现场和重要目标保卫现场对遥控炸弹实施频率干扰，使犯罪分子无法引爆遥控炸弹。

2）常用防爆设备的使用方法

正确使用防爆设备是确保邮件快件安检过程安全高效的关键。以下将详细阐述防爆罐、防爆毯和防爆探测器的使用方法，这些内容对于安检员而言至关重要。

（1）防爆罐的使用方法。

准备工作：在使用防爆罐前，必须进行全面的检查，确保其结构完整、无损坏，并且所有安全装置都处于正常工作状

图10-3　排爆服

态。同时，要熟悉防爆罐的操作手册，了解其基本性能和限制。

物品放置：将可疑物品轻放入防爆罐内，注意避免任何可能引发爆炸的动作，如剧烈摇晃或撞击罐体。如果物品较大或形状不规则，应使用填充物（如沙子或泡沫）固定其位置，防止其在罐内移动。

图10-4 频率干扰仪

密封与隔离：放置好物品后，应立即将防爆罐密封，并确保所有接口和缝隙都得到有效封闭。随后，将防爆罐移至安全区域进行隔离，以减少潜在爆炸对周围环境的影响。

监测与处置：在隔离期间，应使用专用监测设备对防爆罐进行持续监控，确保其内部环境稳定且安全。一旦发现异常情况（如温度升高、压力上升等），应立即启动应急程序进行处置。

后续处理：在确认防爆罐内物品无爆炸风险后，应按照相关规定进行后续处理，如将物品移至指定地点进行销毁或回收。同时，要对防爆罐进行彻底清洁和检查，以备下次使用。

应急处置：若防爆罐内的物品发生爆炸或泄漏等紧急情况，应立即启动应急预案。确保人员迅速撤离至安全区域，并使用适当的消防和救援设备进行处理。在紧急情况下，务必保持冷静，遵循事先制订的应急程序。

培训与演练：定期对操作人员进行防爆罐使用方法的培训和演练，确保他们熟悉操作步骤、了解安全注意事项，并能够在紧急情况下迅速反应。

（2）防爆毯的使用方法。

开包检查：在使用防爆毯前，应先检查其包装是否完好，确认无破损或污染。同时，要查看防爆毯的生产日期和有效期，确保其性能未受损。

快速部署：一旦发现可疑爆炸物，应立即取出防爆毯并迅速展开。在展开过程中，要注意保持防爆毯的平整性，避免出现褶皱或折叠，以确保其防护效果。

覆盖与固定：将防爆毯完全覆盖在可疑物品上，并尽可能使其与地面或其他物体接触紧密。如有需要，可以使用胶带或重物将防爆毯固定在地面上，防止其被风吹动或移位。

安全撤离：在完成覆盖后，应立即撤离至安全区域，并保持一定距离进行观察。在撤离过程中，要避免与防爆毯直接接触，以减少潜在风险。

后续处理：在确认安全后，应按照相关规定对防爆毯进行后续处理。一次性使用的防爆毯应作为危险废物进行处置；可重复使用的防爆毯则应在清洁和检查后进行妥善保管，以备下次使用。

安全防护：在使用防爆毯时，操作人员应穿戴适当的个人防护装备，如防爆服、手套、护目镜等。这些装备能够提供额外的保护，减少爆炸碎片和冲击波对操作人员的伤害。

协同配合：在处理可疑爆炸物时，通常需要多个部门或人员的协同配合。因此，使用防爆毯时，应与其他相关人员保持紧密沟通，确保行动一致、信息畅通。

培训与演练：同样地，对操作人员进行定期的防爆毯使用培训和演练至关重要。通过模拟真实场景，让操作人员熟悉操作步骤、掌握正确的使用方法，并提高他们的应对能力和心理素质。

（3）防爆探测器的使用方法。

开机自检：在使用防爆探测器前，应先进行开机自检，确保其各项功能正常。同时，要查看探测器的电量是否充足，如不足应及时充电。

校准与设置：根据探测任务的具体需求，对防爆探测器进行校准和设置。例如，调整探测器的灵敏度以适应不同环境下的探测要求；设置报警阈值以区分正常物品和可疑物品等。

规范操作：在使用防爆探测器进行探测时，应遵循规范的操作流程。例如，保持探测器与货物的适当距离；按照一定的顺序和速度移动探测器；避免在探测过程中产生干扰信号等。

结果判断与处理：根据探测器的报警信号和显示结果，判断货物中是否存在可疑物品。如发现可疑物品，应立即停止操作并通知相关人员进行处理。同时，要保持冷静和专注，不要因误报或漏报而引发不必要的恐慌或混乱。

维护与保养：在使用完防爆探测器后，应进行及时的清洁和维护工作。例如，清除探测器表面的灰尘和污垢；检查电缆和接口是否完好；将探测器存放在干燥、通风的地方等。同时，要定期对探测器进行全面检查和校准，确保其长期稳定运行。

环境适应：防爆探测器可能在不同环境下面临各种干扰因素，如电磁干扰、温度变化等。因此，在使用前应根据实际环境调整探测器的设置，以确保其准确性和稳定性。

数据记录与分析：对于每次探测任务，都应详细记录探测器的响应情况、报警信号等信息。这些数据可以用于后续分析，帮助提高探测器的性能和准确性。

故障排查与维修：如果防爆探测器出现故障或异常情况，应立即停止使用并进行排查。对于无法自行解决的问题，应及时联系专业维修人员进行维修，确保探测器的正常运行。

培训与更新：随着技术的不断进步和新型爆炸物的出现，防爆探测器的性能和探测方法也需要不断更新。因此，应定期对操作人员进行培训，让他们了解最新的探测技术和方法，提高探测器的使用效果。

以上的在实际工作中，安检员应灵活运用所学知识，结合实际情况进行具体分析和处理，确保邮件快件安检的安全性和效率。同时，不断学习和掌握新的防爆技术和设备，提高自身的专业素养和应对能力，为保障国家安全、公共安全做出更大的贡献。

（三）放射性物质的处置

在邮件快件安检工作中，对放射性物质的识别、监测和处置是一项至关重要的任务。由于放射性物质具有潜在的辐射危害，一旦处理不当，可能对人员和环境造成长期影响。因此，安检员必须掌握放射性物质的相关知识，以确保安全有效地处理这类物质。

1. 放射性物质的识别与监测

（1）放射性物质的概念与特性。

放射性物质是指能够自发地、不断地放出射线的物质。这些射线包括 α 射线、β 射线和 γ 射线等，它们对人体和环境都具有潜在的危害。放射性物质的特性主要包括：放射性衰变、射线类型和能量、半衰期等。了解这些特性有助于我们更好地识别和处理放射性物质。

（2）识别方法与监测技术。

在邮件快件安检过程中，识别放射性物质主要依赖于专业的监测设备和技术。常用的监测设备包括辐射探测器、剂量仪和谱仪等。这些设备能够实时监测货物周围的辐射水平，并发出警报以提示安检员。

此外，还有一些辅助识别方法，如查看货物的标签、包装和运输文件等。正规的放射性物质运输通常会有明显的辐射警告标志和相关文件，通过这些信息可以初步判断物品是否含有放射性物质。

为了提高识别的准确性和效率，安检员需要熟练掌握检测设备的使用方法和技巧，并定期对设备进行校准和维护。同时，还需要了解不同放射性物质的特性和识别要点，以便在实际工作中能够迅速作出判断。

2. 放射性物质处置原则与方法

（1）处置原则。

在处置放射性物质时，应遵循安全第一、预防为主、严格管理、依法处置的原则。这些原则强调了安全的重要性，要求我们在处置过程中始终把安全放在首位，采取一切必要的预防措施来防止事故的发生。同时，还需要严格遵守相关法律法规和操作规程，确保处置工作的合法性和规范性。

（2）处置方法。

对于不同种类和剂量的放射性物质，应采取不同的处置方法。一般来说，处置方法包括以下几种：

隔离与封存：对于高放射性物质或无法立即处理的物质，应采取隔离与封存措施。将物质存放在专门的容器中，并放置在安全地点，以防止其对人员和环境造成危害。

净化与去污：对于受到放射性物质污染的物品或区域，应采取净化与去污措施。使用专业的清洁剂和去污设备，将放射性物质从物品或区域上去除，以恢复其正常使用功能。

稀释与排放：对于低放射性废水或废气，可以采取稀释与排放措施。通过加入大量的非放射性物质来降低其放射性浓度，然后将其排放到符合环保要求的地点。

回收与再利用：对于具有经济价值的放射性物质，如医用同位素等，可以采取回收与再利用措施。通过专业的回收和处理流程，将这些物质重新利用起来，以节约资源和减少浪费。

需要注意的是，无论采取何种处置方法，都需要严格遵守相关操作规程和安全防护措施，确保人员和环境的安全。

3. 放射性事故应急处理

在邮件快件安检过程中，放射性事故的应急处理是至关重要的。为了迅速、有效地响应和处理放射性事故，以下是将应急处理流程与切实可行的举措相融合的内容：

（1）立即启动应急预案与快速响应。

一旦发现放射性事故，应立即启动应急预案，确保所有相关人员熟悉应急流程和各自的职责。迅速组建应急响应团队，包括指挥人员、监测人员、救援人员等，并立即进入事故现场。

（2）强化报告与通信联络。

在启动应急预案的同时，立即向上级主管部门和相关部门报告事故情况，确保信息畅通。建立与现场指挥中心的实时通信联络，及时传达指令和反馈现场情况。

（3）专业的现场处置与救援。

救援人员应配备专业的辐射防护装备，如防护服、呼吸器等，确保安全进入事故现场。

使用专业的辐射监测设备对现场进行实时监测，评估辐射水平和污染范围。

根据监测结果，采取适当的措施进行现场处置，如隔离污染区域、封存放射性物质等。

（4）优先考虑人员救治与安置。

优先救治受伤人员，并立即将其转移至安全区域进行医学观察和治疗。对于受到辐射污染的人员，进行去污处理和必要的医学检查，确保其安全。疏散周围人员，并提供必要的临时住所、食物和生活保障。

（5）事故调查与善后处理。

在事故得到控制后，立即组织专业团队对事故进行调查，分析事故原因和责任。

根据调查结果，采取相应的善后处理措施，如修复受损设施、清理现场、赔偿损失等。

对应急预案进行评估和修订，总结经验教训，提高未来应对类似事故的能力。

为了确保放射性事故应急处理的有效性，还需持续加强应急准备和培训工作：

定期培训与演练：定期组织相关人员进行放射性物质知识和应急处理技能的培训，提高应对能力。同时，定期举行应急演练，模拟真实事故场景，检验应急预案的可行性和人员的反应能力。

设备维护与更新：定期对辐射监测设备和其他应急处理设备进行维护和校准，确保其处于良好工作状态。同时，关注新技术和新设备的发展，及时更新换代，提高应急处理的效率和安全性。

协作与信息共享：与相关部门建立紧密的协作关系，共享信息资源和技术支持。通过定期召开联席会议、共享数据等方式，加强沟通与合作，共同提升应对放射性事故的能力。

通过以上融合后的应急处理流程和切实可行的举措的实施，可以更加有效地应对放射性事故，最大限度地减少事故对人员和环境造成的危害。

（四）不明物品的处置

在邮件快件安检过程中，不明物品的发现和处置是一项至关重要的任务。由于不明物品可能隐藏潜在的安全风险，因此，安检员必须具备高度的警惕性和专业性，以确保快速、准确地识别并妥善处理这类物品。以下将围绕不明物品的识别与初步评估、处置流程与规范、注意事项与应急措施等方面进行详细阐述。

1. 不明物品的识别与初步评估

（1）不明物品的识别。

不明物品，顾名思义，是指在安检过程中发现的无法立即确定其性质、用途或来源的物品。这类物品可能包括但不限于：未知化学物质、疑似爆炸物、不明生物样本、放射性物质等。识别不明物品的首要任务是观察其外观特征，如形状、颜色、标签等，以及通过安检设备（如X射线安检机、金属探测器等）获取的内部结构信息。

（2）初步评估风险。

在识别出不明物品后，安检员需要迅速进行初步的风险评估。评估内容包括但不限于：物品的潜在危险性、对周围环境的影响、可能造成的后果等。这一步骤的目的是为后续的处置流程提供决策依据，确保在保障安全的前提下进行高效处理。

2. 不明物品的处置流程与规范

（1）处置流程。

隔离与标识：一旦发现不明物品，首要任务是将其与周围环境隔离，防止任何形式的接触或干扰。同时，在物品周围设置明显的警示标识，提醒其他人员注意安全。

上报与通报：安检员应立即向上级主管部门报告发现的不明物品情况，并根据实际情况向相关部门（如公安、应急消防等）进行通报，请求协助处理。

专业鉴定与处理：在专业人员（如化学家、爆炸物处理专家等）的指导下，对不明物品进行进一步的鉴定和处理。这一过程可能需要使用专业的检测设备和处理方法，以确保安全、准确地确定物品的性质和处置方式。

记录与归档：在整个处置过程中，应详细记录每一步操作和相关信息（如时间、地点、参与人员等），以便后续查询和总结经验教训。处置结束后，将所有相关资料

邮件快件安检员
职业培训（技能等级认定）教材 高级

进行归档保存。

（2）处置规范。

遵循法律法规：在处置不明物品时，必须严格遵守国家和地方的相关法律法规，确保所有操作合法合规。

确保人员安全：在任何情况下，都应优先保障人员的生命安全。在处理可能具有危险性的不明物品时，应采取必要的防护措施，确保参与人员的安全。

保持沟通协作：在处置过程中，各部门和人员应保持紧密沟通，共同协作，确保信息畅通和资源共享。

遵循专业指导：在处理不明物品时，应充分听取专业人员的意见和建议，遵循科学的鉴定和处理方法。

3. 不明物品处置的注意事项与应急措施

（1）注意事项。

避免触碰或移动不明物品：在未确定不明物品的性质前，应尽量避免直接触碰或移动物品，以防止可能引发的危险。

保持现场秩序：在处置不明物品时，应维护好现场秩序，防止无关人员进入或干扰处理工作。

注意环境变化：密切观察不明物品周围的环境变化（如气味、温度等），以便及时发现异常情况并采取相应措施。

保持信息更新：随着处置工作的深入进行，应不断收集和更新相关信息（如物品鉴定结果、处理进展等），以便及时调整处理策略。

（2）应急措施。

制定应急预案：针对可能遇到的各种突发情况（如物品突然发生爆炸、泄漏等），应事先制定详细的应急预案并进行演练，确保在紧急情况下能够迅速、有效地应对。

配备应急设备：根据实际需要，配备相应的应急处理设备（如防爆设备、防护服等），以便在必要时进行紧急处理。

建立应急联络机制：与相关部门建立应急联络机制，确保在紧急情况下能够迅速请求援助和支持。

进行应急培训：定期对安检员进行应急处理培训，提高其应对突发事件的能力和水平。

不明物品的处置是邮件快件安检中的一项重要而复杂的任务。通过本章节的学习，安检员应能够掌握不明物品的识别与初步评估方法，熟悉处置流程与规范，了解注意事项与应急措施。在实际工作中，应灵活运用所学知识，结合实际情况进行具体分析和处理，确保邮件快件安检工作的顺利进行和人员安全。

第二节　其他可疑件处理

一　其他可疑件验视规范

（一）其他可疑物品目录

在邮件快件安检的过程中，除了已知和明确规定的违禁品、危险品外，还有一类物品因其性质、形状、表现等方面存在不确定性，被视为"其他可疑物品"。这些物品可能是潜在的安全隐患，需要安检员特别关注。以下是对这类物品的详细列举和描述，旨在帮助安检员提高安检工作的专业度和广度。

1. 异常形态与构造的物品

不规则形状与尺寸：任何不符合常规形状和尺寸的物品都应被视为可疑。例如，过长、过宽、过高或过低的物品，可能隐藏有违禁品或危险品。

异常构造与设计：物品如果存在不寻常的开口、缝隙、凸起、凹槽等，可能表明其内部藏有异物或具有特殊功能。

过度包装或封装：对物品进行过度的包装、封装或缠绕，可能是为了掩盖其真实性质或隐藏内部物品。

2. 不明物质与材料

未知液体与粉末：无法确定成分、性质或用途的液体和粉末是最常见的可疑物品。它们可能是易燃、易爆、有毒或有腐蚀性的，因此需要特别小心处理。

不明固体物质：除了液体和粉末外，还应警惕无法识别的固体物质。这些物质可能是违禁品或危险品的原料、半成品或成品。

异常气味与颜色：物品如果散发出异常气味或呈现不寻常颜色，可能表明其含有有害物质或经历了不当处理。

3. 未经申报或标识不清的物品

未申报的物品：如果物品未在清单、运单或其他相关文件中申报，或者申报信息与实际物品不符，应视为可疑。

标识不清或缺失：物品如果缺少必要的标签、说明书、安全数据表等，或者这些标识模糊不清、无法辨认，也应引起怀疑。

4. 改装或伪装的物品

非法改装：物品如果被非法改装或改造，如改变电器设备的原有功能、在容器中隐藏其他物品等，应视为高度可疑。

伪装掩饰：任何试图通过伪装、掩饰或改变外观来逃避安检的物品都应被视为可疑。例如，将刀具伪装成笔、将易燃液体伪装成普通饮料等。

5. 异常电子与机械设备

未知功能的电子设备：无法识别功能或用途的电子设备，特别是那些带有不明连接口、显示屏或按键的设备，可能含有潜在的安全风险。

异常表现的机械设备：机械设备如果在安检过程中发出异常声音、产生异常振动或散发出异常气味，可能表明其内部存在问题或故障。

6. 生物与化学制品

未知生物制品：无法确定来源、性质或用途的生物制品，如疫苗、血清、细菌培养物等，可能带来生物安全风险。

不明化学制品：除了常见的易燃、易爆、有毒化学品外，还应警惕那些无法识别的化学制品。它们可能是新型毒品、非法添加剂或其他违禁品的原料。

7. 其他特殊情况

发出辐射或电磁干扰的物品：如果物品在安检过程中发出辐射或产生强烈的电磁干扰，可能表明其内部含有放射性物质或特殊电子设备。

与恐怖主义、犯罪活动相关的物品：任何与恐怖主义、犯罪活动相关的物品，如爆炸物制作指南、极端主义宣传品等，都应被视为高度可疑并立即报告相关部门。

以上列举的其他可疑物品目录并非详尽无遗，但涵盖了大部分常见和潜在的安全隐患。在实际安检工作中，安检员应根据具体情况进行判断和处理，确保邮件快件安全。

同时，为了提高安检工作的效率和准确性，建议采取以下措施：

（1）加强对安检员的培训和教育，提高其识别和处理可疑物品的能力。

（2）配备先进的安检设备和技术，如X射线安检机、液体检测仪、化学分析仪等，以便更快速、准确地检测可疑物品。

（3）建立信息共享和协作机制，与相关部门及时沟通、共享信息，共同应对安全威胁。

通过以上措施的实施，可以进一步提升邮件快件安检工作的专业度和广度，确保货物的安全运输。

此外，对于上述列举的其他可疑物品目录中的每一类物品，都可以进一步细化其特征和识别方法。例如，对于异常形态与构造的物品，可以通过X射线安检机检查其内部结构和密度分布；对于不明物质与材料，可以通过化学分析仪检测其成分和性质；对于改装或伪装的物品，可以通过拆解和手动检查来发现其真实面貌。这些具体的操作方法和技巧可以帮助安检员更准确地识别和处理可疑物品。

总之，邮件快件安检工作是一项复杂而重要的任务，需要安检员具备高度的警惕性和专业知识。通过不断完善和扩充其他可疑物品目录，并采取相应的措施和方法进行识别和处理，可以确保邮件快件的安全运输，维护社会的稳定和安全。

同时，随着科技的不断进步和犯罪手段的不断更新，新的可疑物品和安全隐患可能会不断出现。因此，安检工作需要与时俱进，不断学习和掌握新的知识和技能，以应对不断变化的安全威胁。这也需要政府、企业和社会各界共同努力，加强合作和信息共享，共同维护邮件快件和人员的安全。

在未来的发展中，会有更多更加智能化、高效化的安检设备和技术的应用，以及更加专业化、规范化的安检流程和标准的制定，进一步提升邮件快件安检工作的水平和质量，为社会的和谐稳定做出更大的贡献。

（二）其他可疑物品验视规范

在邮件快件安检过程中，对于其他可疑物品的验视是一项至关重要的任务。这些物品可能因其性质、形状、表现等方面存在不确定性，而被视为潜在的安全隐患。为了确保人员和财产的安全，安检员需要遵循一系列严谨的验视规范，以识别和处理这些可疑物品。

1. 前期准备与基本要求

在进行可疑物品验视之前，应做好充分的前期准备工作。这包括熟悉各种常见和潜在的可疑物品，了解其特征、性质和处理方法；掌握相关的安检设备和仪器的使用方法；熟悉应急预案和处置流程。此外，还应保持高度的警惕性和专业性，严格遵守验视规范和操作流程。

2. 可疑物品的初步识别

在初步识别可疑物品时，应综合运用观察、询问、检查等手段。观察物品的外观、形状、颜色、标识等特征，注意是否存在异常或不符常规的情况。询问携带者或货主有关物品的信息，如名称、用途、来源等，注意分析回答的合理性和一致性。检查物品的包装、封条、标签等是否完好无损，是否存在被拆封、改动或伪造的痕迹。

3. 可疑物品的进一步验视

对于初步识别为可疑的物品，应进行进一步的验视。这包括使用专业的安检设备和仪器，如X射线安检机、金属探测器、液体检测仪等，对物品进行详细的检查。根据物品的性质和特征，选择合适的检测方法和手段，确保检测的准确性和有效性。同时，还应注意保护自己和他人的安全，避免在验视过程中发生意外或危险。

4. 可疑物品的处理与处置

对于确认为可疑的物品，应根据相关法规和规定进行处理与处置。对于违禁品或危险品，应立即予以扣留并报告相关部门进行进一步处理。对于其他可疑物品，如无法确定其性质或用途，应暂时予以扣留并进行进一步的调查和分析。在处理与处置过程中，应严格遵守操作规程和安全防护措施，确保人员和财产的安全。

5. 针对不同类型的可疑物品的特殊验视要求

异常形态与构造的物品：对于形状不规则、尺寸异常或构造特殊的物品，应特别注意其内部可能隐藏的风险。使用X射线安检机进行透视检查，观察内部结构是否存在异常密度或形状。如有必要，可进行拆解检查以进一步明确其构造和用途。

不明物质与材料：对于无法识别的液体、粉末、固体物质等，应采用专业的化学分析仪器进行检测。通过分析其成分、性质等特征，判断其是否属于危险品或违禁品。同时，注意观察其颜色、气味等物理性质是否异常，以辅助判断其安全性。

未经申报或标识不清的物品：对于未在清单、运单或其他相关文件中申报的物品，或者标识不清、缺失的物品，应视为高度可疑。在进行验视时，应特别关注其来源、用途和去向等信息，以判断其是否存在安全风险。如有必要，可要求携带者或货主提供补充证明材料。

改装或伪装的物品：对于经过改装或伪装的物品，应特别注意其原始功能和用途是否被改变。通过观察外观、检查内部结构和使用痕迹等方法，判断其是否被用于非法目的。如有必要，可进行拆解检查以进一步明确其内部构造和功能。

异常电子与机械设备：对于功能不明、用途可疑的电子设备或机械设备，应特别注意其是否存在潜在的安全风险。使用专业的电子设备检测仪器进行检查，观察其是否存在异常信号或功能。如有必要，可进行拆解检查以进一步明确其内部构造和工作原理。

生物与化学制品：对于无法确定来源、性质或用途的生物制品和化学制品，应特别注意其生物安全风险和化学危害风险。采用专业的生物和化学分析仪器进行检测，判断其是否属于危险品或违禁品。同时，注意观察其包装、标签等是否符合相关规定要求。

其他特殊情况：对于发出辐射或电磁干扰的物品、与恐怖主义或犯罪活动相关的物品等特殊情况，应视为高度可疑并立即报告相关部门进行处理。在进行验视时，应特别注意保护自己和他人的安全，避免直接接触或操作这些物品。

6. 提高验视效率和准确性的措施

为了提高验视效率和准确性，可以采取以下措施：

加强人员培训：定期对安检员进行专业培训，提高其识别和处理可疑物品的能力。培训内容应包括各种常见和潜在的可疑物品的特征、性质和处理方法；相关法规和规定的要求；应急预案和处置流程等。

配备先进设备：采用先进的安检设备和仪器，如高分辨率X射线安检机、多功能液体检测仪、化学分析仪等，以提高检测的准确性和效率。同时，定期对设备进行维护和保养，确保其正常运行和准确性。

建立信息共享机制：与相关部门建立信息共享机制，及时获取和更新可疑物品的信息和特征。通过共享数据库、情报交流等方式，加强对可疑物品的识别和防范能力。

优化验视流程：对验视流程进行优化和改进，减少不必要的环节和等待时间。通过合理布局验视区域等方式，提高验视效率体验。

加强监管和考核：建立完善的监管和考核机制，对安检员的工作进行监督和评估。通过定期检查、随机抽查等方式，确保其严格遵守验视规范和操作流程。同时，对于表现优秀的安检员给予表彰和奖励，激励其继续保持良好的工作状态。

综上所述，对于其他可疑物品的验视是一项复杂而重要的任务。通过遵循严谨的验视规范、采用专业的检测方法和手段、加强人员培训和设备配备等措施，可以提高验视的效率和准确性，确保人员和财产的安全。同时，也需要广大用户的理解和配合，共同维护公共安全和社会稳定。

二 航空、高铁禁限寄物品处理

（一）航空、高铁禁限寄物品处理程序

在航空和高铁运输中，禁限寄物品的处理是确保运输安全、防范潜在风险的重要环节。以下将针对航空、高铁禁限寄物品的处理程序进行详细介绍，旨在帮助安检员全面、深入地掌握航空、高铁禁限寄物品处理程序相关知识，并能够能按规范交接不符合航空、高铁寄递要求的物品。

1. 航空禁限寄物品处理程序

初步筛查：在航空邮件快件安检的初步筛查环节，主要通过X射线安检机、金属探测仪等设备对货物进行快速扫描，初步判断货物中是否含有禁限寄物品。一旦发现可疑物品，应立即进行隔离，并通知相关人员进行进一步检查。

详细检查：在详细检查环节，安检员需要对可疑物品进行仔细地观察、嗅闻、触摸等操作，以判断物品的性质和危险性。对于无法确定的物品，应使用专业的检测仪器进行进一步的分析和鉴定。

处理措施：对于确认的禁限寄物品，应根据其性质和危险性采取相应的处理措施。一般包括以下几种方式：

拒收：对于明确禁止运输的物品，如易燃易爆物品、毒品等，应坚决拒收，并通知发货人或相关部门进行处理。

退回：对于限制运输的物品，如超出规定尺寸或重量的物品、不符合航空运输要求的包装等，可以通知发货人进行整改或退回处理。

暂存：对于暂时无法处理的禁限寄物品，可以将其暂存在指定的安全区域，并通知相关部门进行后续处理。

销毁：对于无法退回或暂存的禁限寄物品，如危品、违禁品等，应在专业人员的指导下进行销毁处理，以确保安全。

记录与报告：在处理禁限寄物品的过程中，安检员应详细记录物品的名称、数量、性质、处理措施等信息，并及时向上级部门和相关机构报告。这有助于加强对禁限寄物品的监管和追溯，提高运输安全水平。

特殊情况处理：在实际工作中，可能会遇到一些特殊情况，如用户不配合、物品无法确认等。针对这些情况，安检员应保持冷静和客观，按照相关规定和程序进行处理，并及时向上级领导或相关部门报告。

2. 高铁禁限寄物品处理程序

初步筛查：高铁邮件快件安检的初步筛查环节与航空类似，主要通过安检设备和人工检查对货物进行快速扫描和初步判断。对于可疑物品，同样需要进行隔离和进一步检查。

详细检查：在详细检查环节，高铁安检员需要对可疑物品进行更加仔细地观察和分析。由于高铁运输的特点和限制，对于某些特定类型的物品，如液体、气体等，需要采取更加严格的检查措施。

处理措施：对于确认的禁限寄物品，高铁安检部门同样需要根据其性质和危险性采取相应的处理措施。处理方式与航空类似，包括拒收、退回、暂存和销毁等。但需要注意的是，由于高铁运输的特殊性，对于某些物品的处理可能会有所不同。

记录与报告：高铁安检员在处理禁限寄物品时，同样需要详细记录相关信息，并及时向上级部门和相关部门报告。这有助于加强对禁限寄物品的监管和追溯，提高高铁运输的安全水平。

特殊情况处理：在实际工作中，可能会遇到一些特殊情况，如旅客不配合、物品无法确认等。针对这些情况，安检员应保持冷静和客观，按照相关规定和程序进行处理，并及时向上级领导或相关部门报告。

（二）操作技巧与注意事项

为了确保禁限寄物品处理工作的顺利进行，以下将提供一些注意事项与操作建议供安检员参考。

1. 操作技巧与注意事项

严格遵守法律法规和程序：在处理禁限寄物品时，应严格遵守国家法律法规和相关程序，确保所有操作合法合规。同时，应积极向旅客宣传相关法律法规和安全知识，提高其安全意识和配合度。

遵守操作规程和安全制度：在处理禁限寄物品时，应严格遵守操作规程和安全制度，确保自身和他人的安全。同时，应积极参与培训和演练，提高应对突发事件的能力。

熟练掌握禁限寄物品名录：应熟练掌握航空、高铁禁限寄物品名录，了解各类物品的性质和危险性。这有助于在安检过程中快速、准确地识别禁限寄物品，并采取相应的处理措施。

熟练使用安检设备：应熟练使用各种安检设备，如X射线安检机、金属探测仪、液体检测仪等。这些设备是识别禁限寄物品的重要工具，熟练掌握其使用方法可以提高安检效率和准确性。

注意观察和分析：在处理可疑物品时，应注意观察和分析物品的外观、气味、重量等特征，结合专业知识和经验判断物品的性质和危险性。同时，应保持警惕，防止被不法分子利用禁限寄物品进行违法犯罪活动。

加强沟通与协作：应加强与其他部门、机构之间的沟通与协作，共同打击非法运输行为，保障航空和高铁运输的安全与顺畅。在发现可疑物品或异常情况时，应及时向上级部门和相关机构报告，以便及时处理和解决问题。

保持警惕和谨慎：在处理禁限寄物品时，应保持高度的警惕和谨慎，对任何可疑物品都要进行仔细的检查和确认。同时，应注意个人安全和防护措施，避免与危险物品直接接触或吸入有害气体。

不断改进与创新：为了提高禁限寄物品处理工作的效率和质量，应在实际工作中不断总结经验教训，提出改进和创新意见。通过持续改进和创新，可以不断完善禁限寄物品处理程序和流程，提高安检工作的整体水平。

2. 案例分析与实践操作

为了更好地理解和掌握禁限寄物品的处理程序，以下提供一些实际案例供读者参考和学习：

案例 ② 航空禁运危险品处理

在某机场货运安检过程中，安检员发现一批货物中含有疑似危险品的物品。经过仔细检查和分析，确认为易燃液体。安检员立即将货物隔离，并通知相关部门进行处理。最终，该批货物被退回发货人，并进行整改后重新运输。

分析与启示：本案例中，安检员通过仔细观察和分析，及时发现了危险品，并采取了相应的处理措施。这提示我们在实际工作中要时刻保持警惕，熟练掌握禁限寄物品名录和安检设备的使用方法，确保运输安全。

案例 ③ 高铁限制运输物品处理

在某高铁站货运安检过程中，安检员发现一批货物中含有超出规定尺寸的物品。经过与发货人沟通确认，该物品为大型机器设备，无法拆分或整改。考虑到高铁运输的特点和限制，安检员建议发货人选择其他运输方式或进行特殊处理。最终，发货人选择了其他运输方式将货物运往目的地。

分析与启示：本案例中，安检员根据实际情况灵活处理了限制运输物品问题。这提示我们在实际工作中要注重与发货人的沟通和协作，根据实际情况采取合理的处理措施，确保运输顺畅和安全。

三 常见安检异常情况及处理方法

（一）物品类安检异常情况

在邮件快件安检流程中，物品类异常情况占据着举足轻重的地位。其不仅关乎单一货物的安全性，更直接影响到整个物流链条的稳定与顺畅。因此，对于物品类安检异常情况的处理，必须秉持严谨、专业的态度，确保万无一失。

1. 禁运物品的发现与处理

禁运物品，作为国家法律法规明确禁止运输的物品，其存在本身就意味着极高的风险。因此，对于禁运物品的发现与处理，必须给予最高的重视。

（1）禁运物品的识别。

禁运物品的识别，是防止其进入运输环节的第一道防线。常见的禁运物品包括但不限于：易燃易爆物品、毒品、枪支弹药、管制刀具、腐蚀性物质、放射性物质等。这些物品由于其本身的危险属性，一旦在运输过程中发生泄漏、燃烧、爆炸等事故，后果将不堪设想。

为了提高识别准确率，安检设备通常采用X射线扫描、金属探测、化学分析等多种技术手段相结合的方式。然而，即便如此，仍然无法完全杜绝禁运物品的漏检情况。因此，除了依靠设备外，更需要安检员具备丰富的经验和敏锐的观察力。

（2）禁运物品的处理流程。

一旦发现禁运物品，应立即启动紧急处理流程。首先，要确保现场安全，防止其他人员接近或触碰禁运物品。其次，要立即向上级主管部门报告，并详细记录物品的名称、数量、发现时间、发现地点等信息。同时，应保留相关证据，如监控录像、照片等，以便后续调查处理。

在等待专业处理人员到来的过程中，应尽可能了解禁运物品的性质和危险程度，以便采取更加针对性的措施。例如，对于易燃易爆物品，应远离火源、电源等可能引发燃烧的因素；对于有毒有害物品，应确保现场通风良好，减少人员接触时间。

专业处理人员到达后，应根据禁运物品的性质和危险程度，制定详细的处理方案。处理过程中，应严格遵守安全操作规程，确保人员和环境安全。处理完毕后，应对现场进行彻底清理和检查，确保无残留危险。

（3）禁运物品处理的法律责任。

对于禁运物品的处理，不仅关邮政企业、快递企业的安全运营，更涉及法律责任问题。根据《中华人民共和国邮政法》《中华人民共和国反恐怖主义法》等相关法律法规的规定，对于运输、寄递禁运物品的行为，将依法追究相关责任人的法律责任。因此，邮政企业、快递企业在处理禁运物品时，必须严格遵守法律法规的规定，确保合法合规。

2. 限制运输物品的识别与应对

限制运输物品，是指那些因安全、卫生等原因，在运输过程中需要采取特殊措施或符合一定条件的物品。与禁运物品不同，限制运输物品并非完全禁止运输，而是需要满足一定的条件和要求。

（1）限制运输物品的识别。

限制运输物品的识别，同样需要依靠安检设备和安检员的经验。常见的限制运输物品包括但不限于：锂电池、液体物品、粉末状物品、磁性物质等。这些物品在运输过程中可能存在一定的风险，如泄漏、燃烧、爆炸、磁场干扰等。因此，在识别限制运输物品时，应特别关注其包装、标签、说明书等信息，以便了解其性质和运输要求。

（2）限制运输物品的应对措施。

对于识别出的限制运输物品，应采取相应的应对措施。首先，要与发货人进行沟通，了解其运输需求和物品特性。对于不符合运输要求的物品，应拒绝运输并告知原因。对于符合运输要求的物品，应指导发货人按照相关规定进行包装和标识，并提供必要的运输文件和证明。

在运输过程中，应对限制运输物品进行重点监控和管理。例如，对于锂电池等易燃易爆物品，应确保其包装完好、散热良好；对于液体物品等易泄漏物品，应确保其容器密封严实、无破损。同时，应定期对限制运输物品进行检查和记录，确保其状态良好、符合要求。

（3）限制运输物品的法规与标准。

对于限制运输物品的管理，国家和行业都制定了相应的法规和标准。例如，《禁止寄递物品管理规定》《危险货物道路运输规则》《航空运输危险品安全运输技术规则》等。这些法规和标准对限制运输物品的包装、标识、运输等方面都做出了明确规定。因此，在处理限制运输物品时，必须严格遵守相关法规和标准的要求，确保合法合规。

3. 超大、超重物品的处理

超大、超重物品由于其体积和重量超过了普通货物的标准，给运输带来了诸多困难和挑战。因此，在处理超大、超重物品时，需要更加谨慎和细致。

（1）超大、超重物品的识别。

超大、超重物品的识别主要依靠尺寸和重量测量设备。在货物接收环节，应对所有货物进行尺寸和重量测量，以便及时发现超大、超重物品。同时，对于疑似超大、超重物品，应进一步核实其尺寸、重量等信息，确保其符合运输要求。

（2）超大、超重物品的处理流程。

对于识别出的超大、超重物品，应制定相应的处理流程。首先，要与发货人进行沟通，了解其运输需求和物品特性。对于无法满足运输要求的物品，应拒绝运输并告知原因。对于符合运输要求的物品，应制订合理的运输方案，包括选择合适的运输工具、安排合理的运输路线等。

在运输过程中，应对超大、超重物品进行重点监控和管理。例如，对于超大物品，应确保其固定牢固、不会滑落或倾倒；对于超重物品，应确保其承载工具稳定可靠、不会超载或损坏。同时，应定期对超大、超重物品进行检查和记录，确保其状态良好、符合要求。

（3）超大、超重物品的风险与防范措施。

超大、超重物品在运输过程中存在一定的风险，如滑落、倾倒、超载等。这些风险不仅可能损坏货物本身，还可能引发交通事故或其他安全问题。因此，在处理超大、超重物品时，必须采取相应的防范措施。例如，对于超大物品，可以采用加固包装、增加固定装置等方式提高其稳定性；对于超重物品，可以采用分批运输、增加承载工具等方式降低其单位重量。

此外，对于超大、超重物品的运输，还需要特别注意道路和桥梁的承载能力。在运输前，应对道路和桥梁进行评估和选择，确保其能够承受超大、超重物品的重量和压力。同时，在运输过程中，应密切关注道路和桥梁的状况，及时发现并处理可能存在的安全隐患。

4. 其他特殊物品的处理

除了上述三类物品外，还有一些其他特殊物品也需要特别关注和处理。这些物品可能因其独特的性质或运输要求而给安检带来挑战。

（1）易碎物品的处理。

易碎物品因其易损坏的特性，在运输过程中需要特别小心。对于易碎物品的识别，主要依靠包装和标签信息。在处理易碎物品时，应确保其包装牢固、填充物充足，以减少振动和冲击对其的影响。同时，在运输过程中应尽量避免急刹车、急转弯等可能导致货物振动的操作。

（2）贵重物品的处理。

贵重物品因其价值较高，一旦发生丢失或损坏将给发货人带来巨大损失。因此，在处理贵重物品时，应特别关注其安全性和完整性。对于贵重物品的识别，主要依靠发货人提供的声明和价值证明。在处理贵重物品时，应采用更加严密的包装和加固措施，以确保其安全运输。同时，在运输过程中应加强对贵重物品的监控和管理，确保其状态良好、无损坏。

（3）生鲜物品的处理。

生鲜物品因其易腐烂、易变质的特性，对运输时间和环境要求较高。对于生鲜物品的识别，主要依靠包装和标签信息。在处理生鲜物品时，应确保其包装密封严实、无破损，以减少外界环境对其的影响。同时，在运输过程中应优先安排生鲜物品的运输时间和路线，确保其能够在规定时间内送达目的地。

（二）其他类安检异常情况

除了上述异常情况外，还可能遇到其他类型的安检异常情况，如环境干扰、恶意破坏等。以下将针对这些问题进行介绍，并提供相应的处理方法。

1. 环境干扰处理

环境干扰可能包括电磁干扰、光线干扰等，这些因素可能影响安检设备的正常运行和准确性。针对环境干扰的处理方法如下：

（1）排查干扰源与消除干扰：通过专业设备或方法，排查并定位干扰源。对于可消除的干扰源，应采取相应措施予以消除；对于无法消除的干扰源，应采取隔离或屏蔽等措施，减少其对安检设备的影响。

（2）调整设备布局与参数：根据现场环境和干扰情况，合理调整安检设备的布局和参数设置，以提高其抗干扰能力和识别准确率。

（3）采用抗干扰技术与设备：在选购安检设备时，应优先考虑采用具有抗干扰技术的设备，以提高其在复杂环境下的稳定性和可靠性。

2.恶意破坏应对

恶意破坏是指有人故意对安检设备或流程进行破坏或干扰的行为。这种行为可能给运输安全带来严重威胁。针对恶意破坏的应对方法如下：

（1）加强监控与防范：在安检区域设置监控摄像头，对安检过程进行全程监控。同时，加强对安检区域的巡逻和检查，及时发现并制止恶意破坏行为。

（2）建立应急预案与处置机制：制订针对恶意破坏的应急预案和处置机制，明确应对流程、责任人及联系方式等信息。一旦发生恶意破坏事件，能够迅速启动应急预案，及时控制事态发展。

（3）配合公安机关调查处理：对于涉及违法犯罪的恶意破坏行为，应积极配合公安机关进行调查处理，提供相关证据和信息，协助公安机关破案。

（4）加强宣传与教育：通过宣传栏、培训课程等方式，加强对恶意破坏行为的宣传和教育，提高员工的安全意识和防范能力。

第十一章

业务培训

第一节　理论培训

本章主要介绍制订培训计划的基础知识，目的是让读者掌握制订培训计划的基本原理、基本方法和基本技巧。同时，本章对培训讲义基础知识、制作方法予以讲解和示范，以提升读者的培训规划和授课能力。

一　培训计划

（一）培训计划相关的基本知识

培训计划是一个为实现特定目标而设计的一系列课程、活动和培训模块的组织。它可以针对个人或团队，旨在提高技能、知识和能力。以下是制订培训计划的一般步骤：

（1）确定培训对象：这是制订培训计划的关键环节，决定着培训计划后续内容维度的走向，确定培训对象后，需要对培训对象的一般特征进行系统的分析，包括年龄结构、知识层次、学习风格及学习意愿等。

（2）确定目标：明确培训计划要实现的目标，如提高员工技能、提高生产力、改进质量等。

（3）评估需求：分析参与者的需求和现有能力，以确定需要哪些培训内容。可以通过调查、访谈和评估等方法进行需求分析。

（4）设计培训内容：根据需求分析结果，设计培训课程和活动。培训内容应包括理论知识、实践技能和案例分析等。

（5）选择培训方法：根据培训目标和内容，选择合适的培训方法，如课堂讲解、实践操作、网络学习等。

（6）制订时间表：为培训课程和活动制订具体的时间表，包括培训日期、时间、地点和持续时间等。

（7）选择培训师：根据培训内容和方法，选择合适的培训师。培训师应具备专业知识、教学技能和实践经验。

（8）准备培训材料：为培训课程和活动准备所需的教材、设备、软件等材料。

（9）评估培训效果：在培训结束后，对参与者进行评估，以衡量培训的效果。评估方法可以包括测试、问卷调查和绩效评估等。

（10）反馈和改进：根据培训效果评估结果，对培训计划进行反馈和改进，以提高培训质量和效果。

（二）如何确定培训对象

培训对象的精准确定是制订有效培训计划的关键，制订培训计划时，务必要对培训对象进行细致的系统分析，为设定培训目标、选择方法与评估手段，以及准备教学材料奠定基础。传统的培训由于缺乏对培训对象系统性和科学性分析，往往由于学员背景差异过大，影响培训的设计和实施效果。优秀的培训计划应在规划阶段就明确培训对象。以下是确定培训对象的几种方法或原则：

1. 根据政策的要求确定培训对象

在企业制订培训计划时，通常会参考重要的指导政策，包括行业主管部门对员工技能的具体要求、企业发展战略中对培训的具体要求，以及部门发展对其他部门人员的要求等。这些政策要求可以作为确定培训对象的依据，常见于企业重大战略部署或行业政策的宣贯培训。

2. 根据共同的特征确定培训对象

理想的培训对象是具有统一特征的群体，如需求一致、知识水平相近等。然而，在实际工作中这种情况难以完全实现。通常，我们会寻找群体的共同特征来确定培训人员，如近两年内岗位调整的人员，他们的基本需求可能相似；或者新入职从事安检工作不足一年的员工；抑或是准备参加安检员三级职业技能等级认定考试的人员。

3. 根据培训内容确定培训对象

在企业培训中，也经常根据既定的培训内容来确定培训对象。这种方法的优势在于，可以明确培训的知识体系，动员需要补充相关知识的人员参加培训。不过，这种方法可能带来的挑战是，确定的培训对象年龄跨度可能较大，可能难以选择适宜的培训方法。

（三）如何设计培训内容

在设计培训内容时，确保其与受训人员需求现状相匹配是十分重要的。对于安检员而言，培训的核心是掌握技能标准规定下的知识与技能。然而，由于安检员的知识水平和储备各异，并非所有的人都需要全面系统地学习。因此，如何为参训对象定制、设计培训内容，成为我们关注的重点。目前，企业在确定培训内容时，常采用下面几种方法。

1. 访谈法

访谈法主要是通过访谈者与受访者进行面对面的交流，深入了解受访者的知识盲点和具体培训需求。访谈法分为正式和非正式两种情况。正式访谈采用标准式问题；非正式访谈采用开放式问题。

访谈法的优缺点见表11-1。

访谈法的优缺点　　　　　　　　　　　　　　　　　表11-1

调查方法	优点	缺点
访谈法	1.得到的资料较为真实、全面、客观； 2.能够无限接近问题的核心，调查数据的有效性较强； 3.可以得到受访者真实的自发性回答，即使有所保留也能够进行追问或者进行判断； 4.访谈可以一对一也可以一对多，一对多访谈能够节省时间	1.受访者容易受到影响，干扰回答的质量和真实性； 2.访谈时需要投入的人力、时间较多； 3.会给受访者带来工作上的不便； 4.可替代性比较差

访谈法的实施操作流程见表11-2。

访谈法的实施操作步骤及注意事项　　　　　　　　　　表11-2

调查方法	实施步骤	实施注意事项
访谈法	1.制订访谈计划，确定访谈目标； 2.规划好访谈的对象及期望达到的目的； 3.制订访谈提纲； 4.对接受访者，告知有关事项； 5.实施访谈； 6.整理分析访谈的结果并形成报告	1.预设访谈的目标及可能出现的意外情况； 2.根据访谈进展随时调整访谈提纲； 3.营造轻松的氛围，促进双方建立信任； 4.访谈时要抓关键，必要时实时追问； 5.对访谈结果可以进行复核确认

2.观察法

观察法是一种深入到工作现场，通过长时间和多角度的细致观察，来发现问题和获得培训信息的分析方法。

观察法的优缺点见表11-3。

观察法的优缺点　　　　　　　　　　　　　　　　　表11-3

调查方法	优点	缺点
观察法	1.比较隐秘，不妨碍受观察者的正常工作和集体活动； 2.通过实地观察所获得的资料能够更加真实准确地反映受观察者的实际培训需求，偏差较小； 3.易于操作，容易上手	1.只有在受观察者实际工作期间才能够进行实地的观察和情况记录； 2.对于一些实操环境不容易进行实施； 3.如果受观察者得知，可能会故意作出假象，致使观察结果产生偏差

观察法的实施操作流程见表11-4。

在应用观察法进行操作时，往往需要根据调研的目标提前设计好观察记录表。快递安检工作常用的观察记录表见表11-5。

观察法的实施操作流程及注意事项　　　　表11-4

调查方法	实施步骤	注意事项
观察法	1. 确定观察目标； 2. 确定受观察者及观察的任务； 3. 选择适合的观察方法和技巧； 4. 进行现场观察； 5. 整理分析观察结果	1. 需要熟悉受观察者的工作，并对工作的评价标准有深入的了解； 2. 不能干扰受观察者的正常工作； 3. 一般适用于观察者较了解的工作

观察记录表　　　　表11-5

观察维度	好	一般	差	特殊情况描述
工作时的态度				
工作时的情绪				
工作的熟练程度				
工作方法				
安检图像识别能力				
安检机故障处理能力				
违禁品处理能力				
……				

3. 问卷调查法

问卷调查法是调查者运用统一设计的问卷向被选取的调查对象了解情况或征询意见的调查方法。问卷调查是以书面提出问题的方式搜集资料的一种研究方法。调查者将所要研究的问题编制成问题表格，以线上填报、当面作答或者追踪访问方式填答，从而了解被试者对某一现象或问题的看法和意见，所以又称问题表格法。问卷法的运用，关键在于编制问卷，选择调查对象和对结果的分析。

问卷调查法的优缺点见表11-6。

问卷调查法的优缺点　　　　表11-6

调查方法	优点	缺点
问卷调查法	1. 开展的代价低，容易实施； 2. 覆盖人群大，信息量齐全； 3. 应用范围广	1. 持续时间长； 2. 问卷的回收效率低下； 3. 开放性问题很难得到有效回答

问卷调查法的实施操作流程见表11-7。

问卷调查法的实施操作流程及注意事项　　　　　表11-7

调查方法	实施步骤	注意事项
问卷调查法	1.确定调查对象和调查任务； 2.编制调查问卷； 3.开展测试，检验问卷的信度和效度； 4.大规模开展问卷调研； 5.进行数据分析和结果整理	1.问题的设置维度应该单一，不能同一个问题里面涉及两个回答项； 2.调查时需要消除被调查者的顾虑，采取无记名方式进行； 3.需要选择适当的方式进行问卷发放和回收，以便提升回收率

问卷的一般由卷首语、问题与回答方式、编码和其他资料四个部分组成。

卷首语：是问卷调查的"自我介绍"，卷首语的内容应该包括：调查的目的、意义和主要内容,选择被调查者的途径和方法，对被调查者的希望和要求,填写问卷的说明，回复问卷的方式和时间，调查的匿名和保密原则，以及调查者的名称等。为了引起被调查者的重视和兴趣，争取他们的合作和支持，卷首语的语气要谦虚、诚恳、平易近人,文字要简明、通俗、有可读性。卷首语一般放在问卷第一页的上面，也可单独作为一封信放在问卷的前面。

问题与回答方式：它是问卷的主要组成部分，一般包括调查询问的问题、回答问题的方式以及对回答方式的指导和说明等。

编码：就是把问卷中询问的问题和被调查者的回答,全部转变成为A, B, …或a, b, c, … 代号和数字,以便运用电子计算机对调查问卷进行数据处理。

其他资料：包括问卷名称、被调查者的地址或单位（可以是编号）、调查者姓名、问卷调查开始时间和结束时间、问卷调查完成情况、审核员姓名和审核意见等。这些资料,是对问卷进行审核和分析的重要依据。

（四）如何做好培训目标

1. 设计培训目标的原则

培训目标是培训教学的出发点和检验培训效果的重要依据，对整个培训计划的执行具有引领作用，设计培训目标时应遵循以下原则：

（1）科学性原则。

培训目标应体现实现的可能性，围绕安检工作的要点，贴近受训者的"最近发展区"，避免将高级认证知识点强加于低级认证学员。

（2）系统性原则。

从培训技能体系的角度出发，安检员需掌握的知识体系可能相互独立，不同的内容和技能点之间存在差异。因此，在制订培训计划时，应制订整体培训目标，并围绕该目标采取任务分解的方式，系统地设置各知识点和技能点的培训目标，形成协调一致的目标体系。

（3）全面性原则。

考虑到参训人员的复杂性，即使从事相同职业，个体在知识水平、认知水平和工作经验上的差异，也会导致不同的培训需求。设计培训目标时，应全面考虑个体的差异，既要有面向大众的基本培训目标，也要适当提高标准，为高水平参训者制订符合其认知水平的培训目标，确保所有人员都能够有所收获。

（4）层次性原则。

培训计划由一系列的课程和教学活动组成。设计培训计划时，应针对不同的课程和活动，设计具有针对性和层次分明的培训目标。例如，一个活动的目标是掌握安检机的操作，下一个活动的目标则可能在此基础上进行深化，展现出层级性。或者，在某个培训活动中设计了多个目标，但在实施时应根据现场情况对目标进行微调和转化，优先选择关键性和急迫性目标作为培训教学的主干，同时对其他目标进行适当的调整。

（5）具体性原则。

培训目标是衡量培训结果是否达到预期效果的关键指标，因此必须要具体且可衡量。在设计培训目标时，应综合考虑受训人员的一般特征、培训内容和技能标准（工作标准）等因素，将培训目标具体化，多使用行为动词描述培训目标，使其具有可操作性和可评价性。

在20世纪，众多心理学家和教育学家深入研究了教育领域中的教学目标分类问题，提出了各自的主张、观点和分类体系，形成了多种具有特色的教学目标理论。这些理论为我们正确理解、设计、实施和进一步研究教学目标提供了理论基础和依据，同时也为培训领域中培训目标的设计提供了理论支持。

2. 教育目标领域

在课程与教学组织和设计中，长期占主导地位的观点是，将教学目标分为"事实、技能和态度"三个领域。虽然这种分类已不再流行，但许多新的目标分类理论都是从这一观点发展而来，有的直接渊源于此。受到行为主义和认知心理学的影响，布卢姆等人将教育目标分为认知、情感和动作技能三个领域。每个领域内又细分为多个层次，这些层次具有递进关系，即高层次目标包含并源自低层次目标。每个层次都规定了一般和具体目标。

（1）认知领域教育目标。

布卢姆等人将认知领域的教育目标，从低级到高级分为识记、领会、运用、分析、综合、评价六个层次。

（2）情感领域教育目标。

根据价值内化程度，情感领域教育目标分为接受或注意、反应、价值评价、价值观的组织、品格形成五个层次。

（3）动作技能领域教育目标。

布卢姆本人并未编写动作技能领域的目标分类，该领域出现多种分类法，目前尚无公认的最佳分类，这里介绍的是辛普森（E.J.Simpson）的分类，他将动作技能领域的教育目标，分为知觉、准备、有指导的反应、机械动作、复杂的外显反应、适应、创作七个层次。动作技能的每个层次都有其一般目标，这些目标可以用一些特定的学习结果和行动的动词来表示。

3. 培训目标设计维度

在常见的培训目标设计中，布卢姆的教学目标分类理论被广泛采用，通常从以下三个维度进行设计：

（1）知识与技能。

该维度主要是针对理论知识内容培训目标的设计，主要是用来描述参训人员学习理论知识后应达到的学习水平，常用的词汇包括知道、了解、掌握，能够用自己的语言描述某个概念、能够复述某个学者的观点等。

（2）过程与方法。

该维度主要是针对实操技能或问题的处理方法的培训目标设计，主要是用来描述参训人员通过学习后应达到的解决问题的能力，常用的词汇包括：掌握、熟练应用、指导、解决问题等，如掌握安检机常见的问题处理方法，能够指导他人处理安检设备出现的问题或者故障。

（3）情感态度与价值观。

该维度关注培训后参训人员在情感上、认知上、心态上的变化，常见的词汇包括：加深、重塑、塑造、树立、养成、形成等，例如，加深安检员对快递安检岗位的认识，使参训人员重塑对自己岗位的认知。

4. 培训目标设计示例

结合快递安检员的技能要点及工作要求，立足三个维度的培训目标设计，提供如下培训目标设计示例：

（1）知道快递安检员的从业道德操守。

（2）了解快递安检员的岗位操作要求。

（3）能够准确地说出快递安检员的岗位行为准则。

（4）掌握安检机常见故障的处理方法。

（5）能够根据异常件的类型准确处理快递异常件。

（6）能够指导他人对快递违禁物品进行划分。

（7）能够准确区分出快递违禁物品。

（8）加深受训人员对岗位的认识。

（9）形成快件100%过机安检的意识。

（10）重塑对自己工作岗位重要性的认知。

（五）培训方法选择的关键要素

培训方法多种多样，每种方法都有其适用的场景、对象和培训内容。恰当地运用对于实现培训目标至关重要。俗话说"教无定法，贵在得法"意味着选择适合自己的或符合需求的方法是关键。以下是选择合适培训方法时需要考虑的几个关键要素：

1. 培训师资

培训教师应选择自己最擅长的培训方法，因为只有擅长的方法才能够演绎得恰到好处。

2. 培训内容

内容分为理论性和实操性，不同内容适合采用不同的培训方法。

3. 培训对象

需考虑受训者的个人喜好和学习偏好。如果受训者习惯于被动接受，采取分组研讨或小组共创的方法可能效果不佳。

4. 培训环境

培训场地和环境设备的限制也可能影响某些培训方法的实施。

为了帮助受训人员快速提升培训计划的设计能力，简要介绍一些常见的培训方法，见表11-8。

常见的培训方法　　　　　　　　　　　　　　　表11-8

方法名称	简要介绍	优点	缺点	适用场景
课堂讲授	讲授法是通过简明、生动的口头语言向参训人员传授知识、发展技能的方法。它是通过叙述、描绘、解释、推论来传递信息、传授知识、阐明概念、论证定律和公式，引导参训人员分析和认识问题	以培训师为主体，由其控制教学节奏	培训师水平决定了培训的效果，参训人员的参与度低	理论知识内容的系统性教学
小组讨论	在培训师的指导下，学员以全班或小组为单位，围绕教材的中心问题各抒己见，通过讨论或辩论活动，获得知识或巩固知识的一种教学方法	优点在于，由于全体参训人员都参加活动，可以培养合作精神，激发学员的学习兴趣，提高参训人员学习的独立性	节奏不易把控，对培训师要求较高	解决问题或者形成某种问题的解决方案
任务驱动	培训师给参训人员布置探究性的学习任务，参训人员查阅资料，对知识体系进行整理，再选出代表进行讲解，最后由培训师进行总结	方式灵活，能够激发参训人员的学习主动性、积极性	难以控制节奏，任务的布置要具体，具有可操作性	真实问题解决的方案
案例教学	通过设置一系列的问题作为引导，让参训人员分析案例，研究案例，提出解决问题的方法和策略	可以训练参训人员的决策能力和问题解决能力	案例要具有真实性，案例要与培训内容保持一致	某种场景下的应急处理，包括处理的流程要点等

续上表

方法名称	简要介绍	优点	缺点	适用场景
练习法	在培训师的指导下巩固知识、运用知识、形成技能技巧的方法	可以快速帮助参训人员掌握知识技能	训练的题目要真实且数量要多	实操训练
演示教学	通过展示各种实物、直观教具或进行示范性实验，让参训人员通过观察获得感性认识。是一种辅助性教学方法，要与讲授法、谈话法等教学方法结合使用	加深参训人员对知识的理解和印象；增强学员的动手操作能力	容易受周围环境的影响，需要预留足够的时间供参训人员操作	系统演示、系统实操训练等

二 培训讲义

1. 培训课件的基本结构

培训讲义是为授课内容和授课对象制作的在课堂演绎的文档材料。不同培训师制作的培训讲义形式各异，但基本结构相似。现代通常指利用PPT制作的培训课件，这是培训师课堂演绎的关键。

使用PPT制作的培训课件一般都包含以下页面：

（1）首页：用一个PPT页面列明本次课程的主题和主讲人。明确告知参训人员学习任务和主题，以及主讲人信息，以便顺利开展教学。

（2）目录页：展示课程知识结构目录或教学模块。让参训人员对即将学习的内容体系有全面的了解。

（3）培训目标页：呈现课程学习的目标或期望效果，设计方式因人而异，可通过场景设计吸引参训人员注意。

（4）过渡页：连接前后知识点，对新手培训师尤为重要，有经验的培训师可能省略。

（5）内容页：呈现讲授的知识内容，利用多元化、媒体化方式，如音频、视频、图片等，确保内容呈现的丰富性。

2. 培训课件制作的基本技巧

1）制作技巧

培训课件的制作考验培训师的PPT制作能力，即对授课内容进行针对性的提炼，并用PPT表达。PPT课件制作的技巧如下：

（1）要善于总结提炼关键词或者知识脉络体系。熟悉课程内容，挑出重难点、关键词和知识脉络，作为PPT课件的框架。牢记不要将所有内容全部照搬到PPT页面中。

（2）要善于利用大纲视图功能。PPT的大纲视图功能有助于培训师掌握课件结构，辅助课程演绎。

（3）要善于借鉴模仿。学习他人优秀PPT课件的呈现方式和模板应用，进行二次开发或创新。

（4）要善于借助其他工具软件。利用PPT插件如PPT超级工具包、美化大师等，提升课件质量和工作效率。

（5）要熟练掌握多媒体功能。PPT可呈现文字、音频、视频、图片、动画等，融入多媒体元素，丰富课件内容，辅助课程演绎。

2）注意事项

虽然培训课件是基于PPT制作的，但它具有一些特殊属性，因此在制作时需要注意以下几个事项：

（1）格式风格要统一。培训课件应使用统一的PPT模板，避免在同一个课件中使用多种模板，以免产生跳跃感，对学员的学习造成干扰。字体风格和颜色也应保持一致，除非需要特别标识的重点内容。

（2）慎用动画效果。虽然动画效果可以使PPT更加生动，但在培训课件中应尽量减少使用，以避免分散参训人员的注意力，如必须使用，应选择常见且不附带声效的动画，以减少对学习的干扰。

（3）避免使用自动放映功能。自动放映可能导致课程节奏失控，特别是新手培训师可能因不熟悉该功能而出现失误。因此，建议在制作PPT课件时不使用自动放映功能。

（4）控制字体颜色。同一PPT页面内的字体颜色不宜超过三种，以免造成参训人员视觉上的混乱，影响学习效果。

（5）确保字体大小适中。在企业培训中，字体大小应足够大，以便所有参训人员都能清晰看到。虽然没有具体标准，但一般遵循"7±2"原则，即一张PPT的正文部分文字不宜超过9行，不少于5行。

（6）优先使用表格和图像。表格和图像比纯文字更易于理解和记忆。表格条理清晰，图像形象直观，有助于突出重点。在实际操作中，应根据内容选用合适的呈现方式。

（7）慎用艺术字。艺术字可能会干扰学员学习，且在正式教学文件通常不使用。使用正规字体可以体现知识的严谨性和规范性，同时也是对学员和内容的尊重。

3. 培训课件制作资源的获取技巧

培训课件制作涉及多种资源，常见的获取途径包括百度文库、素材中国、花瓣网等。这些平台提供了丰富的素材，可以帮助培训师制作高质量的课件，以提升教学效果。

第二节　业务指导

本节主要普及培训演绎的基本技能，帮助读者掌握培训课程演绎的技巧，并熟悉特定的课程演绎的方法，如示范教学法、讲授法、案例教学等。

1. 培训课程演绎的基本要求

培训课程演绎是将设计的培训课程或课件通过语言系统性地传授知识的过程。这要求培训师具备一定的教学能力、语言表达能力和应变能力，并对演绎内容有深刻理解。在演绎的过程中，需遵循以下原则：

（1）科学性原则。确保所表达的每个观点都经过科学论证，避免误导参训人员。注意应围绕教材或技能标准中的内容进行讲解。

（2）表达清晰。使用普通话（特殊情况下可以在征求学员的意见后使用方言），声音洪亮，确保信息传递清晰。

（3）肢体语言运用得当。肢体语言在课程演绎中扮演着至关重要的角色，它相当于我们的第二语言。恰当运用肢体语言可以使课堂更加生动和有趣。然而，使用肢体语言时也需要遵循一些基本规则，以确保它能够有效地增强教学效果，而不是分散学员的注意力。肢体语言主要包括以下几种：①"眼语"，培训师应通过目光与参训人员建立联系，用眼神调控课堂秩序。例如，参训人员分心时，培训师可以通过目光警告，而非大声斥责，以维护课堂纪律同时保护学员自尊。②"脸语"，脸是心灵的镜子，"情绪的投射"。面部表情能反映内心情感，培训师应保持积极的表情，微笑为主，以营造专注的学习氛围。③"手语"，手势可以强化语言表达和组织教学。培训师的手势应简明、协调、有节制，避免过多或过于夸张的动作，以免分散学员注意力。④"身段语"，培训师的着装应整洁、朴素、得体，符合自己的职业形象。身体动作应稳重自然，避免僵硬或做作。在运用肢体语言时，培训师应注意控制动作的幅度和频率，使之与教学内容相协调。通过这些肢体语言的合理运用，在不干扰学员注意力的前提下，保持课堂的秩序和专注度，提升教学的吸引力和效果。

（4）节奏把握合理。掌握课堂节奏是许多培训师的弱项，但通过练习，可以显著提高这方面的能力。课程节奏既不宜过快也不宜过慢，节奏过快可能会导致参训人员因跟不上而感到压力；而节奏过慢则可能使参训人员感到无聊，学习散漫。培训师应根据教学内容、参训人员的年龄特征，以及教学的重点和难点等因素来灵活调整课堂节奏。对于较为简单的知识点，可以适度加快节奏；而对于教学的重点和难点，则应放慢节奏，确保参训人员能够充分理解和掌握培训内容，从而达到预期的教学效果。

2. 常用的培训课程演绎技巧

在培训计划设计中，我们介绍了讲授法、演示法、案例教学等方法，这些方法对课程演绎帮助极大。了解这些方法的最佳应用场景和相关注意事项，将有助于我们更有效地进行课程演绎。除了掌握这些基本培训方法外，在实际的课程演绎过程中，我们还会运用一些特定的演绎技巧来达成既定的培训目标。以下是一些常用的演绎技巧：

（1）通过设置悬念来激发受训人员的学习动机。利用课堂讲授法进行理论知识教学时，可以通过设置悬念来激发参训人员的学习兴趣和求知欲。这种悬念可以是一个问题，也可以是一个引人入胜的场景，关键在于仅对悬念进行描述而不立即揭晓答案。这种方法能激发受训人员的好奇心，使他们在学习过程中更加主动，从而使培训师更好地掌握授课的节奏。当然，在课程的结尾，一定要进行总结性的点睛之笔，利用所讲授的内容来解答之前设置的悬念，做到前后呼应，加深印象。

（2）利用大量的真实案例串联培训内容进行演绎。案例教学因其生动性和实用性，往往比枯燥的理论学习，更能吸引参训人员的注意力。然而，要有效地运用案例教学，需要妥善处理几个关键要素：首先，案例必须是真实的且与受训人员的工作场景一致。其次，案例所呈现的知识体系应与教授的内容保持一致。值得注意的是，同一的案例可以通过设置不同的问题或者讨论主题来多次使用，但前提是必须事先精心设计案例的使用方法。再次，案例教学对培训师的能力要求较高，需要具备强大的控场能力和对知识体系的深入理解。最后，并非所有内容都适合采用案例教学法，当案例不适宜时，培训师需要灵活调整教学方式和思路。

（3）利用提问来串联课程内容或调节课程节奏。参训人员参加培训的主要目的是通过学习来解决实际工作中遇到的问题。因此，在进行课程演绎时，可以通过设置问题来连接不同的课程内容模块。这样做不仅能够持续激发参训人员的参与热情，确保他们认真投入到教学活动中，还可以通过问题来检验培训的阶段性效果，为培训师提供反馈，帮助他们决定下一步的行动，如加快教学进度、深入讲解重点内容或进行相关联系等。在设计问题时，我们必须清楚地认识到问题的优劣之分。一个精心设计的问题能够为课程增彩，提高教学效果。相反，一个设计不当的问题不仅无法实现内容的串联，还可能因为其突兀性而给参训人员留下不良的课堂印象。

（4）利用演示示范的方式来进行关键内容演绎。对于安检员的培训，特别是围绕其工作岗位和工作内容，可以采用演示示范的方式来突出关键知识点或核心内容。以违禁物品安检成像特征为例，可以预先准备演示所需的关键物料。在课程上通过现场演示实操，让参训人员直观地感受和理解即将讲授的内容。这种直观的学习方式不仅有助于学员更好地吸收知识，还可以鼓励他们自己进行总结和提炼，从而加深对知识点的理解和记忆。

（5）利用各种工具辅助课程演绎。数字时代的到来不仅彻底改变了人们的生产生活方式，也深刻影响了课堂教学的形式。随着多种教学工具的引入，我们能够以更丰富的形式进行课程演绎，同时将抽象概念具体化，让参训人员更容易理解。在企业培训中，常用的辅助教学工具包括：多媒体课件、互动教学白板、翻页笔、安检道具、安检示例、安检图像、典型事故视频等。总之，在数字时代，所有有助于教学演绎的工具都可以被整合到课程教学中，为培训师提供强有力的支持。因此，在进行课程演绎时，培训师可以根据实际需要，灵活运用各种辅助工具，以提高课程的质量和效果。

参 考 文 献

［1］ GAGNE R M. The conditions of learning and theory of instruction［M］.Chicago: Holt, Rinehart and Winston, 1985:46-60.

［2］ 韩斌. 培训管理工作手册［M］.北京:人民邮电出版社, 2019.

［3］ 闫轶卿. 培训管理18项精进［M］.北京:中国法制出版社, 2020.